Linguagem e escritas do corpo

ORGANIZADORAS
ANA COSTA E DORIS RINALDI

Linguagem e escritas do corpo

cia. de Freud

Organizadoras

Ana Costa e Doris Rinaldi

Comissão Cientifica

Ana Costa (UERJ)
Adela Stoppel Gueller (PUC/SP)
Doris Rinaldi (UERJ)
Eric Bidaud (Université Paris 13)
Lúcia Serrano Pereira (UFRGS)
Norton de Rosa Jr. (UFRGS)

Revisão

Sandra Regina Felgueiras

Capa

Eg.desing – Carolina Ferman

Editoração eletrônica

Abreu's System

CIP-BRASIL. CATALOGAÇÃO-NA-FONTE
SINDICATO NACIONAL DOS EDITORES DE LIVROS, RJ

T317

Linguagem e escrita do corpo/ Organizadoras Ana Costa, Doris Rinaldi – Rio de Janeiro: Companhia de Freud/PGPSA/IP/UERJ, 2014.

ISBN 978-85-7724-122-4

1. Psicanalise. 2. Escrita I. Costa, Ana Maria Medeiros da II Rinaldi, Doris Luz, 1950-,

12-6840 CDD: 616.8917
CDU: 159.964-2

Agradecemos o apoio da CAPES e do CEPUERJ

cia de Freud

Endereço para Correspondência
Rua Barão de Sertório, 48 - casa
Tel.: (21) 2273-9357 • (21) 2293-5863
Rio Comprido - Rio de Janeiro
E-mail: ciadefreud@gmail.com

SUMÁRIO

APRESENTAÇÃO

A Rede Interuniversitária de Pesquisa Escritas da Experiência (grupo de pesquisa CNPq) desenvolve, desde sua criação em 2005, suas investigações em torno de um eixo – a inter-relação entre escrita e produção de um sujeito na experiência –, tomando a psicanálise como ponto central de perspectiva, na interface com outras disciplinas. A interlocução entre os pesquisadores de diversos centros de pesquisa no Brasil e no exterior vem se consolidando através da realização de Colóquios Internacionais bianuais e da publicação da produção dos pesquisadores em uma série de volumes inaugurada com o livro *Escrita e Psicanálise* (Costa & Rinaldi, 2007), seguido dos livros *Escrita e Psicanálise II* (Scotti et alii, 2010) e *A escrita como experiência de passagem* (Costa & Rinaldi, 2012).

Chegamos agora a nossa 4ª publicação, que reúne grande parte dos trabalhos debatidos no IV Colóquio Internacional Escrita e Psicanálise, realizado na Universidade do Estado do Rio de Janeiro em novembro 2012. Os diversos artigos que o compõem apresentam o aprofundamento de um tema contemporâneo relevante, que diz respeito às relações tecidas pela psicanálise sobre o tema da escrita, a partir da relação entre linguagem e escritas do corpo.

A escrita do corpo tem por referência dois registros que permitem orientar uma inteligibilidade das marcas corporais: o traço simbólico e o objeto pulsional. O traço simbólico remete ao ato de marcar o corpo numa função de ocupação do lugar da "memória", de um traço originário, um traço que se inscreve no encontro entre o real e o simbólico. O segundo registro envia à queda dos objetos pulsionais, que fazem contorno das bordas das zonas de gozo. A escrita do corpo é um processo em devir, que faz aparecerem dois movimentos em tensão no interior do campo do "parecer": aquele do desenvolvimento, ou mesmo da exibição pelas marcas e, ao mesmo tempo, aquele do velamento e da máscara.

Escrever/inscrever seu corpo consiste, com efeito, em mostrá-lo e também dissimular suas marcas, que devem ser decifradas, para traduzir a intimidade e o segredo. Por "escrever seu corpo" deve-se entender escrever *sobre* seu corpo, mas igualmente escrever seu corpo em outro lugar, particularmente nos espaços de vida comum dos ambientes urbanos.

Além das relações às marcas corporais, este livro se dirige a pensar nas diferentes expressões do corpo na clínica, o que implica sua inscrição em diferentes formações: desde a psicossomática, até as expressões da psicose. Tem a ambição de articular a referência clínica, incluindo sua sintomática, com uma aproximação linguageira do corpo, nas suas diferentes expressões.

Diferentes faces deste tema são abordadas no livro, a começar pela articulação com a arte e a literatura, em que os autores transitam por diferentes expressões: desde a dança, passando pela literatura e situando uma articulação singular com a fotografia. Situam-se aqui, também, trabalhos que abordam articulações com o tema do Real em Lacan: partindo da angústia, desdobrando-se pelas questões do traço, da cifra e da letra, como também da particularidade do tema da voz como objeto. A importância da referência à inscrição nas abordagens clínicas ganhou pesquisas específicas, como também o que constitui o cerne da clínica psicanalítica enquanto um trabalho de escrita.

Esse pequeno resumo diz bem da amplitude da produção que hora apresentamos em livro, para avanço da pesquisa em Psicanálise.

Ana Costa e Doris Rinaldi

Parte I

Corpo, arte e literatura

CORPO, DANÇA E PALAVRA

Doris Rinaldi

Resumo

Este artigo apresenta algumas reflexões sobre uma escrita que se faz com o corpo, a partir do filme documentário de Wim Wenders em homenagem a Pina Bausch. Nele procura-se destacar o que a artista, através da dança, nos ensina sobre as relações entre sujeito, desejo, corpo e linguagem, no movimento constante de configuração de formas, seguido de desmantelamento, queda e deslocamentos que reenviam a novas tentativas de refazer a cena. Destruição, criação, invenção, onde se alternam o peso da angústia e a leveza, na busca de uma linguagem, guiada pelo desejo, onde não há garantia de harmonia, marcada pela impossibilidade.

Palavras-chave: dança; sujeito; corpo; linguagem.

Résumé

Le corps, la danse et la parole

Cet article présente quelques réflexions sur l'écriture qui se fait avec le corps, à partir du film documentaire de Wim Wenders en hommage à Pina Bausch. Ici, on essaie de mettre en évidence ce que l'artiste, à travers la danse, nous enseigne sur la relation entre le sujet, le désir, le corps et le langage, dans le mouvement constant de configuration de formes, suivie par le démantèlement, la chute et les déplacements qui essayent de refaire la scène. Destruction, création, invention, qui commute la charge de l'angoisse et de la légèreté, à la recherche d'un langage, guidé par le désir, où il n'existe aucune garantie d'harmonie, marquée par l'échec.

Mots-clés: danse; objet; le corps; la langue.

As questões que trago neste trabalho me ocorreram após assistir o emocionante filme de Wim Wenders sobre Pina Bausch. Wenders e Pina eram amigos e tinham como projeto comum a realização de um documentário sobre o trabalho da coreógrafa alemã. A morte súbita de Pina, em 2009, interrompeu este projeto, retomado por Wenders junto aos bailarinos da companhia do Wuperthal Tanztheater que transformou o projeto inicial em um filme-homenagem "Para Pina Bausch".

Neste belíssimo filme, somam-se a genialidade e dramaticidade da obra de Pina, essa dança-teatro como é chamada, e o talento de Wenders, que traz para a tela trechos de peças consagradas da autora, como a releitura do clássico de Stravinsky "A sagração da primavera", o "Café Muller" e "Konthakthof", entremeadas de fragmentos de danças escolhidas pelos dançarinos, como forma de homenagear Pina. Além do palco do teatro, Wenders leva a dança para os espaços públicos da cidade: um trem suspenso, as calçadas, o espaço de uma fábrica, jardins, escadas rolantes, galpão envidraçado, piscina, lagos. A dança invade o espaço urbano, desenhando sobre cenários do cotidiano o som com os corpos, introduzindo, pelo ritmo, outra pulsação. O filme reescreve na tela uma escrita que se faz com o corpo e que reinventa, com o ritmo, a articulação entre espaço e tempo.

Logo no início do filme chama a atenção a fala de Pina: "Há situações, é claro, que te deixam absolutamente sem palavras; tudo o que você pode fazer é insinuar. As palavras também não podem fazer mais do que apenas evocar as coisas. É aí que vem a dança".

O título do trabalho surgiu a partir disso: a dança entre o corpo e a palavra. A que se refere Pina? Ao inevitável descompasso entre o corpo e a palavra? Como seres falantes estamos impregnados pela linguagem e é isso que "faz círculo", como diz Lacan, em relação a um corpo que nos é estranho. O corpo humano não se reduz ao corpo físico ou biológico, sendo, desde sempre, marcado pela linguagem, pelo desejo do Outro. Se a imagem do corpo é a nossa única consistência, o real da pulsão fura essa imagem e ele só se torna ser pelas palavras que o recortam e fragmentam seu gozo. Ao ser recortado pelo significante, algo do gozo é sacrificado, permanecendo enigmático e inevitavelmente estranho.

A dança é também uma linguagem, mas o que a diferencia da palavra? De saída pode-se dizer que ela responde ao chamado da música, que tem uma relação particular com a pulsão invocante, considerada por Lacan a mais próxima da experiência do inconsciente. Alain Didier-Weill (1997: 240) localiza no momento primordial de surgimento do sujeito a pulsão invocante, na música da voz materna, em que surge o elemento musical mais simples, uma nota escandida, anterior a toda palavra e a toda significação. Nela reconhece o Traço Unário de Lacan, efeito do simbólico no real.

A dança, na sua relação com a música, comemora, assim, um tempo primordial do sujeito, de inscrição do simbólico no real, em que, ao apelo do Outro, ele responde com um corpo que ressoa, a partir de um ritmo interior que é despertado e passa a pulsar. A experiência bastante comum que todos temos com crianças que muito cedo respondem dançando ao apelo da música confirma essa hipótese. O mistério da dança parece estar nessa sincronia entre o sujeito e o Outro: o que ele ouve é convertido em passo de dança, sem necessidade de tradução.

Na matéria que nos traz o filme sobre Pina Bausch, pode-se perceber o valor que ela dava à experiência subjetiva de cada bailarino, de onde extraia a força de sua arte. Nos depoimentos dados por eles, em que a pluralidade das línguas maternas surge apenas como voz, por trás de faces mudas postadas como para fotos, fica expressivamente caracterizada a direção de Pina. Sem dar nenhuma orientação específica de como fazer – ela pouco falava –, demandava de seus bailarinos que descobrissem eles mesmos como reinventar imagens, palavras, sentimentos. Diante desse vazio, eles criavam. Em um desses depoimentos, uma bailarina diz: "conhecer Pina foi como encontrar uma linguagem antes de aprender a falar. Ela me deu um modo de me expressar, um vocabulário. Eu era muito tímida, ainda sou. 'Você precisa ser mais louca' – este foi o seu único comentário em 20 anos". Em outro depoimento, o trabalho de Pina é definido como uma pintura: "Pina era uma pintora, nos questionava sempre. Foi assim que nos tornamos a tinta para colorir suas imagens. Se ela pedisse 'Lua' eu retratava a palavra com o meu corpo".

Como uma pintura, que rompe os limites do campo da perspectiva regido por linhas retas e introduz a irradiação da cor através da luz que ultrapassa os contornos, a dança de Pina extrapola os limites da representação clássica, buscando uma nova linguagem em que o movimento ritmado dos corpos "pinte" novos contornos do impossível. Nesse movimento, algo que é da ordem do contínuo pulsional – a pulsão é uma força constante – pela resposta do sujeito a esse real ressonante, se transmuta em descontínuo. Os passos do bailarino, a elevação dos corpos, que perdem o seu peso, contrariando a lei da gravidade, assim como a queda novamente sobre o palco, demarcam uma estrutura descontínua, através de uma escansão ritmada.

Pode-se dizer, seguindo Didier-Weill, que a dança expressa, de forma privilegiada, a experiência dessa passagem do contínuo do real ao descontínuo do simbólico, através da qual, por golpes ritmados, o sujeito emerge. Ela possibilita esse reencontro inaugural, vibratório, entre a música e o corpo humano, onde se produz "uma experiência de ressonância que subverte radicalmente a subjetividade: no instante em que ele ouve soar a música, ele descobre que não é ele que a ouve, mas ela que o ouve" (Didier-Weill, 1997: 62).

O trabalho de Pina se desenvolve de forma dramática nessa dimensão e nele ganha destaque a função da *repetição*, como marcador lógico-temporal que assegura a descontinuidade, ao mesmo tempo que responde a esse apelo constante da música: dance! Cenas de corpos que se entregam à força da gravidade, amparados e levantados por outros, repetem-se em mais de um cenário: jardins, galpões.

Mas é, sobretudo, no Café Muller que essa repetição ganha maior dramaticidade. Em um salão repleto de cadeiras, uma mulher de olhos fechados corre entre as cadeiras que um homem esforça-se por retirar do caminho, como que para protegê-la. As cadeiras são derrubadas e levantadas, assim como a mulher, que corre e dança de forma angustiada, cai, levanta-se e cai. A repetição atinge o seu ápice na cena do abraço entre a mulher e o homem, ao que se seguem a desmontagem e a remontagem da cena, feitas por um terceiro homem, que, como um mestre de marionetes, manipula os corpos do casal, separando-os e juntando-os novamente. Nesse momento, repetido de forma cada vez mais acelerada, pode-se perceber diferentes tempos: o abraço inicial, a separação, a recomposição do abraço, com a elevação do corpo da mulher, colocado nos braços do homem, que a deixa cair. Ela se levanta rapidamente e refaz o abraço inicial e toda a cena se repete inúmeras vezes, em um ritmo progressivamente mais rápido. Como na cena da fantasia, onde a queda do objeto denuncia sua impossibilidade de realização, seguida da tentativa, sempre repetida, de sua reconstituição.

Pina dançou muitas vezes o Café Muller e o depoimento da bailarina que a substituiu nessa peça é ilustrativo do modo como ela se colocava em cena e como usava o seu corpo como instrumento: "Pina se movia como se tivesse um buraco em sua barriga, como se ela estivesse ressuscitando os mortos. Quando estou no palco hoje tento imaginar Pina em sua dor, mas ao mesmo tempo em sua força, em sua solidão".

Ao ouvir a música e ao descobrir, na reversão, que a música o ouve, o sujeito faz de seu corpo um instrumento que pode ser comparado a uma flauta, em que o sopro é transmitido pelos furos ao serem abertos e fechados pelos dedos do flautista. Isso só ocorre porque o vazio interno da flauta ressoa como ressoa o vazio interno do sujeito no encontro com a música. Analogia sugerida por Didier-Weill, mas já indicada por Freud em 1905, ao se referir ao sujeito, citando um trecho do Hamlet, em que este se compara a uma flauta, com sua afinação própria (Freud, 1905/2007: 250).

Mas não é apenas na dimensão da pulsão invocante que a dança pode nos ensinar alguma coisa. Ao falar sobre o Café Muller, Pina chama a atenção para outra dimensão fundamental presente na dança: o olhar que coloca em jogo a pulsão escópica e redefine o espaço. Ela diz:

> Eu dancei em Café Muller. Todos nós tínhamos os olhos fechados. Quando fizemos uma reprise eu não podia ter a sensação de novo e a sensação é muito importante para mim. De repente, eu notei que faz uma diferença, por trás das pálpebras fechadas, se eu olhar para baixo ou para frente. Isso fez toda a diferença. O sentimento certo estava lá imediatamente. Inacreditável como isso é crucial. O mais ínfimo detalhe importa. É tudo uma linguagem que você precisa aprender a ler.

O olhar, como *objeto a*, causa de desejo, guiava os movimentos de Pina em sua busca de sensações, sentimentos, na procura de uma linguagem que a fizesse dançar. Na divisão entre o olho e o olhar, o ponto do olhar, como diz Lacan (1964/1979: 95) "participa da ambiguidade da joia", em um jogo de luz e opacidade. O que importa, portanto, não é o que se vê, mas o que, no movimento do olhar, me causa. À diferença do caminhante que tem um lugar definido, visível, ao qual se dirige, o dançarino é orientado por um ponto não visível, não inscritível no espaço de três dimensões, o "ponto *aleph*", primeira letra do alfabeto hebreu, impronunciável, sobre o qual Lacan se baseou para nomear o *objeto a* (Didier-Weill, 2010: 60). Lacan o articula à angústia, designando-o como o *aleph* da angústia mais básica, que indica a relação do sujeito com o *objeto a*, em sua estrutura mais fundamental (Lacan, 1963/2005: 69).

Em relação aos bailarinos da companhia, o olhar de Pina operava como causa de desejo. "Pina foi uma exploradora radical: ela nos olhava fundo nas nossas almas e nos perguntava: o que estamos desejando, de onde vem esta saudade?" ou "os olhos de Pina mudavam tudo que fazíamos em, tudo mais belo, eu podia ser velha e criança ao mesmo tempo". Subtração do tempo cronológico e estabelecimento de um *continuum* entre espaço e tempo. Este último depoimento é, no filme, o único em que se observam movimentos no olhar da bailarina: para baixo, para a direita, para a esquerda, novamente para baixo. É esta mesma bailarina que, com extrema leveza dança no cenário caótico do Café Muller, com suas cadeiras pelo chão.

O filme de Wim Wenders, com o mosaico de trechos de peças, fragmentos de danças, imagens de arquivo e depoimentos dos dançarinos e da própria Pina, transmite uma das marcas características de sua obra: o movimento constante de configuração de formas, seguido de desmantelamento, de queda, que promove deslocamentos e reenvia a novas tentativas de refazer a cena. Destruição, criação, invenção. Nele se alternam o peso da angústia e a leveza, o desespero, a queda e a recriação, na busca de uma linguagem, guiada pelo desejo, onde não há garantia de harmonia, marcada pela impossibilidade.

Estética atravessada pelo furo, que evidencia de forma eloquente a pulsão do desejo entre a perda e a reinvenção a partir de uma posição ética diante da arte e da vida. Diz ela: "A vida está aí: e você sempre recomeçando. O que você quer fazer, o que gostaria de ter, o que sente vontade de dizer, e de não dizer, nada disso tem fim. Especialmente não dizer! A maior parte do tempo eu não digo muito mais do que digo" (Bausch, 2000: 6 *apud* Lima, 2008).

Ao final do filme, no palco vazio apenas a voz de Pina nos convoca: dance, dance, senão estamos perdidos!

Referências bibliográficas

BAUSCH, P. (2000). Dance, senão estamos perdidos. Trad. José Marcos Macedo. *Folha de S. Paulo*, São Paulo, 27 ago., 2000. Caderno Mais!

DIDIER-WEILL, A. (1997). *Os três tempos da lei*. Rio de Janeiro: Jorge Zahar.

———. (2010). *Un mystère plus lointain que l'inconscient*. Paris: Flammarion – département Aubier.

FREUD, S. (1905/2007). Sobre psicoterapia. *Obras completas*, vol. VII. Buenos Aires: Amorrortu.

LACAN, J. (1963/2005). *Nomes-do-pai*. Rio de Janeiro: Jorge Zahar.

———. (1964/1979). *O seminário, livro 11: os quatro conceitos fundamentais da psicanálise*. Rio de Janeiro: Jorge Zahar.

LIMA, C. A. S. (2008). *Dança-teatro: a falta que baila*. Dissertação de Mestrado, UFMG.

ESCRITA E ARQUITETURA DO CORPO NA OBRA DE MATTA-CLARK

Edson Luiz André de Sousa

Resumo

Gordon Matta-Clark foi um importante artista norte-americano (1943-1978) que tinha como horizonte de suas ações artísticas a seguinte proposição: "Fazendo o corte certo em algum lugar entre os suportes e o colapso". Desta forma seu trabalho desenvolveu uma profunda reflexão sobre a ideia de corte. Neste ensaio abordamos um dos seus trabalhos emblemáticos, "Splitting", de 1974, onde faz um monumental corte em uma residência, evidenciando com seu ato artístico os vazios em torno dos quais uma estrutura é construída. Aproximamos aqui a concepção de corte de Matta-Clark da interpretação psicanalítica e do conceito de utopia.

Palavras- chaves: Matta-Clark; *splitting*; utopia; ato analítico.

Résumé

Ecriture et architecture du corps dans l'œuvre de Matta-Clark

Gordon Matta-Clark était un importante artiste américain (1943-1978) qui avait pour horizon dans ses actions artistiques la proposition suivante: "Faire la bonne coupe quelque part entre les supports et l'effondrement". Ainsi, son travail a développé une profonde réflexion sur l'idée de la coupe. Dans cet essai, nous discutons l'un de ses travaux emblématique, "Splitting", de 1974, où il fait une coupe monumental dans une résidence. Avec son acte artistique, Clark montre les vides autour de laquelle une structure est construite. Ici, nous approchons la conception de coupe de Matta-Clark de l'interprétation psychanalytique et de la notion d'utopie.

Mots-clés: Matta-Clark; *splitting*; utopie: acte analytique.

> *Se sou eu que procuro, o que exatamente procuro, encontro, perco, reencontro, jogo fora, procuro de novo, encontro de novo, jogo fora de novo, não nunca joguei nada fora, nunca joguei nada fora de tudo que encontrei, nunca encontrei nada que não tenha perdido...*
>
> Samuel Beckett, *O inominável*

Não é só em cemitérios que encontramos os cadáveres de uma cidade. O desafio é encontrá-los naquilo que ainda pulsa, no que circula pelas avenidas, no que nos é dado ler nos jornais diários, na música de fundo dos escritórios, querendo organizar com seu refrão monótono nosso tempo e espaço, nas múltiplas estratégias de propaganda que nossa época produziu e que funcionam como uma espécie de eclipse do pensamento. Fui surpreendido em uma caminhada em uma grande cidade por dezenas de bolhas de sabão que me fizeram parar. Na medida em que caminhava elas se multiplicavam às dezenas. Que pulmões potentes poderiam produzir tantas bolhas de sabão? Dobro em uma esquina e para minha surpresa vejo uma pequena máquina em funcionamento na porta de um restaurante. Como nunca tinha visto essa invenção da tecnologia publicitária, fico surpreso e decepcionado. Pulmões mecânicos para olhos cansados! Subitamente as bolhas de sabão materializaram o ar de uma época que não tolera a inconstância e a fragilidade do humano, as pausas de uma respiração que precisa de um tempo para recuperar o ar. Se tivesse encontrado alguém soprando, aí sim estaria talvez mais perto da "melodia de fundo" como nomeia Rilke no seu ensaio *Nota sobre a melodia das coisas*, pois poderia ainda me interrogar sobre a força que anima um sujeito a fazer circular na cidade formas tão frágeis e efêmeras.

Meu ponto de partida será o trabalho do artista norte-americano Gordon Matta-Clark, que teve uma vida breve pois morreu com 35 anos, mas que deixou uma obra surpreendente. Ele vai nos propor um princípio norteador que será o fio condutor de minha reflexão: "Making the right cut somewhere between the supports and collapse" (Fazendo o corte certo em algum lugar entre os suportes e o colapso) (Matta-Clark, 2010: 77). Dedicou grande parte de suas ações a fazer verdadeiras intervenções cirúrgicas em prédios abandonados mostrando o quanto a anatomia de uma construção revela espaços de esquecimento e abandono. Matta-Clark cria, portanto, incisões metamórficas no espaço que poderiam ser lidas como escritas no corpo da cidade, revelando assim excessos, abandonos, violências e contaminações. Propõe o conceito de *anarquitetura*, uma estratégia de revelar os vazios das estruturas. Seus cortes são, portanto, atos clínicos e interpretativos em uma lógica de desfazer a forma para que uma outra estrutura possa ali advir.

A arte sempre cumpriu a função de resistir à voracidade das formas instituídas, gerando uma inadequação necessária para construção de novos horizontes. A arte, portanto, necessariamente desenha uma outra geografia do contato.

Como dissemos há pouco, o ponto de partida de Matta-Clark é "Fazendo o corte certo em algum lugar entre os suportes e o colapso" (Matta-Clark, 2010). Esse princípio é como um manual de instruções do artista ou se quiserem um antimanual com uma única frase: mas como fazer? Ainda não sabemos. Os atos (criativos e analíticos) vêm sem manuais de instruções. Esse é o desafio que nos lança Matta-Clark. Desenha o mundo com um código de barras peculiar que fura o espaço fazendo-o verter na desorganização que constrói uma nova perspectiva. Barras aqui como rasura, código como linguagem em uma revolta contra a imobilidade do espaço. Não se trata, portanto, desse outro código de barras que regula os valores do mundo e a circulação do capital. O espaço se recorta aqui com um giro, uma inversão. Do código de barras, ícone do gesto automático nos leitores eletrônicos, ao movimento de barrar o código para que surja, quem sabe, um significante novo.

Matta-Clark era artista e arquiteto. Sua proposição funciona como a navalha de Buñuel na cena de abertura de seu Cão Andaluz. Abre uma fresta em nosso olhar, mostrando que o desafio que temos diante dos sistemas é encontrar seus pontos de articulação, de estrutura, o que implica encontrar seus pontos de colapso. Esse é o desafio do psicanalista e do artista que precisam estar atentos à lógica dos sistemas para acionar com suas ferramentas os pontos de corte que revelam (sempre parcialmente) os escombros e os restos que funcionam como argamassa das estruturas. Não será em parte essa a função do ato analítico na clínica fazendo o *splitting*, como podemos ver em Matta-Clark, entre Saber e Verdade? Como manter vivo esse horizonte de que o fundamental é a transmissão de uma falta, revelando portanto os furos no saber?

Esforço heroico do psicanalista e do artista de sempre buscar as bordas do furo no saber, como aponta Lacan em seu Lituraterra. Como dar nome ao que não tem nome? Beckett é claro em seu Inominável pois ali aponta um caminho possível. Mostra uma ética do discurso que tenta contornar o vazio e que tem como princípio que o que finalmente nos resta é aprender a fracassar melhor. Que ensinamento poderíamos tirar dessa proposição? Seu Inominável finaliza de forma contundente mostrando um imperativo lógico confrontado com uma impossibilidade. Eis aí o que temos que aprender com a arte, que é definida por Lacan no seminário sobre a ética como "um modo de organização em torno do vazio".

> é preciso dizer palavras, enquanto houver, é preciso dizê-las, até que elas me encontrem, até que elas me digam, estranha pena, estranho pecado, é preciso continuar [...] ali onde estou, não sei, não saberei nunca, no silêncio não se sabe, é preciso continuar, não posso continuar, vou continuar (Beckett, 2009: 185).

Matta-Clark entra nos esgotos de Paris e de Nova York com sua câmara e produz alguns dos seus filmes. Como Benjamin, cria então uma espécie de *flaneur* do subterrâneo levando em uma das mãos *Letter* (a letra que fura) para encontrar na outra o *Litter* (lixo). É obstinado por mostrar as bordas das superfícies com seus disfarces, e para tanto precisa cortá-las, penetrá-las, furá-las. Seu ato de criação busca um desfazer a forma. Busca uma metamorfose do espaço que nos esclarece, acredito, sobre o fundamento do ato analítico. Em uma entrevista a Donald Wall em 1975 diz:

> As pessoas habitam os espaços com uma timidez assustadora. Muitos são proprietários de casas, mas não fazem outra coisa senão mantê-las. O mesmo se passa com suas vidas. Manutenção. É assustador. As pessoas deveriam ao menos se conscientizar de que podem desfazer a si mesmas, ao ambiente e assim por diante (Matta-Clark, 2006: 63).

Aqui a pergunta sobre o lugar que ocupamos é fundamental. A arte nos abre espaço para essa pergunta. Vejamos rapidamente um trabalho de Matta-Clark.

No trabalho "Splitting" vemos a função de cortar os códigos, indicando lugares de abandono, histórias esquecidas, cidades invisíveis – trabalho de 1974 feito em uma casa abandonada em Nova Jersey. Não podemos pensar essas frestas como cortes mostrando uma história silenciada que jorra do interior da estrutura? Para Matta-Clark, histórias de lógicas de poder, da natureza segregacionista do espaço público, das narrativas rasuradas de vida que esperam uma leitura. Para a psicanálise essa leitura se faz dentro de um campo de forças que chamamos de transferência, fundamento do método clínico. A forma se revelando em seus pontos de corte. Fresta como perturbação do texto da casa, como um lapso que interrompe a continuidade da superfície e ali outra enunciação se revela. Materializa visualmente a permeabilidade de toda estrutura. Nos cortes do artista, a poeira do verbo evocada por Beckett que respinga das soldas do poder. "Splitting" como um mapa que indica a cicatriz entre um norte e um sul, uma frente e um fundo e que Torres Garcia inverteu de forma sublime em seu mapa da América Latina. Que buracos ainda somos capazes de escrever em nossas formas de vidas conservadoras? Fresta que ameaça e desequilibra nosso olhar e a circulação no espaço. Arte como acomodação de restos (Lituraterra), incomodação de restos, perturbação de restos. Matta-Clark introduz um elemento de desorganização do sistema que o põe em colapso. Mas é evidente que o sistema resiste. Como diz Clement Rosset em seu *O princípio da crueldade*, construímos facilmente máquinas de ignorar o real. Aqui o ato cirúrgico da arte é nos colocar de forma radical esta questão.

O que Matta-Clark com seu "Splitting" pode nos ensinar sobre o valor da transmissão de uma herança na medida em que pode interpelar com sua arte cada sujeito no singular de sua história? O que nos indica sobre a voracidade dessas formas que tentam nos aniquilar? A transferência, sabemos, é o que faz barra na herança na medida em que aponta os limites do que é transmissível. Aqui, encontramos sem dúvida um dos eixos do pensamento de Freud que, como todos sabem, foi o de propor a castração como valor maior de uma transmissão.

A utopia é o que faz barra na ilusão de um sentido único da história. Surge, portanto, como imagem crítica e interrogativa abrindo para o sujeito outras imagens possíveis de uma posição enunciativa ainda por vir. Produção significante em seu fundamento, pois a utopia é construída como um texto que anuncia o horizonte de uma práxis do sonhar. Não se trata, como equivocadamente se pensa, de instituir um saber sobre o futuro que garanta uma posição mais plena do viver, mas simplesmente de apontar nosso em falta com a imaginação. Reduzir a utopia a uma potência de saber é aniquilá-la em sua vocação de buscar sempre um fora-de-lugar. Louis Marin vai propor pensá-la como um lugar neutro que institui o *nem um nem outro*, ou seja, o neutro como lugar outro, como fundamentalmente um lugar de suspensão. Dentro dessa mesma lógica poderíamos propor o conceito de "infinitivo da imagem" desenvolvido por Jean-Luc Nancy como o que é próprio da utopia. Aliás infinitivo é um termo preciso para falar do campo de forças do neutro. Neutro como fronteira, como lugar de passagem, de transmissão, como borda, como condição de surgimento de algo inédito, como invenção significante. Aqui o furo da utopia, o necessário trabalho que a arte nos aponta como forma de não perder o essencial da vida.

De todo corte sobram restos e foi pensando nisso que Matta-Clark empreendeu mais uma *performance* inusitada comprando restos de cidade. Com a reconstrução de vários bairros em Nova York sobravam eventualmente minúsculas faixas de terreno que foram colocadas à venda por preços simbólicos. Matta-Clark comprou quinze pequenos lotes que tinham uma função que poderíamos nomear como abstinência da ocupação. "Quando comprei aquelas propriedades a descrição delas que mais me emocionava era 'inacessível'. O que queria fazer basicamente era designar espaços que não seriam vistos e desde logo não ocupados" (Matta-Clark, 2006: 166). Algumas dessas pequenas faixas de terreno chegavam a ter uma largura de 30 cm. Temos aí uma bela imagem de algo que propõe uma pausa na voracidade das formas. A voracidade surge como uma fuligem que turva a visão dos interstícios onde poderíamos recuperar alguns lugares desconhecidos do sujeito. Pierre Fedida em seu livro *Absence* insiste que demarcar esses lugares ainda esvaziados de sujeito e de significação é fundamental para o processo de cura. Como ele diz, “O vazio pode ser silencioso, nem por isso ele é o silêncio: ele é a abertura da palavra sobre ela mesma como diríamos da terra que se abre sob nossos passos” (Fedida, 1978: 200). Quando essa terra se abrir quem sabe não teremos a chance de encontrar o ar de novas ideias que possam dispensar a máquina das bolhas de sabão?

Referências bibliográficas

BECKETT, S. (2009). *O inominável.* Porto Alegre: Editora Globo.

FEDIDA, P. (1978). *L'absence.* Paris: Éditions Gallimard.

MATTA-CLARK, G. (2006). Museo Nacional Centro de Arte Reina Sofia. Barcelona: Ediciones Poligrafa.

———. (2010). *Desfazer o espaço.* Museu de Arte Moderna de São Paulo.

RILKE, R. M. (2008). *Notes sur la mélodie des choses.* Paris: Éditions Allia.

ROSSET, C. (2002). *O princípio da crueldade.* Rio de Janeiro: Editora Rocco.

A PALAVRA QUE FAZ CORPO

Maritza Magalhães Garcia

RESUMO

Este artigo apresenta um procedimento poético de Ghérasim Luca em sua relação com a dimensão psicanalítica da escuta e da interpretação. Em Luca, a quebra da palavra rompe também o sentido, detecta a linguagem em sua função de gozo, produz um encontro com um saber do real, se é que podemos dizer assim, um saber irredutível a partir do qual a formação de uma nova construção de sentido é possível.

Palavras-chave: Ghérasim Luca; escrita poética; psicanálise.

RÉSUMÉ

LE MOT QUI FAIT CORPS

Cet article présente une procédure poétique de Ghérasim Luca dans son rapport avec la dimension psychanalytique: l'écoute et l'interprétation. Avec Luca, la rupture du mot rompe aussi le sens, trouve le langage dans sa fonction de jouissance, et il produit une rencontre avec un savoir du réel: un savoir irréductible a partir duquel une nouvelle construction du sens est possible.

Mots-clés: Ghérasim Luca; écrit poétique; psychanalyse.

pas pas paspaspas pas
pasppas ppas pas paspas
le pas pas le faux pas le pas
paspaspas le pas le mau
le mauve le mauvais pas
paspas pas le pas le papa
le mauvais papa le mauve le pas
paspas passe paspaspasse
passe passe il passe il pas pas
il passe le pas du pas du pape
du pape sur le pape du pas du passe
passepasse passi le sur le le pas le passi passi passi pissez sur
le pape sur papa sur le sur la sur
la pipe du papa du pape pissez en masse
passe passe passi passepassi la passe
la basse passi passepassi la
passio passiobasson le bas
le pas passion le basson et
et pas le basso do pas
paspas do passe passiopassion do ne do ne domi ne passi ne
dominez pas
ne dominez pas vos passions passives ne
ne domino vos passio vos vos
ssis vos passio ne dodo vos
vos dominos d'or
c'est domdommage do dodor
do pas pas ne domi
pas paspasse passio
vos pas ne do ne do ne dominez pas
vos passes passions vos pas vos vos pas dévo dévorants ne do
ne dominez pas vos rats
pas vos rats
ne do dévorants ne do ne dominez pas
vos rats vos rations vos rats rations ne ne

ne dominez pas vos passions rations vos
ne dominez pas vos ne vos ne do do
minez minez vos nations ni mais do
minez ne do ne mi pas pas vos rats vos passionnantes rations
de rats de pas
pas passe passio minez pas
minez pas vos passions vos vos rationnants ragoûts de rats
dévo
dévorez-les dévo dédo do domi dominez pas cet a cet avant-goût
de ragoût de pas de passe de
passi de pasigraphie gra phiphie graphie phie de phie
phiphie phéna phénakiki
phénakisti coco phénakisticope phiphie
phopho phiphie photo do do
dominez do photo mimez phiphie photomicrographiez vos goûts
ces poux chorégraphiques phiphie de vos dégoûts de vos dégâts
pas
pas ça passio passion de ga
coco kistico ga les dégâts pas
le pas pas passiopas passion passion passioné né né
il est né de la né
de la néga ga de la néga
de la négation passion gra cra crachez cra crachez sur vos na-
tions cra
de la neige il est il est né
passioné né il est né
à la nage à la rage il
est né à la né à la nécronage cra rage il
il est né de la né de la néga néga ga cra crachez de la né
de la ga pas néga négation passion
passionné nez pasionném je je t'ai je t'aime je
je je jet je t'ai jetez
je t'aime passionném t'aime
je t'aime je je jeu passion j'aime passionné éé ém émer

émerger aimer je je j'aime
émer émerger é é pas passi passi éééé ém
éme émersion passion passionné é je
je t'ai je t'aime je t'aime
passe passio ô passio
passio ô ma gr
ma gra cra crachez sur les rations ma grande ma gra ma té
ma té ma gra ma grande ma té ma terrible passion passionnée
je t'ai je terri terrible passio je je je t'aime
je t'aime je t'ai je
t'aime aime aime je t'aime passionné é aime je
t'aime passionném
je t'aime passionnément aimante je t'aime je t'aime passionné-
ment je t'ai je t'aime passionné né je t'aime passionné
je t'aime passionnément je t'aime je t'aime passio
passionnément.

Ghérasim LUCA (1986), *Passionnément*

Ghérasim Luca privilegia a materialidade das palavras. Seu poema vibra e prolifera onde sujeito e linguagem se precipitam, fora dos domínios gramaticais, nos intervalos da língua. Como acontece em *Finnegans Wake* (2001), de James Joyce, ele não só põe a língua em funcionamento como revela seu próprio funcionamento através de uma *performance* poética intensa e singular, que nos deixa a nítida impressão de que não pode ser reproduzida por nenhuma outra pessoa.

"O poema toma a forma da onda que o pôs em funcionamento... Eu me oralizo", diz Luca na introdução a um recital (1968). O fluxo vocal torna o poema uma massa sonora que carrega os significados das palavras e os faz vacilar. A entonação e as inflexões que a voz assume se tornam fundamentais para o sentido que se constrói sem se separar das ondulações, ou da música vocal, que o compõem. Temos, então, uma sensação de vocalidade. A composição do texto é feita de uma música da fala. Mesmo lendo o poema silenciosamente, é como se uma voz soasse em nós, viva, tateante e acelerada.

Temos em Luca uma clara e permanente hesitação entre som e sentido, o que configura a definição de poesia para Paul Valéry (cf. Jakobson, 2008: 144). O sentido é atritado pelos significantes em rotação. É preciso seguir o movimento do poema, no qual os vocábulos são insistentemente quebrados para que libertem sua musicalidade potencial. Nessa ruptura, os restos de palavras se juntam a outros pedaços, em geral foneticamente próximos.

A quebra da palavra desidera o sentido, detecta a linguagem em sua função de gozo, produz um encontro com um saber do real, se é que podemos dizer assim, um saber irredutível a partir do qual a formação de uma nova construção de sentido é possível. Esse *savoir-y-faire* (Lacan, 1976-1977: lição de 11/01/1977) com a palavra é capaz de reinventar o inconsciente ou de reinventar o Outro, de enodá-lo de outra forma. Foi o que Lacan demonstrou a partir do trabalho poético feito por Joyce.

O inconsciente é feito de *lalangue* (Lacan, 1985/1972-1973: 190), esse nome que Lacan inventa unindo o artigo no substantivo e marcando que os elementos da língua que cremos discerníveis não o são tanto assim. O inconsciente é, então, feito de cascalhos acumulados de mal-entendidos e de criações linguísticas de cada um. Essa leitura do inconsciente está intimamente ligada à ideia de que uma análise deve permitir ao paciente ir avançando da ordem da contingência, do que aconteceu de uma maneira, mas que poderia ser de outra, para a descoberta de que havia algo que era necessariamente daquela maneira.

Com a ajuda do analista a fazer ressoar outra coisa que não o sentido, no movimento de repetição, a palavra vai se poetando, se livrando de suas amarras semânticas e caminhando em direção ao que lhe é irredutível, ao osso da palavra, a letra.

A repetição força a promoção de um salto em que o diferente emerge.

Em *L'insu*, Lacan indica que a escrita poética revela a dimensão da interpretação psicanalítica (Lacan, 1976-1977: lição de 17/05/77). O que se escreve na fala de Luca é um procedimento que inclui a repetição. O leitor vai sendo levado por uma corrente sonora. A matriz repetida vai se tornando uma espécie de refrão que percorre o texto.

Assistimos no texto a uma encenação de sua própria constituição, que segue tomando corpo, como se estivesse sendo escrito à mão, caligrafado, naquele momento. O fluxo das palavras é também o fluxo que se cria em nossa leitura e o sentido depende deste percurso sugerido pelo poema. Ele não se restringe a uma significação do tipo "isto quer dizer aquilo", pois depende de uma experimentação de seu desenrolar, que só pode se dar a cada vez, em cada leitura.

Gilles Deleuze fala da presença de uma "gagueira que desnatura a língua" (Deleuze, 1997: 84) associada a alguns escritores muito inventivos, como Luca e Beckett. A gagueira deixa de ser um desvio no modo correto de falar para ser positivada, revertida em um procedimento de linguagem de certo modo intencional, até mesmo técnico, adotado em algumas poéticas contemporâneas.

O deslocamento conceitual provocado por Deleuze está na possibilidade de pensar uma gagueira da língua, de pensar em um procedimento, literário neste caso, que diga respeito a um abalo em toda a língua e não apenas ao de uma fala.

Esse modo gago presente em algumas poéticas interessa justamente por esse deslocamento: não se trata de uma mimetização de um modo gago de falar, mas sim de um tremor de base que faz nascer uma nova língua. Talvez isso equivalha a se perguntar: pode uma língua se fazer a partir da gagueira, a partir desse mecanismo desorganizador e repetidor da linguagem?

Deleuze sustenta que em Luca temos um procedimento de gagueira responsável pela criação de uma língua própria no interior mesmo do francês (Deleuze, 1997: 128). O poema vai progredindo como se as palavras e as orações fossem aos poucos nascendo dessa repetição insistente. Cada vez que uma palavra se compõe ou atinge sua forma usual, Luca novamente a desmonta, recombinando-a e relançando-a numa espécie de fluxo metamórfico que desintegra suas unidades mínimas (fonemas e morfemas), de modo que a língua só consegue avançar tateando os fragmentos sonoros e suas possibilidades combinatórias.

Trata-se de um procedimento que se infiltra na fonte de onde viriam as palavras, que faz do mecanismo da gagueira seu ponto de irrupção. Essa nova língua que se cria tem, então, a gagueira como regra, uma gagueira que é um tateio aflito das palavras pela voz, que é mais da língua que da fala, que é criadora de um abalo estrutural e de um sistema linguístico singular.

A língua inteira desliza e varia a fim de desprender um bloco sonoro último, um único sopro no limite do grito *Je t'aime passionnément.*

A gagueira de Luca traz um arsenal rítmico: aceleração e retardamento do sopro vozeado sempre insuficiente, avanço, retração e deslocamento em busca de uma saída. A oração está sempre por se formar, seu sentido sempre suspenso.

O que dá sentido ao poema é o próprio percurso. Se compararmos com a análise, seria como a procura de um bem-dizer que é ao mesmo tempo um ponto cego, não um ponto final. A língua se faz no movimento mesmo dessa procura: uma espécie de criação que se dá no tempo real da leitura.

Certos poemas, como o de Luca, radicalizam isso quando nos convidam a experimentar em tempo real, na escuta-leitura, a própria vivência do passo a passo de seu processo de criação. Não importa muito o ponto de chegada e sim propiciar uma experiência, a cada vez refeita, de sua própria constituição.

Trata-se de uma leitura moebiana, que produz o significado como efeito de leitura, que faz relação com a não-relação entre os significantes e que ganha corpo a partir de uma voz gaga que se escreve ao mesmo tempo em que fala. E que não deixa de se valer da escuta para se constituir.

Referências bibliográficas

CAMPOS, A. (2007). *Revista Suplemento*, 1301, 14-17. Belo Horizonte: Secretaria de Estado de Cultura de Minas Gerais.

DELEUZE, G. (1997). *Crítica e clínica.* São Paulo: Editora 34.

JAKOBSON, R. (2008). *Linguística e comunicação.* São Paulo: Cultrix.

JOYCE, J. (2001). *Finnegans wake.* São Paulo: Ateliê Editorial.

LACAN, J. (1972-1973/1985). *O seminário, livro 20: mais, ainda.* Rio de Janeiro: Jorge Zahar.

———. (1975-1976/2005). *O seminário, livro 23: o sinthoma.* Rio de Janeiro: Jorge Zahar.

———. (1976-1977). *L'insu que sait de l'une bévue s'aile à mourre.* Document interne à l'Association freudienne internationale. Inédito.

LUCA, G. (1986). *Le chant de la carpe.* Paris: Librairie José Corti. (Première édition: 1973, Le Soleil Noir).

Outras fontes

LUCA, G. (1968). Guérasim Luca par Guérasim Luca, Introduction à un recital. 1968. Compact Disc. Lichtenstein, França.

———. (s.d.). <http://www.youtube.com/watch?v=16ltchO5Vpw>; Il poeta Ghérasim Luca legge "Passionnément". Vídeo do Youtube. Última visualização em 29/01/2013.

RAYMOND ROUSSEL: O CORPO E A LETRA

Maria Fátima Gonçalves Pinheiro

Resumo

Este artigo propõe-se examinar a articulação entre corpo e letra, tendo por base a obra de Raymond Roussel. O estudo é resultado de um trabalho de pesquisa suscitado pela clínica da psicose e apresenta uma abordagem do tema da letra articulado, também, ao campo da psicose. O conceito de "vazio central", da escrita poética chinesa, desenvolvido por Jacques Lacan e François Cheng, põe em movimento o que é da ordem da escrita e aponta para um modo diferente de fazer poesia.

Palavras-chave: letra; corpo; escrita; Raymond Roussel.

Résumé

Raymond Roussel: le corps et la lettre

L'article se propose d'examiner l'articulation qui il peut y avoir entre corps et lettre, ayant pour base l'œuvre de Raymond Roussel. L'étude est le résultat d'un travail de recherche suscité par la clinique de la psychose et présente un abordage du thème de la lettre articulé aussi bien au champ de la psychose. Le concept de "Vide-médian", de l'écriture poétique chinoise, développé par Jacques Lacan et François Cheng, met en mouvement ce qui est de l'ordre de l'écriture e indique une autre façon de faire de la poésie.

Mots-clés: lettre; corps; écriture; Raymond Roussel.

Les lettres du blanc sur les bandes du vieux billard...
Les lettres du blanc sur les bandes du vieux pillard.

Raymond Roussel

O título deste trabalho situa uma conjunção entre letra e corpo da qual pretendemos tirar consequências, a partir da clínica psicanalítica, remetendo-a ao trabalho de Raymond Roussel (1877-1933), um dos mais singulares escritores da literatura francesa contemporânea. A obra e o método de tratamento da linguagem realizados pelo escritor levaram os surrealistas a considerá-lo como um de seus precursores. A maneira com que Roussel é causado pela escrita e como a mobiliza, através dos jogos entre sons e sentidos, instigou--nos a investigar a materialidade da letra em seu trabalho, assim como a relação tão singular que o escritor mantém com o significante.

O trabalho literário de Raymond Roussel, especialmente observado nas obras *Impressions d'Afrique*, *Locus solus*, *L'etoile au front*, *Poussière de soleils*, se serve de um "procedimento", por ele assim nomeado, que implica em um engendramento muito singular do uso das palavras cuja propriedade faz com que elas se desprendam da imagem à qual estão ligadas pela sua significação, colocando-as sobre outras, marcando assim a sua ambiguidade. O significante pode se metamorfosear sem que, no entanto, sua forma sofra mudança, como também pode se deslocar de seu sentido de origem para adquirir um sentido novo. Roussel apresenta o seu "procedimento" da seguinte forma: "Escolhia duas palavras quase semelhantes. Acrescentava palavras parecidas, tomadas em dois sentidos diferentes, e obtinha com isso frases quase idênticas" (Roussel, 2004: 9).

Foucault (1963/2007), ao dar relevo à obra de Roussel, situou o "procedimento" realizado pelo escritor em um campo totalmente diferente daquele dos gramáticos, um campo que, de acordo com Durmasais (*apud* Foucault, 2007), é tropológico, no qual se utilizam as mesmas palavras para usos diversos, permitindo assim um expediente surpreendente ao tornar o discurso bastante atrativo, sem deixar de convertê-lo em jogo e prazer, uma vez que se apropria da rima, do trocadilho, da musicalidade. A dimensão do "tropo" (tropeço) faz com que as palavras se separem de seu sentido primitivo para adquirir um novo sentido, não implicando com isso que elas rompam a relação com o sentido inicial.

Foucault (1963/2007), contudo, considera que o espaço rousseliano não é o mesmo dos gramáticos, não sendo considerado como o espaço de origem das figuras canônicas da palavra, mas sim como um "branco incerto na linguagem e que abre no interior mesmo da palavra um vazio insidioso, desértico e cheio de observações" (Foucault, 1963/2007: 27). Para Roussel o jogo de duplicação das palavras é uma lacuna, um vazio, visto como uma vacância absoluta do ser que está remetida à invenção pura. A frase expressa pelo escritor "a minha imaginação é tudo" se opõe à realidade e parece de fato enunciar, de acordo com Foucault, a dimensão própria da invenção, que não é a de duplicar a realidade com outro mundo, mas descobrir a partir das duplicações da linguagem um espaço insuspeitado e recobri-lo com coisas nunca ditas.

Por outro lado, "a minha imaginação é tudo", como repetidamente afirma Roussel no seu esforço de criação que o impulsionava em busca da glória, situa um gozo não marcado pelo falo, produzindo um enodamento do real e do imaginário, mas sem conexão, uma vez que não fixa o simbólico. Isso é verificado através de um duplo tomado pela imagem especular, evidenciado tanto em sua escrita quanto em sua vida. Sua escrita lhe serve para localizar o gozo, permitindo a ele constituir um corpo, mesmo que sustentado através de compensações imaginárias.

É notável observar dois aspectos importantes quanto à função da escrita para Raymond Roussel: as palavras, diante do predomínio do imaginário, como apontou Jean-Claude Maleval (2008), funcionavam como instrumento de extração de gozo, tão bem explicitado na sua expressão "eu sangro a cada frase", que denota o esforço que o escritor realizava na tentativa de amarração do simbólico. Outro aspecto diz respeito, em especial, ao "procedimento", no ponto em que ele remete à nomeação. É no momento exato do "procedimento" em que o branco surge, abrindo na palavra um vazio, que Roussel dá tratamento ao nome próprio, conforme trabalhamos em "O 'procedimento' de Raymond Roussel: suplência e nomeação".

No referido artigo (Pinheiro, 2012), desenvolvemos aspectos relativos à letra, à suplência e à nomeação a partir de importantes elaborações desenvolvidas por Jean-Claude Maleval que pretendemos avançar aqui, introduzindo uma via diferente, a partir da leitura que realizamos de "Lituraterra", onde Lacan situa a noção de vazio central, noção tão cara ao pensamento e à arte chinesa.

Para sustentar o argumento de que há uma relação entre o corpo e letra na obra de Raymond Roussel, delimitaremos, primeiramente, o terreno no qual vamos trabalhar, que diz respeito à diferença entre literatura e escrita. Esse terreno, caso não se encontre delimitado e com as diferenças bem estabelecidas, permite deslizes, como Lacan (1971/2009) adverte aos analistas ao ironizar algumas situações em que o uso do texto literário deixa o analista carente de inventiva, o que ele chamou de "roça-roça literário" (Lacan, 1971/2009: 107).

Literatura e escrita na psicanálise não são sinônimas: pode-se dizer, ao contrário, que há uma disjunção entre elas dentro da concepção lacaniana; no entanto, é a partir dessa disjunção que se pode pensar o limite entre esses dois terrenos heterogêneos, sobre o que Lacan tanto nos ensina com a sua lição sobre "Lituraterra", onde se destaca a dimensão litoral.

Observamos, também, que a produção de escritos na literatura, embora possa evidenciar uma convivência com o sintoma, como testemunham a história da arte e a ciência através de vários exemplos que comprovam esse enlace, não remete à escrita enquanto *sinthoma*. Do sintoma como metáfora, articulado ao significante, ao *sinthoma* como letra, a partir da leitura que Lacan realizou sobre a obra de Joyce, há um percurso no ensino de Lacan, como evidencia o trajeto da carta roubada do conto de Poe, que como mensagem dirigida ao Outro demanda o seu deciframento e, ao chegar a seu destino, como resto da produção de gozo cifrado, não remete a nenhuma significação.

Essa perspectiva toma o gozo inerente ao *sinthoma* como artifício, como arte enquanto território do singular, matéria que está excluída da demanda do Outro e que localiza um gozo que se encontra fora do sentido. A hipótese que sustentamos neste trabalho é a de que o "procedimento" de Roussel, observado em quatro de seus livros, citados anteriormente, mesmo que não configure uma amarração borromeana engendra a dimensão da letra por introduzir nele uma articulação dos três registros através da noção de vazio central, que permite conjugar corpo e letra. Retomemos, então, as elaborações de Lacan, em conjunto com François Cheng, para concluirmos sobre esse ponto.

No início dos anos setenta, com o auxílio de François Cheng, Lacan realizou um mergulho no pensamento e cultura chinesa, especialmente em *O livro da via e sua virtude*, o Daodejing, atribuído a Laozi, uma das obras consideradas como alicerces do pensamento chinês. Esse livro situa em dois capítulos aquilo que Cheng (2007) discrimina como sendo o mais determinante na maneira com que os chineses concebem a Criação e a marcha do Universo, designado pela palavra *Tao*, que quer dizer "via" e também "falar". O *Tao* possui, pelo jogo homofônico, um sentido duplo, motivo pelo qual Lacan se interessou tanto por ele. O ponto central que sustenta o *Tao* se refere à ideia de sopro, uma "entidade dinâmica que é capaz de engendrar a vida, o espírito e a matéria, o Um e o Múltiplo, as formas e suas metamorfoses" (Cheng, 2007: 154), como se lê abaixo.

> O Tao de origem gera o Um
> O Um engendra o Dois
> O Dois dá origem ao Três
> O Três engendra os 10 mil seres
> Os 10 Mil seres endossam o Yin
> e abraçam o Yang
> Pelo sopro do Vazio-Mediano
> Realizam a permuta.

O *Tao* designa o vazio original de onde provém o sopro primordial como o Um, que se divide em dois sopros que são: *Yin* e *Yang* (o primeiro concerne à doçura receptiva e o segundo, à força ativa). Aos dois se intercala o Três, que é o vazio central, sem cuja presença tanto o *Yin* quanto o *Yang* se tornariam uma oposição improdutiva. O sopro do vazio central é uma entidade dinâmica em si, e bem diferente "de um lugar neutro e oco" (Cheng, 2007: 155).

O segundo texto de *O livro da via e de sua virtude* enuncia:

> A via que pode ser anunciada
> Não é a via para sempre
> O nome que pode ser nomeado
> Não é o nome para sempre
> Sem nome: Céu- e-Terra dele procede
> O nome: Mãe-de-todas-as-coisas.

Esse segundo texto situa algo mais sutil em relação ao primeiro: enquanto o primeiro aponta para um processo de permuta contínua, o segundo envia para algo em que não há permuta: o próprio Vazio, de onde se origina o sopro, um Vazio vivificante, de onde o que é sem-ter-Nome tende, constantemente, ao ter-Nome; o que é sem-ter-Desejo tende ao ter-Desejo. Isto coloca em jogo a nomeação, como situa Éric Laurent (2010: 82), que não convoca um "vir a ser", mas o uso que pode ser feito disso. Lacan a partir daí faz o seguinte esquema:

O fazer-Sem Nome – não tendo desejo

O *Tao*

O falar o Nome – tendo desejo

Pergunta-se a partir do esquema: que uso fazer disso? Acrescentando: trata-se de saber como fazer para segurar as duas pontas. Cheng responde: pelo vazio central! (Laurent, 2010: 83). Esse vazio central, como Três, é uma versão do litoral, que divide dois campos heterogêneos que não têm como se manterem unidos, nem como se transformarem um no outro. Para concluir, então, perguntamos: Raymond Roussel, através de seu "procedimento" como pura invenção, do jogo de duplicação das palavras que abre uma lacuna, um vazio, não estaria enlaçando o sentido, o efeito de sentido e o lugar de gozo, assim operando com a letra ao inscrever um litoral entre aquilo que não se reúne, o real e o sentido, o fazer e o falar?

Referências bibliográficas

CHENG, F. (2007). *Lacan, el escrito, la imagen.* Buenos Aires: Ediciones del Cifrado.

FOUCAULT, M. (1963/2007). *Raymond Roussel.* México: Siglo XXI.

LACAN, J. (1971/2009). *O seminário, livro 18: de um discurso que não fosse semblante.* Rio de Janeiro: Zahar.

LAURENT. E. (2010). A carta roubada e o voo da letra. In: *Correio* 65. São Paulo.

MALEVAL, J.-C. (2008). La elaboración de una suplencia por un proceso de escritura – Raymond Roussel. In: *Psicosis actualis: hacia un programa de investigación acerca de las psicosis ordinarias*. Buenos Aires: Grama.

PINHEIRO, M. F. (2012). O "procedimento" de Raymond Roussel: suplência e nomeação. *Latusa Digital, 48*, 9.

UMA EXPERIÊNCIA QUE ENVOLVE O TEMPO

Luciana Brandão Carreira Del Nero

Resumo

Seguiremos a trilha de Clarice Lispector e Maria Gabriela Llansol em alguns de seus textos, ao cabo da qual o leitor é confrontado com uma experiência que envolve o tempo e que, num além em relação ao significante, toca no cerne da transmissão por via de um escrito: quando corpo pulsional e escritura se encontram, porque alicerçados nos fundamentos do erotismo.

Palavras-chave: escrita; corpo; erotismo.

Abstract

An experience that involves time

We will follow the trail of Clarice Lispector and Maria Gabriela Llansol in some of his texts, after which the reader is confronted with an experience that involves time and that, in addition to in relation to significant, touches the heart of the transmission, when instinctual body and are writing because grounded in the fundamentals of eroticism.

Keywords: writing; body; eroticism.

“O mais feliz dos homens é aquele que consegue ligar o fim de sua vida ao início”, disse Goethe.

Com essa frase, o escritor alemão indica a base com a qual visamos articular o presente texto, inicialmente formulada da seguinte maneira: a morte demarca a linha de partida que lança o falante no mundo, tanto quanto situa o seu ponto de chegada ao cabo de suas andanças.

A morte, mas também o amor.

Ao trilharmos tais rastros, lançamo-nos, irremediavelmente, na trajetória que tende ao silêncio e ao caos, no rumo certo que nos leva em direção à finitude. Essa rota, movediça e obtusa, diz respeito a uma experiência que provoca o contato íntimo com a presença materna que nos habita, originária e derradeira. Uma experiência em que se finca a raiz do erotismo, implicando o tempo e o espaço, coadunando a origem ao fim, entrelaçando a morte à vida.

Como? Clarice Lispector nos ajuda nesse ponto. Com ela lançamos a hipótese de que a escrita de seu estilo decorreu de um efeito proporcionado pela mais arcaica das experiências, oriunda de uma temporalidade em que sequer havia furo, na vigência apenas de uma marca: a marca originária semeada pelo grão da voz materna, gérmen de toda vida. Os seus escritos testemunham essa temporalidade, tributários que são do instante em que o *infans* entra no campo da linguagem, quando, num átimo, a morte se inscreve no corpo por via da castração.

Na tentativa de avançarmos, elegemos, diante de tais considerações, “O relatório da coisa” – título de um interessante conto da escritora mencionada. Por quê? Porque ele permite que verbalizemos algo dessa experiência. Nesse texto, cujo personagem principal é um relógio que se chama Sveglia, Clarice Lispector toca no cerne da transmissão por via de um escrito, quando algo é transmitido a partir de uma experiência que ocorre num além em relação ao significante, no ato que consagra, a um só tempo, corpo pulsional e escritura. Afinal “Sveglia não admite conto ou romance, o que quer que seja. Permite apenas transmissão" (Lispector, 1999b: 60).

A transmissão de que se trata diz respeito ao efeito de sentido real – distinto do sentido proveniente do simbólico ou imaginário – mencionado por Lacan em RSI? Provavelmente.

Sveglia provoca uma experiência que envolve o tempo, naquilo que o tempo tem de mais real e radical: a eternidade do agora, suspensão temporal que abole o passado e também o futuro. Por isso, Sveglia *é*.

Mas por ora deixaremos *Sveglia* a nos esperar para que, antes de dele nos despedirmos, possamos melhor situar o argumento de nosso texto. Recorreremos, então, a um outro narrador, o personagem *Autor* do livro derradeiro de Clarice Lispector, *Um sopro de vida* (1999a), dele recolhendo a seguinte frase: "Para escrever tenho de me colocar no vazio" (Lispector, 1999a: 15).

Escrito em 1977, às vésperas da precoce morte da escritora, tal livro também recebe o subtítulo "pulsações", numa vertente que o situa fora do âmbito das ficções literárias. Ao nomeá-lo assim, parece que Clarice reafirma a trágica solidão em que se encontrava nas letras modernas, exilada que estava do próprio campo da literatura.

Com tal ato, o pulsional se inscreve no título de uma obra que aponta, mais do que nunca, ao caráter fragmentário ao qual gradativamente se reduziu o texto lispectoriano. Essa redução pode ser pensada como a chegada do seu texto ao *ponto de letra*, proposto por Lucia Castello Branco (Branco, 2011), quando a voz narrativa faz ecoar tão simplesmente o grão da voz, tal como Roland Barthes o situou ao nos contar sobre os incidentes pulsionais da linguagem atapetada da pele, depositados em um texto através do qual se escuta o grão erotizado que sopra da garganta de quem o escreve. (Barthes, 1997: 85-86).

Desse espaço vazio, que se confunde com o corpo do escritor, a linguagem emerge. No tempo em que o silêncio da pulsão demarca a morte na pele que atapeta a carne, erotizando-a.

Ao mencionar o vazio em que precisa se colocar para criar, Clarice Lispector muito bem situa o lugar de onde ela escrevia. Afinal, a arte torna possível um encontro com o impossível. Isso quer dizer que ela viabiliza a experiência de um confronto, de uma tomada de posição, pelo sujeito, no momento em que ele se choca com o vazio que lhe é constitutivo. Esse vazio instaura o movimento do desejo, pois ele está, indelevelmente, relacionado ao gozo perdido de *das Ding* (*a Coisa*), parcialmente recuperado nessa experiência que a obra de arte proporciona. Por isso Lacan afirmara, em seu seminário sobre a ética, que a obra de arte se eleva à dignidade de *Coisa*. (Lacan, 1959-1960/1997: 140-141).

Toda obra, seja literária ou não, corresponde a uma organização desse vazio, ao dar-lhe um contorno. Ela organiza esse vazio que nada mais é do que um furo real existente no seio da linguagem. A linguagem, tecido do qual somos feitos, nos permite um distanciamento da *Coisa*, protegendo-nos da aniquilação de um confronto com o real sem mediação (Lacan, 1959-1960/1997: 89). A escrita bordeja esse vazio. Ao operar com a letra, o escritor tem êxito em um trabalho com a linguagem que o remete às fímbrias de onde o inconsciente se estrutura, pois, para Lacan, o inconsciente é simplesmente "estruturado, tramado, encadeado, tecido de linguagem" (Lacan, 1955-1956/2002: 139).

O corpo erógeno é um espaço que somente existe quando circunscrito por um bordejamento, para que assim a pele – enquanto tecido de linguagem – possa vestir a carne da qual também somos feitos. Podemos dizer que essa pele/borda coloca em relação o "dentro" e o "fora" que nos liga ao mundo, *moebianamente*, conectando a linguagem que igualmente nos constitui à realidade "interna/externa" sem a qual não existimos – fato que, em suma, nos possibilita investir numa vida em relação com os outros por via dos laços amorosos passíveis de serem feitos.

Logo, a linguagem atapetada da pele, proposta por Barthes, diz respeito a uma tessitura em que o tempo se coaduna ao espaço, porque é no tempo mesmo em que a trama da língua é cerzida que a pele/corpo se perfaz para aquele que fala.

Isso não é novidade.

Desde Freud nos foi dito que o ato de escrever coloca em evidência a dimensão sexual da escrita, enquanto ato sexual, que apenas se realiza porque implica o corpo do Outro – do Outro com "O" maiúsculo. Nesses termos, o ato de escrever equivale ao ato de fazer amor com a palavra e o seu limite – com a palavra em seu limite.

> Logo que o escrever, que faz com que um líquido flua de um tubo para um pedaço de papel branco, assume o significado de copulação, ou logo que o andar se torna um substituto simbólico do pisotear o corpo da mãe terra, tanto o escrever como andar são paralisados porque representam a realização de um ato sexual proibido (Freud, 1926/1976: 110).

Marcada pela impossibilidade, a escrita que pisoteia a página branca no momento original em que um texto é concebido traz consigo o gozo de um momento perdido, evocado do instante exato em que um encontro jamais se realizou. Afinal, como asseverou Lacan, "tudo o que é escrito parte do fato de que será sempre impossível escrever como tal a relação sexual" (Lacan, 1972-1973/1985: 49).

Esse desencontro com *das Ding*, depreendido *a posteriori* por aquele que fala, provoca efeitos de escritura na estrutura do ser falante. Efeitos absolutamente imprevisíveis em que opera a memória de um passado inexistente, quando o ser falante esteve reduzido simplesmente a uma promessa, destinado a um futuro todo por se fazer. Talvez seja esse o ponto de abertura e inovação em que o *Ato de escrever* se encontra com o que está no cerne do que define a dimensão do *Ato analítico*.

Roland Barthes (1953) certa vez declarou que o ato de escrever é um ato erótico forte, cujo principal efeito, oriundo da escritura, é a fadiga amorosa de quem precisa insistir, sempre e reiteradamente, em escrever. Por isso, também para Barthes, escrever é uma necessidade inconciliável. Por qual motivo? Porque a cada vez é necessário relançar o desejo, pois a repetição, consequente dessa insistência, deriva da pulsão de morte, atestando a existência de algo inassimilável, vindo do real.

Outra escritora que privilegiadamente indica as relações entre corpo erógeno e escritura é Maria Gabriela Llansol. Quando os escrevia, dizia que os seus livros eram "atravessados por uma corrente erótica fortíssima, por uma corrente libidinal", o que a levou a se referir ao ato de leitura como o seu "sexo de ler" (Llansol, 2011: 57). Indagada a respeito dos motivos pelos quais era levada a escrever, certa vez respondeu:

> Por que escrevo? Escrevo para testemunhar o que os meus olhos expectantes veem, a minha escrita é isto: o meu sopro [...] quando me perguntam se escrevo ficção eu tenho vontade de rir. Ficção? Personagens que acordam, dormem, comem? Não, não tenho nada a ver com isso. Para mim, não há metáforas. Uma coisa é ou não é. Não existe o *como se*. O que escrevo é uma narrativa, uma só narrativa que vou partindo, aos pedaços (Llansol, 2011: 48).

Morte: linha de partida e também ponto de chegada. Por isso é que agora, ao final, voltaremos ao ponto de largada deste texto: o relatório da Coisa.

Sveglia é. Sveglia simplesmente *é*. É assim que a narradora, com grande esforço, descreve esse relógio na obra que mencionamos. Especial, ele lhe proporciona uma experiência que envolve o tempo, naquilo que o tempo tem de mais real e radical: a eternidade do agora, suspensão temporal que abole o passado e também o futuro. Por isso, Sveglia *é*.

Sveglia é um relógio cujo nome, em suas origens italianas, está ligado ao verbo *svegliare*: em português, acordar. Ele é composto por alguns pequenos furos pretos pelos quais ressoa um som macio como o cetim, descrito pela protagonista do conto como o resultado de uma ausência de palavras. Possui dois discos distintos apenas pelas suas cores – cores que também diferem conforme se trate do interior ou do exterior do relógio.

Dourado por dentro e prateado por fora, *Sveglia* faz mais do que marcar o tempo, pois também detém a importante função de despertar aquele que dorme – despertar o falante para a verdade da castração, rompendo com o que imaginariamente esteja encobrindo a falta, que o constitui. Por esse motivo é que ele tem o poder de acordar a protagonista do conto para o real, proporcionando-lhe a transmissão de uma experiência que é, em suma, a irrupção de uma temporalidade na qual a morte se inscreve no falante, por meio da força de *Eros*.

> Não vou falar sobre relógios. Mas sobre um determinado relógio. O meu jogo é aberto: digo logo o que tenho a dizer e sem literatura. Este relatório é a antiliteratura da coisa.
> O relógio de que falo é eletrônico e tem despertador. A marca é *Sveglia*, o que quer dizer "acorda". Acorda para o quê, meu Deus? Para o tempo. Para a hora. Para o instante. Esse relógio não é meu. Mas apossei-me de sua infernal alma tranquila (Lispector, 1999b: 57).

Na intimidade do pulsional, sem ideais ou esperanças, o acordar ao qual a narradora é introduzida a dirige ao cerne do que se passa na dessubjetivação, efeito temporal do recalque originário. O que estaria no cerne da transmissão, por via de um escrito, quando algo é transmitido ao leitor através de uma experiência que ocorre num além em relação ao significante? Arriscamos responder: o tempo. A experiência do tempo enquanto colocação do real.

Trata-se da transmissão de uma experiência cuja temporalidade situa uma inscrição originária, no instante em que um traço demarca, no corpo, um ponto que se torna o espaço de ancoragem para o ser falante *ex-sistir*.

Ponto de onde se costura a teia do erotismo, quando, em face ao gozo, a trama do desejo é fiada pelo amor – sim, porque na hora em que se costura esse primeiro ponto, na tapeçaria em que as tramas do corpo se alinham aos dizeres, o amor é o elo que permite o tear do desejo, no limiar da palavra.

E no limiar da palavra, quando o tapete por onde o falante dará seus passos, o que se colhe senão o grão da voz? Mais uma vez, Maria Gabriela Llansol e a primazia da voz escrita em textos de gozo e insistência:

> a voz não está fora do texto. A voz não está dentro nem fora do texto [...] ao mesmo tempo é uma voz extremamente corpórea, é muito objetal essa voz. E, quando ela fala, ela provém de um corpo real que sabe perfeitamente qual é a sua experiência, o que viveu [...] digamos que ela traz as marcas de sua própria existência (Llansol, 2011: 49-50).

O exercício do tempo é o tempo do instante de ver, coadunado ao momento de concluir. Instante no qual o furo do olhar do Outro se cruza com a voz – com uma voz que nada quer dizer, opaca e sem sentido porque ela se reduz a um puro eco de *lalangue*, a um grão. Quando ocorre a morte da *Coisa*, o tempo que se experimenta funda a realidade psíquica, ou seja, a fantasia inconsciente, no mesmo instante em que se vivencia uma avassaladora enxurrada daquilo que escapa ao simbólico. Com Sveglia, novamente:

> Sveglia é o Objeto, é a Coisa, com letra maiúscula. Será que o Sveglia me vê? Vê, sim, como se eu fosse um outro objeto. Ele reconhece que às vezes a gente também vem de Marte. Estão me

> acontecendo coisas, depois que soube do Sveglia, que mais parecem um sonho. Acorda-me, Sveglia, quero ver a realidade. Mas é que a realidade parece um sonho [...]. Dorme, Sveglia, dorme um pouco, eu não suporto a tua vigília. Você não para de ser. Você não sonha. Não se pode dizer que você "funciona": você não é funcionamento, você apenas é [...] mas é você que faz acontecerem as coisas. Me aconteça, Sveglia, me aconteça. Estou precisando de um determinado acontecimento sobre o qual não posso falar. E dá-me de volta o desejo, que é a mola da vida animal. Eu não te quero para mim. Não gosto de ser vigiada. E você é o olho único aberto sempre como olho solto no espaço. Você não me quer mal mas também não me quer bem. Será que também eu estou ficando assim, sem sentimento de amor? Sou uma coisa? Sei que estou com pouca capacidade de amar. Minha capacidade de amar foi pisada demais, meu Deus. Só me resta um fio de desejo. Eu *preciso* que este fio se fortifique. Porque não é como você pensa, que só a morte importa. Viver, coisa que não conhece porque é apodrecível – viver apodrecendo importa muito. Um viver seco: um viver o essencial (Lispector, 1999b: 58).

Sveglia desconhece o "viver" porque viver é perecível. A vida acaba, apodrece, deteriora-se. E *Sveglia*, que rege o tempo que aponta ao infinito, só conhece a eternidade.

Essa radical experiência cria um espaço que dá acesso à vastidão sem limites que transcende o entendimento humano – vereda da existência, aberta no exercício desse tempo que somente o *agora* consegue situar. Trata-se do tempo no qual se cria um espaço virtual que se conjuga ao tempo, privilegiado porque franqueia o sonho e o desejo, a criação e a fantasia. Enquanto um acontecimento de corpo, essa experiência só ocorre porque um lastro de amor a faz emergir – tal como no amor dos místicos, que se dirige à vida em seu bruto esplendor, numa ausência absoluta de garantias frente à inconsistência do Outro. Esse exercício do tempo aciona o desejo em toda a sua potencialidade. Por isso é que às vezes situações de perdas ou de confrontos com a morte provocam reviravoltas, pois são situações extremas que nos acordam de um sono existencial, tal como *Sveglia* faz.

Eis que, assim, *Sveglia* tem o poder de acordar a protagonista do conto simplesmente para que ela veja a realidade – realidade que ela diz estar muito próxima do sonho e, ao mesmo tempo, tão distante da vivência doméstica que enche de sentido o seu cotidiano. E *Sveglia* não tem descanso porque ele é, no conto, a colocação do tempo no que ele tem de mais real: ele funciona como o operador daquilo que resiste a uma contagem, que se vige em direção à morte, enquanto algo do pulsional que se vivencia a partir de uma experiência radical como é a dessubjetivação.

A narrativa brota desse lugar vazio, ponto de letra dessubjetivado, que coincide com o tempo puro do espaço infinito. No espaço sem tempo da obra, tal como o propõe Maurice Blanchot (1998), o que se presentifica é justamente essa ausência, dando passagem para um traço que se torna o "é" da obra.

O que seria o "é" da obra? Seria aquilo ao qual se reduziu esse instante de suspensão, de liberdade do ser. Do ser que se perde momentaneamente no "agora", no além desmedido do gozo em sua face de excesso. Por isso, *Sveglia* é.

> Uma das formas mais pungentes da vivência subjetiva que a análise pode fazer emergir é a vivência do tempo enquanto tal, do instante já, do agora. Viver o agora significa a perda absoluta das esperanças imaginárias, relativas ao futuro, e exercer o desejo de forma radical. Significa, portanto, entronizar a morte [...] precisamente porque o exercício do desejo no agora é tributário da entronização da morte pelo sujeito, vê-se que o presente pode assumir um caráter altamente ameaçador (Jorge, 2010: 235).

Com *Sveglia*, Clarice Lispector descreve essa experiência.

> Água, apesar de ser molhada por excelência, é. Escrever é. Mas estilo não é. Ter seios é. O órgão masculino é demais. Bondade não é. Mas a não-bondade, o dar-se, é. Bondade não é. Mas a não-bondade não é o oposto da maldade. Estarei escrevendo molhado? Acho que sim. Meu sobrenome é. Já o primeiro é doce demais, é para o amor. Não ter nenhum segredo – e no entanto manter o enigma – é Sveglia. Na pontuação as reticências não são. Se alguém entender este meu irrevelado relatório e preciso, esse alguém é. Parece que eu não sou eu, de tanto eu que sou. O Sol é, a Lua não. Minha cara é. Provavelmente a tua também é. Uísque também é. E, por incrível que pareça, Coca-cola é, enquanto Pepsicola nunca foi. Estou fazendo propaganda de graça? Isto está errado, viu Coca-cola? Ser fiel é. O ato do amor contém um desespero que é (Lispector, 1999b: 62).

Essa experiência limite, que mortifica o ser e o vivifica, celebra a separação que o lança no mundo. Eis o despertar. Na justa hora do adeus, quando o fim se encontra ao começo, e a morte se encarna no corpo que resplandece em toda a sua potência erótica.

> Adeus, Sveglia. Adeus para nunca sempre. Parte de mim você já matou. Eu morri e estou apodrecendo. Morrer é.
> E agora – agora adeus (Lispector, 1999b: 64).

Referências bibliográficas

BARTHES, R. (1953). *O grau zero da escritura.* São Paulo: Cultrix.

———. (1997). *O prazer do texto.* São Paulo: Perspectiva.

BLANCHOT, M. (1998). *O espaço literário.* Rio de Janeiro: Rocco.

BRANCO, L. C. (2011). *Chão de letras.* Belo Horizonte: Editora UFMG.

BRANCO, L. C & BRANDÃO, R. S. (1995). *Literaterras – as bordas do corpo literário.* São Paulo: Annablume.

FREUD, S. (1926/1976). Inibição, sintoma e angústia. *Edição standard brasileira das obras psicológicas completas de Sigmund Freud*, v. XX. Rio de Janeiro: Imago.

JORGE, M. A. (2010). *Fundamentos da psicanálise de Freud a Lacan*, v. 2 – A clínica da fantasia. Rio de Janeiro: Jorge Zahar.

LACAN, J. (1955-1956/2002). *O seminário, livro 3: as psicoses.* Rio de Janeiro: Jorge Zahar.

———. (1959-1960). *O seminário, livro 7: a ética da psicanálise.* Rio de Janeiro: Jorge Zahar.

———. (1960-1961/2010). *O seminário, livro 8: a transferência.* Rio de Janeiro: Jorge Zahar.

———. (1967-1968). *O seminário, livro 15: o ato psicanalítico.* Inédito.

———. (1972-1973/1985). *O seminário, livro 20: mais, ainda.* Rio de Janeiro: Jorge Zahar.

LISPECTOR, C. (1999a). *Um sopro de vida – pulsações.* Rio de Janeiro: Rocco.

———. (1999b). O relatório da coisa. In: *Onde estivestes de noite* (pp. 57-64). Rio de Janeiro: Nova Fronteira.

LLANSOL, M. G. (2011). *Maria Gabriela Llansol – entrevistas.* Belo Horizonte: Autêntica.

FOTOGRAFIA, CORPO, CIDADE: UMA NOVA ESCRITA DO SUJEITO

Thoya Mosena

Resumo

Este texto relata a experiência em uma oficina de fotografia que trabalha com a técnica *pinhole*. Um dos projetos dessa oficina foi fotografar pontos turísticos do Rio de Janeiro, o que levou o grupo a transpor os muros da instituição psiquiátrica. A autora entrelaça as noções de fotografia, corpo e cidade para refletir sobre o modo como esse trabalho pode contribuir para uma nova escrita do sujeito.

Palavras-chave: oficina terapêutica; fotografia; psicanálise.

Résumé

La photographie, le corps, la ville: une nouvelle écriture du sujet

Cet article rapporte une expérience dans un atelier de photographie qui utilise la technique sténopé. L'un des projets de cet atelier c'était de photographier des points touristiques à Rio de Janeiro. Ceci a mené le groupe à dépasser les murs de l'institution psychiatrique. L'auteur entrelace les notions de photographie, de corps et de ville pour réfléchir sur la façon dont ce travail peut contribuer à créer une nouvelle écriture du sujet.

Mots-clés: atelier thérapeutique; photographie; psychanalyse.

Eis o relato da experiência de uma oficina de fotografia que pretende configurar um desenho mais parecido com uma *janela* do que com uma *tela*, uma imagem mais *furada* do que *murada*, mais *punctum* do que *studium*. Janela e tela, muro e furo e *punctum* e *studium*, neste escrito, remeterão a esse pulsar entre aquilo que desacomoda e aquilo que remete a uma familiaridade. O título deste texto surgiu como se fosse uma lista de palavras-chave e espero até seu ponto final poder articular, enlaçar, relançar, compartilhar, dar um testemunho dessa experiência.

Consideramos a fotografia, a partir de sua etimologia, *foto-grafia*, como a escrita com a luz. Para o que aqui nos concerne, a fotografia atualiza o que Lacan (1949/1998) formulou como estádio do espelho, território no qual se engendra a escrita do corpo. O corpo seria então aquilo que só existe a partir de uma escrita na relação com o Outro. O próprio termo *estádio* remete a um continente, a um território cartografado nessa relação especular. A cidade, por sua vez, é considerada como aquele espaço que delineia, conforma, contingencia, afeta, inscreve a subjetividade, acompanhando o que diz Simmel (1976: 14): a cidade seria uma "rápida convergência de imagens em mudança, a descontinuidade aguda contida na apreensão com uma única vista de olhos e o inesperado de impressões súbitas. Tais são as condições psicológicas que a metrópole cria".

Desde outro ponto de vista, a cidade é também afetada, moldada, arquitetada pelas subjetividades que nela habitam. Lacan, na sua "Conferência de Genebra sobre o sintoma", nos diz que "O homem está capturado pela imagem de seu corpo. Este ponto explica muitas coisas e, em primeiro lugar, o privilégio que tem dita imagem para ele. Seu mundo, se é que esta palavra tem algum sentido, seu *Umwelt*, o que o rodeia, ele o *corpo-reifica*, o faz à imagem de seu corpo" (Lacan, 1975: 3).

Partindo dessa breve introdução ao que particularizamos desse trio de palavras que abrem esse relato, de que forma as relações entre fotografia, corpo e cidade podem constituir uma escrita, engendrar um sujeito? A oficina de fotografia de onde colhemos as questões que compartilhamos neste texto parece trazer à tona pontos de enlace possíveis entre a escrita com a luz e o sujeito que engendra a cidade e se engendra na cidade.

Há uma poesia de Eucanaã Ferraz (2012: 111) que pode ser o nosso ponto de partida para pensarmos nos efeitos do fotografar e do escrever.

> o desfotógrafo
>
> vejo tudo agora diferente,
> como se o tempo contra o rio
> dirigisse e de trás pra frente
> eu descrevesse um livro
>
> e cada palavra nele se tornasse
> livre e me fizesse livre
> e sílaba a sílaba toda memória
> desaparecesse – sumisse! –
>
> como se, na nossa frente, tudo
> o que fomos um dia num passe
> de mágica evaporasse num passe
> de música, num passo – no ar!
>
> Hoje, tudo dá-se a ver sem dor,
> limpo, sem um traço de paixão.
> Os poemas se apagaram e, repara,
> Façamos um balanço: de nós
>
> restou não mais que a folha livre
> de depois do livro, retrato em
> branco e branco
> ....

Rio de Janeiro, Botafogo, Avenida Venceslau Brás, número 71, fundos. Sextas-feiras à tarde nosso encontro é no Centro de Convivência do PROJAD (Programa de Estudos e Assistência ao Uso Indevido de Drogas) do IPUB (Instituto de Psiquiatria) da UFRJ (Universidade Federal do Rio de Janeiro) para uma Oficina de Fotografia. O Centro, uma construção recente num *campus* repleto de prédios antigos. Conheci o trabalho desses *oficineiros* quando terminava minha pesquisa de mestrado no hospital-dia do IPUB, prédio um pouco à frente. No mestrado, havia proposto uma oficina de fotografia numa oficina de escrita e havia me ocupado com a formulação de que, para haver um registro, deve haver uma perda. Além disso, me perguntava sobre o próprio dispositivo *oficina*: seria esse um espaço que poderia desdobrar a produção de uma perda? Em função dessa intervenção, e fisgada pelas possibilidades clínicas que a fotografia pode colocar, fui convidada para participar dessa outra oficina.

Essa outra oficina não trabalhava com máquinas analógicas (com filme/película), nem com máquinas digitais, mas com latas. Latas fotográficas. Na época, latas de Nescau ou leite Ninho. Atualmente, latas de panetone. A técnica se chama *pinhole*, ou seja, pequeno furo, pequeno orifício. Por essa minúscula janela entra a luz que inscreverá uma imagem em preto e branco no papel fotossensível. Após passar por uma imersão em três líquidos (revelador, interruptor, fixador), três tempos necessários, como num passe de mágica a imagem aparece. Preto, branco e variações de cinza. Eis o negativo. Claro onde é escuro, escuro onde é claro. Quase uma *desfotografia*.

A lata, não dispondo de uma lente, coloca um acento no desencontro entre o olhar de quem fotografa e aquilo que é registrado a partir desse orifício, algo como um "olhar de fora". Posiciona-se a lata, procura-se enquadrar o objeto a ser fotografado, mas não é de dentro da lata que fotografamos, uma ilusão que máquinas digitais ou mesmo analógicas nos dão. Podemos dizer que há mesmo uma distância entre aquilo que o sujeito que fotografa olha e aquilo que será captado através daquele furo. Não há uma coincidência. Mas será que alguma vez coincide?

Quando aportei nessa oficina, o grupo realizava um projeto de fotografar os prédios históricos do *campus* da Praia Vermelha da UFRJ, onde funcionou o primeiro manicômio do Brasil. O objetivo era contar a história da loucura e resultou na exposição Fotossíntese da Loucura. O convite da exposição, em forma de cartão postal, foi ilustrado por uma das fotos produzidas pelo grupo. O título foi uma construção coletiva, tomou muitos encontros para ser escolhido. Incluímos a palavra loucura? Apresentamos-nos como pacientes do IPUB? Identificamos essa como uma produção de loucos? Discussões acaloradas resultaram nesse nome.

Por uma proposição da coordenadora da oficina, numa leitura de que todos de alguma forma participavam da realização de cada foto, assinamos o trabalho também coletivamente, numa lista, como os créditos de um filme. No dia da abertura da exposição, passeavam entre os painéis os familiares dos participantes da oficina, que mostravam seu trabalho com grande orgulho. Diante da pergunta "mas qual é a tua foto?", surgiu a questão sobre a autoria e o desejo de assinar cada fotografia. Isso foi possível numa segunda exposição, dessa vez no Centro Cultural Laurinda Santos Lobo em Santa Tereza, bairro conhecido por ser morada e por dar visibilidade às artes. A questão da autoria, da singularidade que se engendra num dispositivo que reúne vários como as oficinas, não é sem consequências.

Chamava muito a atenção, nesse trabalho, o fato de um local onde circulam muitas pessoas como a universidade ser retratado invariavelmente como uma "cidade-fantasma". A explicação técnica nós logo a formulamos: o tempo de exposição na *pinhole* não é o dos centésimos e milésimos de segundo como já nos habituamos a registrar imagens, passa-se na ordem dos 30 segundos a alguns minutos. Uma subversão da vivência do tempo na contemporaneidade, que parece produzir voracidades, continuidades, instantaneidades. A *pinhole* remete aos primórdios da fotografia, às câmaras escuras que primeiro foram utilizadas pelos pintores para projetar uma imagem e só depois foram ganhando aparatos para permitir o seu registro. Fotografar com latas nos leva a outro tempo: tempo de parada, de espera, de intervalo e de pausa.

De qualquer forma, o estranhamento que a revelação de um *campus* universitário sem viva alma causou a técnica não dava conta de circunscrever. Potencializava ainda esse efeito de fotografar o silêncio, o fato de as fotos, além de serem em preto e branco, estarem na sua forma negativa. Remetia-nos à morte – à morte que a loucura enclausurada num hospício pode produzir? Dando outra volta, fotografar com latas de panetone pela cidade também provoca estranhamento. Flagramos os olhares ora curiosos, ora desconfiados. Brincamos com a ideia de nos acharem malucos. Malucos contando a história da loucura.

Finalizado esse projeto, um dos participantes da oficina sugere então que façamos registros de lugares do Rio de Janeiro. Mencionou o fato de o Rio de Janeiro vir a sediar Copa do Mundo, de estar em evidência, mas também vinha trazendo seu desejo de sair do território institucional. Essa questão do dentro-fora da instituição já havia aparecido na oficina anterior, mas por uma proposta minha de provocar um certo efeito reverberante que partia do prédio onde funcionava a oficina, ganhava o pátio/jardim do IPUB para finalmente lançá-los a fotografar nas suas casas, nas suas ruas, na sua cidade.

Acolhemos a sugestão e partimos, latas fotográficas embaixo do braço, a fotografar o Pão de Açúcar, o Museu de Arte Contemporânea de Niterói, e outros tantos recantos aguardam nossa passagem numa lista muitas vezes refeita, reescrita. Além de fotografar o objeto de nosso interesse, passamos a nos fotografar, a fazer um registro das nossas andanças, através da fotografia *pinhole* e através de pequenos vídeos. Como *perfor-*

mances. Postamo-nos em grupo, objeto a ser fotografado no dia ao fundo, e fazemos o registro, em negativo e de forma invertida, dos fotógrafos, eles também muitas vezes aparecendo apenas como uma silhueta num registro fantasmagórico. "Autorretratos" do grupo em preto e branco. Quase uma radiografia. O avesso? O inverso? Uma forma que encontramos de dar a ver o *making off*, o processo que resulta nas imagens que produzimos nesses passeios.

Nessa oficina, embora orgulhosos dos resultados esteticamente interessantes, nos reunimos em torno de um fazer que convoca sempre a um repetido circuito de "tentativa e erro", como bem definiu um dos participantes. Circuito que não desenha um círculo, uma forma fechada, mas antes faz ver uma fenda, uma brecha, um desencontro com o ponto final que confere existência ao ponto de partida, que delineia um contorno para a experiência. E que nos relança sempre a um tentar e errar de novo. Uma plataforma para o desejo assim se desenha. Nesse tentar e errar não foi incluído o acerto porque esse, afinal de contas, é apenas um efeito. Aponta para o processo numa sucessão de intervalos entre possíveis achados.

Entre a casa e a instituição, uma cidade a ser desvelada, desfotografada, percorrida e constituída/construída por nossos passos. Se a exposição das fotos no Fórum de Ciência e Cultura da UFRJ de alguma forma conferiu um lugar diferente para aqueles sujeitos na família, nossas andanças pelo Rio e o fotografar-se colocou, de certo modo, o corpo em jogo. Seja pelo deslocamento necessário, pelo andar, que nessa oficina está presente e acentua um sair das fronteiras do Centro de Convivência, seja pelo ver-se retratado, ainda que disforme, desfocado, presente-ausente. "Pois portamos o espaço diretamente na carne. Espaço que não é uma categoria ideal do entendimento, mas o elemento despercebido, fundamental, de todas as nossas experiências sensoriais ou fantasmáticas", nos diz Didi-Huberman (1998: 246). Uma cartografia também do sujeito?

Finalizamos, sem muitos fechamentos, com outra poesia, desta vez de Manoel de Barros (2005):

O fotógrafo

Difícil fotografar o silêncio.
Entretanto tentei. Eu conto:
Madrugada a minha aldeia estava morta.
Não se ouvia um barulho, ninguém passava entre
as casas.
Eu estava saindo de uma festa.
Eram quase quatro da manhã.
Ia o Silêncio pela rua carregando um bêbado.
Preparei minha máquina.
O silêncio era um carregador?
Estava carregando o bêbado.
Fotografei esse carregador.
Tive outras visões naquela madrugada.
Preparei minha máquina de novo.
Tinha um perfume de jasmim no beiral de um sobrado.
Fotografei o perfume.
Vi uma lesma pregada na existência mais do que na
pedra.
Fotografei a existência dela.
Vi ainda um azul-perdão no olho de um mendigo.
Fotografei o perdão.
Olhei uma paisagem velha a desabar sobre uma casa.
Fotografei o sobre.
Foi difícil fotografar o sobre.
Por fim eu enxerguei a *Nuvem de calça* [referência a Maiakovski] e o poeta.
Ninguém outro poeta no mundo faria uma roupa
mais justa para cobrir a sua noiva.
A foto saiu legal.

Referências bibliográficas

BARTHES, R. (1984). *A câmara clara: nota sobre a fotografia*. Rio de Janeiro: Nova Fronteira.

BARROS, M. de. (2005). *Ensaios fotográficos*. Rio de Janeiro: Record.

DIDI-HUBERMAN, G. (1998). *O que vemos, o que nos olha*. São Paulo: Ed. 34.

FERRAZ, E. (2012). o desfotógrafo. In: *Verso livre: poemas*. São Paulo: Boa Companhia.

LACAN, J. (1949/1998). O estádio do espelho como formador da função do eu tal como nos é revelada na experiência psicanalítica. *Escritos*. Rio de Janeiro: Jorge Zahar.

LACAN, Jacques. Conferência de Genebra sobre o sintoma. Transcrição da conferência proferida por Lacan em 1975. Texto obtido no site <www.campopsicanalitico.com.br/biblioteca/genebra.doc>.

RIVERA, T. (2007). Guimarães Rosa: a escrita e o avesso da imagem. In: COSTA, A. & RINALDI, D. (Orgs.). *Escrita e psicanálise* (pp. 85-95). Rio de Janeiro: Cia. de Freud/UERJ, Instituto de Psicologia.

SIMMEL, G. (1976). A metrópole e a vida mental. In: VELHO, O. G. (Org.). *O fenômeno urbano* (pp. 13-28). Rio de Janeiro: Zahar.

SONTAG, S. (2003). *Diante da dor dos outros*. São Paulo: Companhia das Letras.

INQUIETAÇÃO FOTOGRÁFICA: UM CÓDIGO DESCONHECIDO

André Lopes

Resumo

Este artigo aborda a relação do sujeito com a imagem levando em conta a experiência fotográfica. Para tanto aborda alguns filmes do cineasta Michael Haneke, a partir dos quais coloca em questão uma violência da estética engendrada pelo assujeitamento do filho do homem ao significante e a uma montagem pulsional articulada pelo olhar e pela voz.

Palavras-chave: sujeito; fotografia; violência.

Résumé

L'INQUIÉTUDE PHOTOGRAPHIQUE: UN CODE INCONNU

Cet article traite de la relation entre le sujet et l'image du point de vue de l'expérience photographique. Pour ce faire, il analyse les films du metteur-en-scène Michael Haneke, à partir desquels il remet en question une violence de l'esthétique engendrée par l'assujetissement du fils de l'homme au signifiant et à un montage pulsionnel articulé par le regard et la voix.

Mots-clés: sujet; photographie; violence.

Durante o jantar George diz: "Preciso ver fotos de cadáveres para saber o que é a guerra? Ou fotos de crianças indianas para saber o que é fome? Que presunção é essa? São somente imagens" (Haneke, 2000). Ao que Annie, sua namorada, contra-argumenta: "Você só entende de teorias. Eu quero a experiência e a vivência".

Com esse diálogo o cineasta austríaco Michael Haneke aborda a fotografia como representação do mundo. Oferece-nos uma sequência a partir da qual podemos colocar em questão o mal-estar que a inadequação do homem à completude e consistência da imagem vem provocar. Mal-estar que testemunha a impossibilidade de adaptação do sujeito a qualquer código fixo, situando-o num *fora da pregnância da imagem* onde o significante vem marcar, violentamente, o descentramento ao qual está submetido.

De maneira singular, a fotografia diz respeito a uma representação pictórica, à obtenção de uma imagem como resultado de um processo no qual a luminosidade decorrente dos objetos passa através de um obturador, formando um registro imagético. Em função do assujeitamento do filho do homem ao simbólico a imagem é da ordem do significante e o circuito pulsional se faz na inquietação que se produz pela esquize do olho e do olhar. Verdadeiro registro da imagem que se produz sob o signo de uma falta – (-φ) na relação imaginária: o falo negativizado, o sinal da marca de uma ausência que instaura a possibilidade da presença do próximo e introduz o *infans* numa alternância que lhe possibilita o ingresso no mundo simbólico.

A fotografia, e mais ainda o cinema, nos confronta com a experiência de uma presença/ausência de luz. É nos furos do negativo que a incidência da luz vem escrever uma representação gráfica na tela ou no papel, fazendo surgir uma impressão do mundo e tornando reprodutíveis as sombras da caverna. A fotografia é decorrente do avanço tecnológico e, como destaca Walter Benjamin, introduz uma modificação importante no campo das artes ao fazer com que a obra ingresse na era da sua reprodutibilidade técnica (Benjamin, 1989/2012).

O olho enquanto órgão suporta a função da visão. Entretanto, o desamparo do *infans* e a sua dependência de um semelhante que o acolha no campo da linguagem faz com que a imagem deste não lhe seja suficiente no mundo das identificações com o outro. É uma dependência que se marca na ordem do simbólico, desacomodando a imagem do semelhante de qualquer conformação no campo da visão.

Portanto, é no leito do significante que se produz, na esquize entre o ato de ver e a falta que nele se inscreve, a possibilidade de que a palavra se faça corpo, consistência onde a esquize entre o ato de ver e o olhar é furo na imagem que articula o pulsional. Mais do que ser visto, o sujeito se inscreve na gramática freudiana por um *se fazer ver, olhar.*

Com um *Código desconhecido* Haneke (2000) nos expõe sequências de experiências de ódio, xenofobia, racismo e preconceito nas ruas de Paris. Fotografias de uma cidade. Sequências que nos chegam através da arte e nos conduzem a uma violência estética.

Não é por acaso que o cinema, ou seja, o modo de colocar a fotografia em movimento, surge ao mesmo tempo que Freud descobre o inconsciente. Walter Benjamin, num texto de 1931 intitulado "Pequena história da fotografia", destaca que o surgimento da fotografia inaugura uma nova era no campo das artes, pois se os quadros testemunham ao longo do tempo o talento do artista, "[...] na fotografia surge algo de estranho e de novo [...] preserva-se algo que não se reduz ao gênio artístico do fotografo [...] algo que não pode ser silenciado" (Benjamin, 1931/2012: 100) e que exige insistentemente um saber sobre aquele que está ali retratado. Uma fotografia diz respeito a alguém que viveu no momento do estourar de um *flash* e que, a qualquer tempo, constitui a realidade fotografada, não se reduzindo integramente a um objeto pintado, moldado ou esculpido pelas mãos do artista. Nela, entre o olho do artista e seu modelo, se interpõe um aparato capaz de registrar fielmente a imagem.

O sujeito do sonho freudiano vê a imagem onírica articular-se em palavras e perde o domínio sobre a sua própria casa. Perde-o para uma natureza que, como diz Benjamin, "[...] fala ao olhar" (1931/2012: 100).

Para Freud o psicanalista não se interessa por questões estéticas, mas quando o faz elas certamente dizem respeito a um território que foi negligenciado até então e deixa claro que, o *Unheimliche*, o tema do estranho, é um deles. Assim, em 1919, vai abordar o tema num artigo intitulado *O inquietante* [*Das unheimliche*], no qual se contrapõe a argumentação que Jentsch propõe em "Sobre a psicologia do *Unheimeliche*" [*Zur Psychologie des Unheimliche*, de 1906. Segundo Jentsch, para se produzir efeitos de estranhamento na narrativa de uma história literária basta "[...] deixar o leitor na incerteza de que determinada figura seja uma pessoa ou um autômato [...] de modo que tal incerteza não ocupe o centro de sua atenção, para que ele não seja induzido a investigar a questão e esclarecê-la" (Freud, 1919/2010: 341). Freud não considera que as formulações de Jentsch respondam ao efeito inquietante na obra de arte e ressalta que no centro da narrativa que diz respeito à inquietante estranheza provocada no sujeito está aquilo que, no conto O homem de areia, de E. T. A. Hoffman, se apresenta para-além das representações da boneca ou do autômato. O ponto central da narrativa é uma figura que arranca os olhos das crianças e o que causa estranhamento comparece na função do olhar e diz respeito à morte e à castração.

O homem cria o mundo sustentado pela imagem que faz do seu próprio corpo, diz Lacan na *Conferência de Genebra sobre o Sintoma*. Esse mundo "que o rodeia, ele o *corpo-reifica*, o faz coisa à imagem de seu corpo" (Lacan: 4/10/1975). Seu conhecimento sobre as coisas não se constitui, portanto, sem a função da visão – o que não é a mesma coisa que ser vidente ou cego –, pois decorre daquilo que o olhar vem iluminar quando a criança invoca o Outro diante o espelho. Gesto pelo qual o olhar *se faz* voz na instauração do circuito pulsional.

É pelo viés de uma melodia que a voz materna introduz que se escreve uma dessemelhança primordial inerente a cada sujeito. Efeito de uma operação pela qual um significante (S1) intervém numa bateria significante (S2) que integra, como afirma Lacan, "[...] a rede do que se chama um saber. [...] E o seu suposto *upokeimenon* é o sujeito, na medida em que representa esse traço específico, a ser distinguido do indivíduo vivo" (Lacan, 1969-1970/1992: 11). Um traço específico, unário, uma marca que diz respeito ao que só pode ser escrito enquanto significante de uma falta, sem se reduzir a qualquer código.

No filme de Haneke intitulado *Código desconhecido* (Haneke, 2000), nenhuma imagem pode dar conta da violência do significante que arranca o homem do mundo da completude imagética de um saber instintual, a partir do que, se o sujeito não destrói a própria imagem, tal como o personagem William Wilson do conto de Poe, a vê surgir no narcisismo das pequenas diferenças.

Para Freud, o psiquismo da criança, no tempo de um narcisismo primário, constitui o duplo no terreno do amor a si próprio. Superada essa fase, forma-se no Ego uma instância que faz oposição ao restante do Ego, funcionando como observador e crítico, como uma censura psíquica. Toda a sua crítica ao Ego pode então ser incorporada ao duplo, bem como tudo aquilo que pode ser realizado como destino e que (Freud, 1919/2010) compõe, através da mediação do outro, as fotografias de uma violência urbana.

É assim que um casal parisiense, Georges e Anne, recebe uma correspondência anônima. Dentro do pacote uma fita de vídeo exibe a imagem do exterior da casa e toda a movimentação da família. Outras fitas vêm em seguida e com elas desenhos infantis. Representações gráficas de faces ou bonecos sempre com uma mancha vermelha. O sujeito fisgado na inquietação do olhar. A mancha na imagem ameaça violentamente o sujeito, e *flashes*, que parecem surgir como lembranças, remetem Georges a imagens de sua infância. É em torno desse enredo que se desenrolará o filme *Caché*, também de Michael Haneke (2005).

A fotografia possui por um lado, nos diz Barthes, um campo narrativo que decorre de um saber sobre o objeto retratado e que ele denomina *studium*, um saber que resulta dos efeitos da cultura e do elemento visual; por outro lado, possui também um campo que ele nomeia como *punctum* e que vem quebrar o saber constituído, pois não se estabelece em decorrência de qualquer informação que possa advir da imagem. Ao contrário, o *punctum* diz respeito a algo que "[...] parte da cena, como uma flecha, e vem me transpassar [...], pois *punctum* é também picada, pequeno buraco, pequena mancha" (Barthes, 1984: 46). É aquilo que na fotografia, na cena, surpreende aquele que a observa, ainda que a mesma esteja submetida a uma totalidade da imagem que é mortal. Algo fura essa imagem completa e ultrapassa todo o saber sobre o objeto que se encontra ali representado.

No seminário *Os quatro conceitos fundamentais da psicanálise* Lacan vai dizer que "no campo escópico, o olhar está do lado de fora, sou olhado, quer dizer, sou quadro" (Lacan, 1964/1988: 104). O que determina o sujeito no que é visível é esse olhar que está do lado de fora. Esse olhar que "[...] é o instrumento pelo qual a luz se encarna, e pelo qual [...] sou *fotografado*" (Lacan, 1964/1988: 104).

O *punctum* é pequena mancha que, partindo da imagem, encarna a luz que estoura como um *flash* e situa o olhar do lado de fora, fornecendo a moldura do fantasma. É a partir das manchas vermelhas nos desenhos que Georges começa a produzir lembranças de sua infância, nas quais sempre surge um menino ensanguentado. Situa-se assim no interior da cena, compõe a cena e a realidade pelo viés de lembranças sempre encobridoras. No enquadre fantasmático, a imagem do exterior da casa suporta algo oculto (*Caché*) e sustentado por um código desconhecido.

Referências bibliográficas

Barthes, R. (1984). *A câmara clara: nota sobre a fotografia*. Rio de Janeiro: Nova Fronteira.

BENJAMIN. W. (1931/2012). Pequena história da fotografia. In: *Magia e técnica, arte e política: ensaios sobre literatura e história da cultura*. São Paulo: Brasiliense.

———. (1989/2012). *A obra de arte na época de sua reprodutibilidade técnica*. Porto Alegre: Zouk.

FREUD, S. (1919/2010). *O inquietante*. São Paulo: Companhia das Letras.

LACAN, J. (1964/1988). *O seminário, livro 11: os quatro conceitos fundamentais da psicanálise*. Rio de Janeiro: Zahar.

———. (1969-1970/1992). *O seminário, livro 17: o avesso da psicanálise*. Rio de Janeiro: Zahar.

———. (1975). Conferência de Genebra. Inédito.

Filmografia

CODE INCONNU: récit incomplet de divers voyages. Direção: Michael Haneke. Produção: Bavaria Film, Canal+, FilmexSee more. Roteiro: Michael Haneke. Intérpretes: Juliette Binoche, Thierry Neuvic, Luminita Gheorghiu. Sony Pictures, 2000, 1 filme (118 min), son. color.

CACHÉ. Direção: Michael Haneke. Produção: Les Films du Losange, Wega Film, Bavaria Film. Roteiro: Michael Haneke. Intérpretes: Daniel Auteuil, Juliette Binoche, Maurice Bénichou. Sony Pictures, 2005, 1 filme (117 min), son. color.

Parte II

Escrita, marca e real

AFETAMENTOS DO CORPO

Ana Costa

Resumo

Este trabalho busca desdobrar as relações entre linguagem e escrita. Trabalha com as proposições de Lacan, situadas a partir de "Lituraterra". Ali se situa a proposição de que um dos registros do sujeito diz respeito à fala e outro à escrita. Reconhecemos nessa proposição uma heterogeneidade entre fala e escrita, como dois registros que não são redutíveis um ao outro. Essas questões são abordadas a partir de proposições clínicas.

Palavras-chave: fala e escrita; objeto olhar; lituraterra.

Résumé

Le corps et ses affects

Ce travail recherche les relations entre langage et écriture. Prend les propositions de Lacan dans le texte "Lituraterre", où il développe les relations du sujet ou bien a la parole, ou bien a l'écrit, comme deux registres hétérogènes. Il y a une hétérogénéité entre parole e écrit. Ces questions sont travaillées à partir des propositions cliniques.

Mots-clés: parole et écrit; l'object regard; lituraterre.

Este trabalho toma uma questão clínica para desdobrar as relações entre linguagem e escrita. Trabalharei com as proposições de Lacan, situadas a partir da lição de seu seminário, livro 18, que conhecemos como "Lituraterra". Ele colocou, ali, que um dos registros do sujeito diz respeito à fala e outro à escrita. Reconhecemos nessa proposição uma heterogeneidade entre fala e escrita, como dois registros que não são redutíveis um ao outro.

Tomando um exemplo banal: pode-se transcrever uma fala, mas não se pode transcrever a voz, sua escansão, o olhar, e todos os objetos *a* que produzem efeitos no corpo e na fala, ou mesmo o endereçamento implícito na relação do sujeito com sua enunciação. Não é um bom exemplo, na medida em que dá margem a entender que a escrita estaria do lado da transcrição, o que não foi meu intento. Com o exemplo busquei situar o que na fala permanece heterogêneo à própria fala, encoberto por uma imagem que o sujeito busca passar, tanto na produção de sentido quanto na demanda de ser amado.

O exemplo da transcrição somente me permite explicitar essa questão: a referência à escrita diz respeito ao que fica elidido na própria fala, mas que não acontece sem ela. Como referiu Lacan, falamos com nosso corpo, mas, ao buscarmos comunicar um sentido, ou mesmo uma imagem que suporte o corpo, algo resta não comunicável, não inscritível. É como se, no exemplo da transcrição, se procedesse a uma "faxina" nas relações entre a fala e a referência a uma escrita que essa mesma fala contém. Se lembrarmos da homofonia, veremos que por vezes é somente ao escrever o que foi falado que se torna possível reconhecer uma heterogeneidade de sentidos que se expressa ali.

Lacan exercitava essa heterogeneidade ao enunciar seus seminários, o que nos deixa um trabalho a ser feito com a impossibilidade de transcrevê-los. O ato da fala transmite, de forma contingente, o que na fala se pauta pelo que é impossível de se escrever, mas que, ao ser dito, pode ser lido. Nesse sentido, não é escrevendo o jogo homofônico que o efeito se produz, porque fica como quando se explica um chiste: perde seu efeito. Assim, do ponto de vista lacaniano, a escuta implica uma leitura do que se ouve – ou seja, uma abertura à heterogeneidade que a própria fala transmite.

Feita essa precisão, trago aqui uma curta passagem clínica que me permite dar uma outra volta às relações entre linguagem e escrita: uma jovem de treze anos começa a fazer pequenos cortes na pele sempre que um desconforto a acossa. Nas primeiras vezes havia uma relação muito clara entre a angústia e essas atuações. No entanto, aos poucos tal ato se tornou compulsivo, produzindo uma forma de prazer. Não vou me alongar no exemplo, somente acrescentarei que essa adolescente buscava criar um ponto cego na onividência materna, ou seja, que essas atuações dirigiam-se a produzir uma falta – fazer cair o objeto olhar – na medida em que eram atos que a mãe não conseguia ver, mesmo que, paradoxalmente, trouxessem um "dar a ver" exposto na pele da garota.

Como em todo exemplo clínico, podemos encontrar complexidades nas quais não me deterei. Somente destacarei as relações entre o ato e a tentativa de fazer cair o objeto implicados na relação com uma escrita. Ou seja, existe uma relação intrínseca entre o ato que busca produzir o furo no lugar do objeto – entenda-se objeto *a* – e a inscrição de um significante: um traço que responda pelo que não se escreve. É possível perceber que o objeto em causa nas atuações da garota é o olhar, naquilo em que se constitui como propriedade dos objetos pulsionais: a produção deles se dá na medida em que se constituem como perda. Nesse sentido, o ato de se cortar também pode ser relativo a tentar extrair o objeto: fazer um furo lá onde se mostra excessivo, pois que provoca angústia. Tal como propõe Lacan, a angústia é o sinal de que a falta pode vir a faltar.

Trago, aqui, uma referência à proposição de Lacan na relação ao corpo como uma superfície de escrita. A relação entre corpo e superfície coloca em causa a especificidade do tema da escrita para a psicanálise. Para articular essa questão, transitemos por um parágrafo que consta no *Seminário 20*, de Lacan:

> O amuro é o que aparece em signos bizarros no corpo. São esses caracteres sexuais que vêm do além [...] a respeito do qual farei vocês notarem que não se pode dizer que seja vida, pois aquilo também porta a morte, a morte do corpo, por repeti-lo. É de lá que vem o *mais*, o em-corpo o A *inda*. É portanto falso dizer que há separação do soma e do gérmen, pois, por alojar esse gérmen o corpo leva seus traços. Há traços no amuro (Lacan, 1985b: 13).

Os caracteres sexuais, situados como vindo "do além", não estão do lado do sexual enquanto referência fálica. Aqui se pode assinalar a relação entre corpo e escrita, como também situar uma base para entender a produção de marcas corporais. O que é inserido no corpo pode ser tomado como um signo do Outro. É o estranho, que faz parte de nosso familiar e que, ao ser manipulado, é pacificado. Podemos aproximar a escrita da tentativa de fazer algo que se aproxime de um quadro: a produção de um contorno para o olhar constitui uma pacificação do olhar. Na expressão de Lacan, o quadro é onde o olhar depõe suas armas. Ao que responderia essa busca de pacificação? É pacificação de quê? Podemos pensá-la como uma dupla via: por um lado a insistência das pulsões, por outro, o desdobramento infinito das imagens, que, obedecendo à metonímia, decaem como suportes do corpo. Ali podemos situar, por exemplo, a borda da demanda, que nas relações primárias não dá trégua nem à criança, nem à mãe.

Nessas buscas de recortar, furar e velar situa-se também o que Freud reconheceu como masoquismo originário. Ou seja, a produção de bordas implica um misto de violência e erotismo. Faz parte tanto da busca da *impressão* de uma marca, de um traço originário, quanto da experiência de prazer/desprazer.

As questões colocadas pela equivalência entre corpo e amuro trazem a relação entre corpo e superfície. Ou seja, tomam o corpo como algo dado ao olhar e à leitura. Coloca-se, particularmente, quando Lacan propõe que "há traços no amuro", levando-nos a pensar que esses traços não são subsumidos pelo gozo fálico, trazendo a referência à morte no que se repete no gozo do corpo. Uma possibilidade de leitura diz respeito à busca de que esses traços possam se colocar numa relação amorosa.

Assim, a expressão *amuro* é situada como algo que pode designar o corpo, na medida em que este se apresenta como uma superfície que se presta à escrita. Também nesse sentido é possível entender a colocação de "signos bizarros", como marcas sem sentido, que presentificam o objeto, como uma presença excessiva. Esse neologismo lacaniano permite uma leitura do corpo em excesso, como pode se apresentar na puberdade, por exemplo. Nesse momento os objetos pulsionais – objetos *a*, na álgebra lacaniana, que designam, entre outros, a voz e o olhar – manifestam toda sua estrangeiridade, que tem efeitos de estranheza e bizarrice. É quando, na puberdade, a própria voz e o olhar do Outro retornam como signos: referentes de um enigma insondável que trazem impedimentos do sujeito na representação de seu corpo. Pode-se pensar que a procura por marcar o corpo nesse momento duplica esses signos estrangeiros, dos quais o corpo é portador. As disseminações generalizadas de *piercings* e tatuagens nesse momento específico podem evidenciar isso.

Por meio das colocações destacadas até aqui, Lacan começa a desenvolver suas questões a respeito das diferentes formas de gozo. Na abordagem da relação aos caracteres sexuais secundários, que se designa inicialmente como *amuro*, o autor situa uma questão específica: que o *amuro* responde pelo gozo do corpo do Outro. E aqui encontramos um paradoxo: que corpo será esse se, em formulações anteriores, no Outro, para Lacan, situava-se o código, a língua?

As modificações no estatuto do Outro se produziram a partir do encontro de um paradoxo. Por um lado, o Outro como lugar do código somente se manteria como tal se esse código, como uma prescrição desde sempre estabelecida, dispensasse o corpo. Por outro, o corpo é hábito, identificação, sem nenhuma consistência de *ser*, ou mesmo de suporte fora da linguagem. Logo, existe uma relação necessária entre corpo e Outro, no sentido de que é desse lugar que se produzem as representações e identificações que são suportes corporais. Mas essa relação situa-as numa espécie de mútua exclusão. Ou seja, temos ali uma imbricação, que se constitui imaginariamente como interdependência, mas que diz de um acoplamento nunca completado, do qual o inconsciente – seja como *isso*, o real pulsional, seja pelo precipitado de suas formações – é resultante.

Assim, é possível isolar dois vetores em causa na situação clínica antes destacada: por um lado, a produção de um furo, uma borda; de outro lado, uma relação entre mostrar e esconder. Esta última questão é paradoxal e instigante porque, apesar de a pele ser uma superfície que se mostra, escarificá-la também se dirige a produzir um ponto cego. Encontramos, aqui, um paradoxo porque são marcas que capturam o olhar, nem que seja pelo fascínio do horror que provocam. Muitas marcas no corpo trazem esse jogo entre mostrar e ocultar, mesmo em produções que nos parecem unicamente estéticas, como as tatuagens. Algumas tatuagens são para permanecerem ocultas. Desdobremos um pouco essas relações.

Lacan utilizou-se da expressão "função da mancha" que me parece interessante como um dos elementos a considerar aqui. Destacarei essa questão a partir de duas passagens: na abordagem do olhar, no seminário sobre os quatro conceitos fundamentais, e no artigo dedicado ao romance de Marguerite Duras – *O deslumbramento de Lol V. Stein.* Nas duas passagens pode-se reconhecer a relação entre a função da mancha e a construção de um quadro. No *Seminário 11*, diz respeito a que uma mancha se constitui no ponto a partir do qual o quadro é construído. Não deixa de se colocar a mesma questão na análise do romance de Duras, na construção da personagem Lol. Para acompanhar essa questão faz-se necessário evocar alguns pontos do romance.

A personagem Lola Valerie Stein perde algumas letras de seu patronímico, no desenrolar do romance, a partir de um acontecimento relatado no início: num baile, seu noivo é raptado – ficando fascinado por outra mulher, com a qual dança durante todo o baile sob os olhares de todos, dos quais a personagem Lola se faz o centro. A partir daí, será denominada Lol V. Stein. Na análise que faz do romance, Lacan destaca o jogo que se torna esse nome – papel, tesoura e pedra – jogo esse que se faz com as mãos. Pode-se dizer que, quando a personagem perde a veste das identificações (a referência a ter ficado nua sob os olhares), o jogo vai implicar seu corpo, na medida em que nele algo do real se coloca indecifrável.

A cena do baile constitui uma escrita, homóloga à construção de um ternário (não se trata de triângulo edípico) no qual Lol é situada como o próprio objeto olhar. A cena do romance paradigmática dessa questão é situada num segundo tempo, no encontro de um narrador (Jacques Hold, o narrador do romance que lemos), que faz as vezes de sujeito desejante, submetido aos caprichos de Lol. Ele passa a ofertar seus encontros com sua amante ao que ele supõe ser o olhar de Lol. Na cena que Lacan destaca, a personagem Lol está deitada num campo de centeio, na frente do hotel do encontro dos amantes, sem ver nada do que acontece lá dentro, constituindo a mancha, o ponto cego a partir do qual a cena do encontro acontece para o narrador J. Hold.

Assim, é situando um ponto velado que o quadro se constrói para o sujeito narrador Jacques Hold – aquele que, no romance, é o único personagem que parece ver, mas que, pelo seu desejo, ele se engana. Lacan propõe, inclusive, que há uma equivalência entre o ponto cego – a mancha pela qual Lol se constitui no campo de centeio – e a cabeleira negra de Tatiana, que emoldura a nudez do corpo feminino. Pois bem, a construção do quadro, na acepção colocada aqui por Lacan, a partir de um narrador implicado enquanto sujeito do desejo, parece dizer respeito à colocação em cena da fantasia para esse sujeito. Assim, podemos considerar a mancha, o ponto cego, como pré-condição da constituição do quadro – o que emoldura a fantasia. É nele que Lacan propõe um "contar-se três", que desdobra significante e objeto como heterogêneos entre si. No romance, esse "contar-se" é encenado pelas personagens de Jacques Hold, de sua amante Tatiana e de Lol, que constitui a personagem central da qual o romance trata.

Há uma construção importante nesse "contar-se três", na qual reconhecemos a vigência dos três registros – RSI. Nos desdobramentos percorridos é possível reconhecer alguns dos elementos que estão em causa na passagem clínica da adolescente, referida anteriormente. Inspirada no romance me ocorre a pergunta a propósito desse caso: onde está o narrador? Normalmente, em casos assim, a queixa é de um terceiro, dizendo respeito a uma atuação que busca ressonância no lugar materno.

Aqui, a partir do recorte clínico, entra outro elemento importante que interessa destacar: é a relação entre olhar e saber. Mencionei, antes, que a escarificação da garota buscava produzir um ponto cego na onividência materna. O que significa também a produção de um furo no saber: o encontro de um litoral que apresente uma heterogeneidade.

É possível encontrar as relações entre olhar e saber desdobradas por Lacan no tempo lógico. Já me utilizei algumas vezes dos elementos constantes no tempo lógico para trabalhar essas relações. O que está em jogo é a conjugação entre ver e saber: não há possibilidade de construção de um saber totalizante (construído na alegoria dos prisioneiros que não veem o que têm nas costas) na medida em que somos dirigidos por um ponto cego. Nesse sentido, em determinadas montagens se dá uma vigência do instante de ver, sem passagem pelo tempo de compreender, o que provoca a saída como passagem ao ato relativa à onividência do Outro. Denomino essa formação como do lado da enunciação de uma evidência: eu vejo, "eu sei", como se fosse possível haver uma visão sem constituição de um ponto cego, ou seja, de algo que não se sabe. Temos então por um lado a busca do ponto cego, como pré-condição de construção de um quadro da fantasia, de outro, a produção de um furo no saber.

Precisa-se colocar que essas configurações clínicas são extremamente instáveis, na medida em que geram compulsão. Posso lembrar outras expressões que se inserem na mesma via de produções, como, por exemplo, nas anorexias, que dizem respeito à travessia adolescente na tentativa de construção do sintoma.

Quais seriam as relações entre fala e escrita aqui? Quais relações se tecem entre dizer e mostrar? Uma fala também pode pautar-se por buscar mostrar e, nesse sentido, não trazer tanta diferença em seus efeitos. Então não se trata simplesmente de fazer falar, sabemos que não é suficiente para produzir sujeito do inconsciente. Trata-se, sim, de algo que está na base da produção de atos: que deles resultem a inscrição de um traço diferencial, sem o que a repetição se torna compulsiva.

Situo, aqui, as relações entre satisfação e função de representação: questão que traz o osso das dificuldades encontradas na clínica. A condição de produção de um sujeito passa pela condição em que falar traz também uma expressão corporal, na medida em que está sustentada nos objetos voz e olhar. Assim, tal qual propõe Lacan, a satisfação buscada vai inscrever-se entre dois irrealizáveis. Nesses dois extremos é que o autor situou as formas limites de gozo de um corpo, corpo esse que se sustenta a partir desses suportes já referidos: entre a fala e o escrito.

Referências bibliográficas

COSTA, A. (2003). *Tatuagem e marcas corporais. Atualizações do sagrado.* São Paulo: Casa do Psicólogo.

FREUD, S. (1975a). Más allá del principio del placer. *Obras completas*, v. VIII. Madrid: Biblioteca Nueva.

———. (1975b). El problema económico del masoquismo. *Obras completas*, v. VIII Madrid: Biblioteca Nueva.

LACAN, J. (1985a). *O seminário, livro 11: os quatro conceitos fundamentais da psicanálise.* Rio de Janeiro: Jorge Zahar.

LACAN, J. (1985b). *O seminário, livro 20: mais, ainda...* Rio de Janeiro: Jorge Zahar.

———. (2003). Homenagem a Marguerite Duras pelo arrebatamento de Lol V. Stein. *Outros escritos*. Rio de Janeiro: Jorge Zahar.

———. (2009). *O seminário, livro 18: de um discurso que não fosse semblante.* Rio de Janeiro: Jorge Zahar.

A CICATRIZ DE UMA FERIDA DA QUAL NÃO SE CONHECE A NATUREZA

Nina Virginia de Araujo Leite

RESUMO

O trabalho investiga diferentes funções de incisões feitas voluntariamente no corpo e cicatrizes aí inscritas sob o regime compulsório. Para tanto revisita a leitura do conto "Tatuagem" de Tanizaki.

Palavras-chave: tatuagem; significante; letra; literatura; psicanálise.

ABSTRACT

THE SCAR OF A WOUND WE DON'T KNOW THE NATURE

The present paper investigates the differential functions of incisions made voluntarily on the body and of those inscribed under an obligatory regime. In order to do so the author revisits the interpretation of the story "Tattoo" by Tanizaki.

Keywords: tattoo; significant; letter; literature; psychoanalysis.

Convidada a participar dessa coletânea um pensamento se me impôs e não consegui dele me livrar; decidi então falar d'Isso: como abordar a distinção entre os efeitos subjetivos de incisões feitas voluntariamente no corpo e cicatrizes aí inscritas sob o regime da necessidade compulsória? De que modo o recurso aos conceitos de letra, significante e traço unário permite desdobrar essa indagação primeira, ainda muito colada à minha experiência como mãe de dois jovens que portam diferentemente as marcas de que falo? Escrevo então como um exercício para transformar uma vivência inquietante em uma questão teórica. Entretanto, fui levada a modificar o rumo do trabalho conforme ficará claro mais à frente. Esse desvio produziu inclusive uma mudança no título do trabalho. Na realidade, parti de um – que consta do programa; passei para um segundo – A cicatriz de uma ferida da qual não se conhece a natureza – e terminei optando por um terceiro que indico: Cicatriz de qual ferida? Uma volta a mais no conto de Tanizaki.

Para iniciar, gostaria de indicar que Lacan explicitamente fala de tatuagens e cicatrizes em quatro momentos de seus seminários que destaco a seguir: no *Seminário 5*, duas vezes no *Seminário 11* e no *Seminário 16*.

Seminário 5

> Insisto nesse caráter de marca. Aliás, fora da análise, em todas as suas outras manifestações interpretativas ou significativas, e certamente em tudo o que encarna em termos cerimoniais, ritualísticos e sociológicos, a marca é o sinal do que sustenta a relação castradora cuja emergência antropológica a psicanálise nos permitiu perceber. Não nos esqueçamos das encarnações religiosas em que reconhecemos o complexo de castração, como a circuncisão, por exemplo, para chamá-la por seu nome, ou então, nos ritos de puberdade, tal ou qual forma de inscrição, de marca, de tatuagem, ligada a uma certa fase, que se apresenta de maneira não-ambígua

como o acesso a um certo estágio do desejo. Isso tudo sempre se apresenta como marca e como impressão (Lacan, 1995:320).

Seminário 11: tatuagem e traço unário

em nosso vocabulário próprio, simbolizamos por S barrado o sujeito, no que constituído como segundo em relação ao significante. Para ilustrar isto, eu lhes lembrarei que a coisa pode ser representada da maneira mais simples pelo traço unário. O primeiro significante é o entalhe, com o qual se marca, por exemplo, que o sujeito matou UM animal, mediante o que ele não se embrulhará em sua memória quando tiver matado mais dez. Ele não terá que se lembrar de qual é qual, e é a partir desse traço unário que ele os contará. O traço unário, o próprio sujeito a ele se refere, e de começo ele se marca como tatuagem, o primeiro dos significantes. Quando esse significante, esse um, é instituído – a conta é Um um. É ao nível, não do um, mas do UM um, ao nível da conta que o sujeito tem que se situar como tal (Lacan, 1979: 135).

Seminário 11: onde é destacado o valor significante e erótico da tatuagem:

a libido é o órgão essencial para se compreender a natureza da pulsão. Esse órgão é irreal. Irreal não é de modo algum imaginário. O irreal se define por se articular ao real de um modo que nos escapa, e é justamente o que exige que sua representação seja mítica, como a fazemos. Mas, por ser irreal, isso não impede um órgão de se encarnar. Eu lhes dou já sua materialização. Uma das formas mais antigas de encarnar, no corpo, esse órgão irreal, é a tatuagem, a escarificação. O entalhe tem muito bem a função de ser para o Outro, de lá situar o sujeito, marcando seu lugar no campo das relações do grupo, entre cada um e todos os outros. E, ao mesmo tempo, ela tem uma função erótica, de que todos aqueles que abordaram sua realidade se aperceberam (Lacan, 1979: 195).

Seminário 16: onde se aponta que a função unária da tatuagem é a identificação.

> Esse UM se caracteriza por ser chamado de identidade numérica. Nada é designado aqui por esses termos, não estamos no nível de nenhuma identificação unária, como por exemplo, a de um Um que fosse ocasionalmente colocado na palma de sua mão, à maneira de uma tatuagem, para identificá-los num certo contexto, como já aconteceu. Trata-se, em cada caso, de um traço que não marca nada (Lacan, 2008: 344).

Essas poucas indicações podem render muitos comentários sobre o tema, delineando alguns caminhos importantes para conduzir a discussão. Retomo então o novo título escolhido para este texto: *cicatriz de qual ferida? Uma volta a mais no conto de Tanizaki.*

Um detalhe do conto de Tanizaki intitulado "Tatuagem", sobre o qual li primeiramente um relato no excelente trabalho de Simone Wiener, capturou o meu interesse e me pôs na busca do conto original: a jovem é tatuada enquanto dormia, tendo sido assim forçada pelo tatuador. Esse pequeno detalhe produziu várias associações: primeiro se destacava para mim a questão importante sobre o autor da tatuagem, uma vez que se tratava no conto de algo não escolhido pelo sujeito. Voluntária ou compulsória, essa questão da autoria atualizava uma preocupação importante que tem me acompanhado e sobre a qual aludi no início do texto: a diferença quanto aos efeitos subjetivos da presença de uma cicatriz/tatuagem escolhida ou imposta.

Como tão bem observa Simone Wiener (2001), a questão do autor da tatuagem indica os limites dessa prática, uma vez que a tatuagem pôde ser utilizada pelos nazistas em um contexto em que sua função realizava a redução do homem ao que ele não é: um número a ser contabilizado, na aposta assassina de apagamento do nome próprio – ou seja, daquilo que representa minimamente um sujeito no campo do Outro. Interessante observar quanto a isso que no conto de Tanizaki a jovem tatuada é apresentada sem nenhuma referência ao seu nome próprio.

Além disso, o detalhe que me fisgou também me permitiu retomar a leitura de outro escritor japonês: Yasunari Kawabata no belo romance *A casa das belas adormecidas* – aqui o cenário em que se desenvolve a história é uma casa em que belas jovens completamente adormecidas são oferecidas por uma noite ao desejo de velhos que "já não são homens". Importante marcar que tanto no conto de Tanizaki quanto no romance de Kawabata não há testemunha do que o homem faz com as jovens, pois estão elas adormecidas; exceto pelo que resta em seus corpos: no romance, a memória corporal da exploração erótica anônima; no caso do conto, a tatuagem de uma tarântula, o que constitui uma preciosa observação quanto à possibilidade de construir uma volta a mais na interpretação que Simone Wiener apresentou do conto, permitindo discernir nesse caso, penso, um estatuto diferente para a tatuagem, iluminando talvez uma face adicional desse fenômeno complexo e heterogêneo.

Apresento primeiro o conto no que julgo serem os elementos estruturais da narrativa e em seguida a diferença com relação à interpretação de Simone Wiener.

O conto, publicado em 1910, pode ser caracterizado em uma primeira abordagem como a metamorfose dos personagens operada pelo ato que produz a tatuagem. Há como que uma inversão de características: o ato marca um antes e um depois para os dois. A tímida e jovem aprendiz de gueixa transforma-se em uma mulher triunfante, fatal e indiferente. O cruel e indiferente tatuador e artista apresenta-se no final do conto marcado pela ternura e sensibilidade à dor e ao sofrimento. Tudo se passa em um tempo em que "os homens possuíam a nobre virtude da futilidade" e em que a doçura de viver tinha ainda um valor dominante. Os corpos eram tatuados na busca pelo belo e as tatuagens orgulhosamente exibidas. Uma observação interessante: no Japão, diferentemente da China e do ocidente, valoriza-se nas tatuagens mais a maestria técnica do tatuador do que propriamente a mensagem veiculada (isso traz consequências importantes para se pensar a função da tatuagem nessa cultura).

A partir desse detalhe bastante explorado no conto podemos supor que, celebradas mais pela tenacidade e resistência à dor as tatuagens adquirem preferencialmente o valor de marcas de um gozo. Seikichi era um jovem e perito tatuador admirado pelas "linhas sensuais e pela extravagância de suas composições". Tinha sido anteriormente um pintor de costumes e preservou na profissão de tatuador "algo de sua consciência e sensibilidade de artista". Como mestre da arte da tatuagem, impunha aos clientes, que ele escolhia – os caprichos da composição e o alto preço: em dinheiro e em sofrimento e dor. O seu prazer era diretamente proporcional à dor que infligia. Um desejo obscuro e um prazer insondável o habitavam; conta-nos o narrador que há muito Seikichi nutria o "desejo de conseguir a pele luminosa de uma mulher para nela imprimir sua própria alma".

Primeira cena: no quarto ano de sua busca, depara-se uma tarde, ao passar diante de uma casa de diversão, com dois alvos pés nus de mulher, visíveis sob a cortina de bambu de um palanquim parado à porta. Identificando nesses pés "um tesouro de preciosa carne" e talvez a mulher por quem tanto ansiava, correu ao encalço do palanquim, mas não consegue ver o rosto dela. A sua ansiedade transforma-se em amor agitado.

Um ano depois, *a segunda cena*: recebe em sua casa uma jovem desconhecida que lhe trazia uma encomenda acompanhada de uma carta de velha conhecida de Seikichi. Na carta ela pedia que ele protegesse a menina e informava: "em breve ela vai ser minha nova companheira de ofício". A jovem de 16 ou 17 anos é descrita como "uma figura que parecia ter nascido dos inúmeros sonhos de gerações e gerações de homens e mulheres apaixonados, no interior de uma metrópole para a qual convergiam todas as riquezas e todos os pecados do país". Ele se certifica de que ela é a dona dos pés que o tinham enfeitiçado. Diz a ela que esteve à sua espera e que a procurava há muito tempo. Em seguida, mostra-lhe duas gravuras: a primeira era uma imagem de Biki, a dama favorita de Chu, imperador e déspota da antiga China: com o corpo delgado debruçado a um balaústre, a princesa contemplava um homem submetido a torturas. A fisionomia da jovem torna-se, depois de olhar a tela por um tempo, parecida à da princesa. Ela aí vê algo que a afeta e que diz respeito ao que deseja manter oculto. Seikichi então lhe revela que a mulher da pintura é ela. A segunda pintura intitulava-se *Fertilizante*: no centro da tela, recostada a um tronco de cerejeira, uma jovem olhava inúmeros cadáveres de homens empilhados a seus pés. A jovem novamente sente ter encontrado algo que se escondia em suas entranhas. Seikichi lhe diz que ali está representado o seu futuro: "os homens aqui tombados são os que irão perder a vida por você". A jovem tenta fugir e pede que ele esconda as telas, mas acaba lhe confessando que de fato tem o temperamento dessa mulher.

Cena três: o ato na inconsciência dela. Seikichi lhe dá um sonífero e enquanto ela jazia inconsciente ele resolve "transfundir o seu amor intenso na pintura daquela pele ainda imaculada". Por uma noite e um dia ele tatua no dorso da jovem uma gigantesca aranha fêmea. "Cada vez que afundava ou retirava a agulha, suspirava profundamente, como se esta lhe estivesse sendo cravada nas próprias entranhas". Essa tatuagem representava toda a sua vida e sua alma se esvaziara depois que a concluíra.

Embora se saiba que a aranha é no Japão um símbolo da prostituição, não considero que a exploração da imagem nos leve ao que de mais interessante o conto transmite: além da transfiguração erótica que se realiza no percurso do conto (em que Seikichi decai de sua posição cruel e se torna fertilizante, esterco, dejeto?, e ela, por sua vez torna-se a face iluminada do objeto a, a *femme* fatal que tem todos os homens a seus pés), considero que algo mais responde pela originalidade do conto: a jovem é adormecida durante o ato em que o mestre goza (e no qual ele a fertiliza: mas com o quê? senão com o seu desejo?). A tatuagem, portanto, longe/além de funcionar como um significante que a representaria para outro/Outro (o que não está excluído) é ela mesma resto do gozo que presidiu o ato e como letra escreve a marca: cicatriz de qual ferida? Se a metamorfose é claramente evidenciada para cada um dos personagens, o que mais importa é que aquilo em que a jovem se transmuda é justamente o que nele o move: pois se o que ele queria era imprimir sua própria alma na carne imaculada de uma bela jovem, a tatuagem escreve o que nele funcionava como o mais íntimo desejo. Portanto, a tatuagem o representa para todos os homens que com ela se deitarão; quanto a ela, a tatuagem menos a identifica do que a faz portar a marca do gozo de um outro.

O ato de tatuar metaforiza o ato sexual, mas algo aí escapa ao simbólico na medida em que a marca que ela porta não a identifica, mas apenas escreve o desejo de quem a submeteu. O ato realiza a transferência de desejo e com isto faz com que ela porte a marca. Mas como ler o que aí se escreveu?

Não foi sem espanto que me descobri outra vez trazendo para este colóquio o significante *aranha*: quando se realizou o I Colóquio Internacional Escrita e Psicanálise trabalhei a citação de Lacan no seminário 20 em que é explorada a metáfora da escrita como teia tecida pela aranha:

> [...] a formalização da lógica matemática, tão bem feita para só se basear na escrita, não poderá ela nos servir no processo analítico, no que ali se designa *isso que invisivelmente retém os corpos?* Se me fosse permitido dar-lhe uma imagem, eu a tomaria facilmente daquilo que, na natureza, mais parece aproximar-se dessa redução às dimensões de superfície que a escrita exige, e de que já se maravilhava Spinoza – o trabalho de texto que sai do ventre da aranha, sua teia. Função verdadeiramente milagrosa ao se ver, da superfície mesma, surgindo de um ponto opaco desse ser estranho, desenhar-se o traço desses escritos, onde perceber os limites,

os pontos de impasse, os becos sem-saída, que mostram o real acedendo ao simbólico (Lacan, 1982: 125-126).

Em um segundo momento, quando em 2008 realizou-se o II Colóquio Internacional Escrita e Psicanálise, resgatei essa referência em articulação com um sonho que tivera durante a elaboração do trabalho que apresentei: tratava-se de uma cena em que uma enorme aranha encontrava-se sobre o dorso de minha mão esquerda. E no momento atual retorna o significante *aranha* através do conto de Tanizaki. Se em 2008 o meu interesse focalizava o testemunho no passe e a literatura como testemunho, trazendo à cena o relato de Michele Montrelay a respeito do texto de Duras "O deslumbramento de Lol V. Stein" e interrogava o que a literatura faz passar do real, neste momento a repetição do significante atualiza o apelo do vazio no centro do saber – efeito de furo no saber. Restando então a questão: o que este significante faz circular? O que essa letra estanca?

Referências bibliográficas

LACAN, J. (1979). *O seminário, livro 1: os quatro conceitos fundamentais da psicanálise.* Versão brasileira de M. D. Magno. Rio de Janeiro: Zahar Ed.

———. (1982). *O seminário, livro 20: mais, ainda.* Versão brasileira de M. D. Magno. Rio de Janeiro: Jorge Zahar Ed.

———. (1999). *O seminário, livro 5: as formações do inconsciente.* Tradução de Vera Ribeiro. Rio de Janeiro: Jorge Zahar Ed.

———. (2008). *O seminário, livro 16: de um Outro ao outro.* Tradução de Vera Ribeiro. Rio de Janeiro: Jorge Zahar Ed.

TANIZAKI, J. [s.d.]. Tatuagem. *Contos japoneses.* Seleção e prefácio de Antônio Nojiri e Kikuo Furuno, Coleção Universidade de Bolso, Ediouro.

WIENER, S. (2001). Le tatouage, de la griffe ordinaire à la marque subjective. *Essaim, 8*, 35-49.

DA CIFRA À LETRA: UMA LEITURA DO ILEGÍVEL NO CORPO

Heloisa Caldas

Resumo

Este artigo propõe um percurso por dois aspectos da escrita destacados por Lacan – a cifra e a letra – para distinguir a cifração do real do que dela se pode abrir à leitura. Articulamos esses conceitos à análise do feminino, impossível de escrever segundo a abordagem lacaniana, mas que se vislumbra através da cifração singular do *sinthoma*. Aproveitamos para comentar o feminino na escrita literária, segundo a teoria psicanalítica.

Palavras-chave: cifra; letra; escrita; leitura; psicanálise; literatura.

Abstract

From ciphers to letters: reading the unreadable in the body

This paper proposes a view of two aspects of writing highlighted by Lacan – the cipher and the letter – in order to distinguish the real from what the enciphering may open to reading. We have articulated those concepts to the analysis of the feminine which is impossible to write, according to the Lacanian approach, but which one can glimpse in the symptom in its singular enciphered form. We have taken this opportunity to comment on the feminine in the literary writing according to the psychoanalytic theory.

Keywords: cipher; letter; reading, psychoanalysis; literature.

Introdução

Freud situa o inconsciente, desde a carta 52, como o resultado de um trabalho de registro, transcrição e tradução – ou seja, escrita e leitura – do encontro com o real, no qual o recalcamento equivale a uma falha na tradução (Freud, 1896/1986: 255). No Rascunho K, ele aponta as forças defensivas na base da formação do sintoma. Nessa ocasião, deixa sem resposta, no entanto, qual é a origem do desprazer que atua no recalcamento (Freud, 1896/1986: 243, 248), indicando apenas que a sexualidade vivida na posição passiva – como objeto, portanto – pode causar desprazer e que o excesso de sexualidade impede a tradução (Freud, 1896/1986: 250). Muito posteriormente, ao discutir o final da análise, ele retoma o termo defesa, distinguindo-o do recalque, e aponta sua força censora presente e constante para tornar o recalcado ilegível (Freud, 1937/1986: 269). Ao final desse texto, ele situa o limite do trabalho de uma análise no recalque primário à castração, diante do qual não se pode evitar o repúdio à feminilidade (Freud, 1937/1986: 287).

Lacan aponta a conexão íntima entre escrita e leitura, entre letra e significante, uma vez que a leitura não decifra toda a escrita, pois, "a letra está no real e o significante no simbólico" (Lacan, 1971/2009: 114). Ele já havia articulado o sintoma à escrita no corpo descrevendo-a, poeticamente, como "símbolo escrito na areia da carne e no véu de Maia" (Lacan, 1953/1998: 282). Desde então, podemos atribuir uma alusão ao que ele veio a detalhar como rasura: o apagamento do traço unário que designa um sujeito para que este advenha na realidade ilusória do semblante (Lacan, 1971/2009: 113). O termo véu também evoca a forma feminina e pudica de cobrir o sexo feminino na qual não se esconde o real, mas evita-se sua exibição nua e crua.

Para Lacan, o recalque original da castração é a própria operação de leitura no que ela atesta um fracasso estrutural da linguagem. Se "o escrito é o retorno do recalcado" (Lacan, 1971-1972/2012: 25), é como letra, e cabe ao analista ler nele o lugar de um significante que não está presente. Ler um sintoma implica, assim, em alcançar um resto de gozo reduzido "ao choque puro da linguagem sobre o corpo" (Miller, 2011a). Para tratá-lo, "é preciso passar pela dialética móvel do desejo, mas também é necessário [...] apontar mais além, à fixação do gozo, à opacidade do real" (Miller, 2011a); ou seja, ao resíduo do que no corpo escapa à linguagem e corresponde ao objeto *a* (Lacan, 1962-1963/2005). Será na relação entre sujeito e objeto *a* que a relação sexual pode ser fantasiada, pois no real ela não existe.

Lacan demonstra com a lógica por que não se escreve a relação sexual e ao sujeito não corresponde outro sujeito complementar (Lacan, 1971/2009: 120-134). Daí seu famoso aforismo: a mulher não existe (Lacan, 1971/2009: 69). Dessa forma, resta ao sujeito uma fantasia, suposta complementá-lo, através do objeto *a*. Há Um, sozinho e isolado (Lacan, 1971-1972/2012: 159), a buscar parceria com o que puder fazer semblante de objeto para ele, o que nunca funciona de todo. No que funciona um gozo fálico faz centro; descentrado o gozo é *nãotodo* fálico. Sempre algo escapa à fantasia – escrita fixada de uma leitura original. O gozo *nãotodo* não é complementar ao fálico, mas excêntrico a ele. A essa modalidade de gozo, que Lacan chama de feminina, nem todos acedem sem sofrimento. Seja pelo recurso compulsivo à fantasia que apenas reitera o fracasso em cifrar o gozo todo; seja porque a fantasia não dá conta de organizar o campo de gozo, seu centro, o que favorece transbordar gozo pelo excêntrico, como ilustra o deslumbramento seguido, em geral, da devastação.

O gozo feminino ameaça e insta a defesa a trabalhar porque não se escreve, logo não pode ser lido. Se articularmos esse resto sem inscrição ao encontro original e singular com o gozo e *lalíngua*, que estruturalmente traumatizou um sujeito, podemos, então, acompanhar Miller (2010-2011) quando ele sublinha que o feminino é um gozo ilegível que acontece no corpo. Seguindo a indicação lacaniana de que "o escrito é para não ser lido" (Miller, 2012), o feminino se apresenta como o *nãotodo* legível de cada escrito. A leitura se abre ao feminino pela transposição da barra do recalque e ultrapassagem da defesa, quando isso se dá pela boa maneira, isto é, pelo bem dizer do ilegível (Caldas, 2010). Trata-se de uma leitura que não esconde o real impossível, ao contrário, por condescender à sua presença faz dele um melhor uso.

A letra e a cifra

Lacan trabalha detidamente em dois anos seguidos a letra (1971/2009) e a cifra (1971-1972/2012). Em ambos aborda de forma ligeiramente distinta a tensão entre S1 e objeto *a*.

A letra é ilegível, porém dócil ao semblante, ao conto, à narrativa; ela permite leituras, por vezes cala-se, mas passa pelo laço discursivo (Caldas & Manso de Barros, 2012: 198). Diferentemente, a ilegibilidade da cifra a limita ao circuito surdo e mudo da pulsão no corpo; ela silencia em vez de calar; parece ser mais favorável à contagem no sentido matemático do termo (Lacan, 1971-1972/2012: 143- 159). Equivalente à escrita reduzida do sintoma, a que Lacan chamou de *sinthoma* (S1, *a*) (1975-1976/2007), a escrita da cifra parece servir ao trabalho inconsciente não só de dominar o gozo como também de se defender de seu sem sentido (Miller, 2008). Se, para cada sujeito, o *sinthoma* foi cifrado no confronto original com o gozo Outro, parte do gozo foi matematizado pela cifra, parte restou ilegível a exigir defesa constante. Cifrar o gozo é evitar o que dele não se sabe, servindo mais à defesa do feminino do que à sua experimentação. A diferença consiste no manejo de S1 como número – cifra – ou como peça de leitura – letra.

Para se acessar o feminino é preciso, então, furar a cifra, decifrando-a, para usar um termo bastante freudiano. Tal decifração, como ensina Lacan, se dá por uma leitura equívoca que toca o real, ao qual o sentido escapa, uma vez que os sentidos vacilam aquém e além da cifra. Ou seja, a cifra é tornada letra litoral entre o que do gozo concede ao sentido e o que dele resta impossível de se ler. Ao decifrar a cifra, tornando-a letra, sua força defensiva pode, pelo menos em parte, se dissolver. A letra seria, assim, uma forma de abordar o S1 abrindo versões diferentes para o objeto *a*, diferentemente da cifra que o conjura numa fixação primordial.

De qualquer forma, não se pode ter acesso ao feminino sem que este tenha sido cifrado. Cifra e letra dependem ambas do masculino, tomando a articulação que Lacan faz, nas fórmulas da sexuação, entre masculino e feminino como modalidades de gozo: gozo fálico e Outro gozo, *nãotodo* fálico (Lacan, 1972-1973/1988: 87-120). Sem a cifra do lado fálico não se pode acessar o gozo suplementar.

A relevância da cifra consiste na produção da diferença sexual. Uma diferença que não é relativa, como a que distingue o joio do trigo. Quando a cifra originariamente distingue, o sistema diacrítico da linguagem significante não existe ainda como tal. O material que produz essa diferença e promove "o choque puro da linguagem no corpo", como diz Miller, advém do que escreve na carne um campo de gozo a partir de ecos e ressonâncias, fora do sentido e do saber da criança. Um encontro com o real do sexo se dá por acaso e uma cifra é isolada do material circundante em meio ao gozo indistinto (Lacan, 1971-1972/2012: 181). Uma vez instaurada pelo que Lacan chama de Um (Lacan, 1971-1972/2012: 158), diante do vazio anterior ao seu advento, ela se torna "uma diferença absoluta, sem comparação, num plano que não passa pelo especular" (Rêgo Barros, 2012). Essa diferença traça um limite no saber. Além dela, há o que não se sabe. A cifra de número Um nasce como uma primeira leitura e traça a borda até onde se pode ir. Para além dela, o feminino se esfumaça.

Esta borda também distingue o sujeito como resposta à posição desamparada e traumática de objeto de gozo. Por meio da cifra, sujeito e objeto se separam. Destino: separarem-se continuamente para que o Um não volte a se perder na alteridade indistinta. Paradoxo: separar-se, mas não de todo, porque o saber sozinho, decepado do gozo que o anima desde sempre, mortifica o corpo.

O objeto *a* é o receptáculo que resta do Outro gozo e traz, em sua fôrma, o convite a desfrutar disso de que se destacou. A junção e a disjunção entre a cifra e o gozo, através da brecha aberta pelo objeto *a*, permite colher mais gozo. Pode-se usar, para pensar isso, a imagem de vasos comunicantes: o gozo limitado pela cifra sorve, pelo furo do objeto *a*, um gozo a mais proveniente do campo indistinto de gozo. Essa hidráulica é, no entanto, arriscada: nunca se sabe a abertura segura para obter gozo sem o excesso suplementar que ele possa trazer. O gozo acéfalo, sem norte, é pura pulsão de morte. Assim, a cifra assina o convite à aventura e ao risco, mas limita o sonho heroico de ultrapassar a lei da castração. Como beber da fonte de gozo sem nela se afogar? Ir além da cifra pode levar, em muitos casos, ao pior. Um passo adiante é quando se pode fazer disso transmissão mediante o trabalho da letra.

As escritas parecem, então, se afastar ou se aproximar, de forma mais dura ou lábil, da demarcação que separa S1 e *a*. Tendendo ao Um, elas respondem pela série, pela reiteração ou repetição monótona; quando se inclinam para o objeto se arriscam mais a deixar fluir o gozo. São claramente defensivas quando o sujeito nega seu ser de objeto, encenando-o sob a frase "penso, logo não sou" característica do *acting out*. São fracassos defensivos quando levam o sujeito à passagem ao ato, tragado pelo objeto, segundo o cogito "não penso, logo sou" (Caldas & Manso de Barros, 2012: 200). Uma terceira via foi apontada por

Lacan no ato que cria a partir do vazio e promove um saber fazer com o que não se sabe dos restos ilegíveis: "sou o que sou" (Miller, 2011a).

A cifra e o feminino no avesso da defesa

Nos sintomas clássicos da psicanálise vislumbramos o feminino na cifra contra o gozo desconhecido. A partir da fala decifrada, como aponta Lacan, encontramos a escrita dos "hieróglifos da histeria, brasões da fobia, labirintos da *Zwangsneurose*, encantos da impotência, enigmas da inibição, oráculos da angústia; armas eloquentes do caráter, chancelas da autopunição, disfarces da perversão [...]" (Lacan, 1953/1998: 282). O trecho citado mostra um Lacan entusiasmado com a dissolução dos equívocos da invocação liberando uma fala aprisionada. A crença na solução pelo sentido declinou, a concepção de real mudou, ainda assim não podemos deixar de sublinhar a força inicial desse ensino que convocou o analista leitor, criptanalista, a decifrar a letra morta no capítulo censurado do inconsciente. Assim, foi com o trabalho de letra que anima o inconsciente, que se fez a análise do oral convertido na tosse de Dora (Freud, 1905/1986); do mapa de Viena que protegia Hanz de olhar, na mãe, uma mulher (Freud, 1909a/1986); do rato no suplício obsessivo de um gozo anal (Freud 1909b/1986); do olhar dos lobos e a angústia dele decorrente (1918/1986); do brilho no nariz a ocultar um furo (Freud, 1927/1986).

Como Miller (2011b: 97) comenta, a interpretação não é apenas a decifração de um saber, ela elucida a natureza de defesa do inconsciente. Na clínica atual, devido ao declínio do sentido que a explosão da própria linguagem tem acarretado, encontramos sintomas menos dóceis ao sentido e ao endereçamento. Do feminino do qual se defendem, por vezes, eles se dão a ler apenas como cifra, da qual se goza "mais e mais... do mesmo", como se costuma dizer hoje em dia, em tempos de muita adição. Embora muito mal entrevisto, reduzido ao seu avesso, colado ao muro da defesa, o feminino, ainda assim, como a angústia, sinaliza sua presença enigmática.

Exemplo bastante radical é a escrita bizarra do fenômeno psicossomático enquanto cicatriz congelada do confronto com o real do gozo. Um relato de passe ilustra bem isso: a perda da mãe, vivida muito prematuramente pela criança, antes que um trabalho de subjetivação pudesse tratar o trauma pela fantasia, escreveu-se no corpo como lúpus (Fuentes, 2012). É da posição feminina mais original – a da criança que ainda não pode responder como sujeito – que a cicatriz do FPS parece advir.

Também podemos pensar a escrita que defende o sujeito na "paranoia moderada", como Miller se refere à paranoia de estrutura na formação do eu, "consubstancial ao laço social" e que "motiva a defesa contra o real" (2011b: 230). A frase escrita que norteia essa defesa – "o Outro me odeia e goza do meu mal" – ensina sobre a dificuldade com o gozo e o quanto é delicado e difícil ler, de forma a escrever no corpo, uma *extimidade* que separe e proteja Um da ameaça do Outro.

Na melancolia, a escrita da fantasia como tela é precária. Diante do abismo do real, um tratamento natural é tentar circunscrever o gozo alheio como uma janela abrindo-se para um espaço Outro. Vale lembrar as telas de René Magritte (1898-1967/2012) que ilustram bem essa ideia. Como na melancolia não se alcança matar a Coisa pela fixação de um objeto a perder, abrem-se janelas e janelas para o real. O risco de passagem ao ato é alto pela confusão do sujeito com o objeto que cai. Talvez, devido a essa maior fragilidade diante da indistinção do gozo, os melancólicos pareçam apelar continuamente à escrita para vestir o absurdo de seu ser de objeto. Isso não quer dizer que todos sejam bem-sucedidos nisso, mas a Arte deve muito ao talento na forma de lidar com o fracasso da defesa.

A letra e o feminino na sublimação

> A loucura é viver no vazio dos outros, numa ordem que ninguém compartilha [...]. Durante muito tempo achei que escrever podia me resgatar da dissolução e da escuridão, porque supõe uma sólida ponte de comunicação com os outros e anula, portanto, a solidão mortífera: por isto você precisa publicar e ser lido. Depois, compreendi que aqueles a quem chamamos de loucos estão, muitas vezes, para além de todo resgate [...] e que a literatura só pode proteger os que estão desse lado ou estão na região limítrofe.
>
> (Montero, 2004: 133-134).

Vale lembrar que a arte depende da sublimação, mas nem toda sublimação resulta em arte. O que importa para a clínica psicanalítica da sublimação não é tanto seu resultado como objeto de arte, mas como a sublimação trata o mal-estar de sustentar o objeto no senso comum. Ele é retirado pela estranheza e retomado de forma inusitada. No mesmo gesto, cria-se a moldura e o objeto emoldurado, improvisando uma janela e uma tela. A janela circunscreve o real e a tela protege do furo que se abre ao vazio, sem escamotear este furo, como o objeto da fantasia pretende fazer. O objeto de arte se aloja no furo não para tampá-lo, mas para indicá-lo, assim como o véu do pudor indica o feminino no corpo e o faz ilusoriamente existir, uma vez que A mulher não existe.

A fantasia neurótica busca velar o que a sublimação atesta: o espanto diante de *das Ding* e A̸ mulher. Lacan sublinha que a *Vorstellungrepräsentant* freudiana é tomada como tal na sublimação: logo o objeto cai, em seguida à sua criação, devido à contingência de sua escrita, no que se distingue do objeto que a fantasia fixa (Lacan, 1968-1969/2008: 211-227). A sublimação, portanto, difere do recalque. A esse propósito, Lacan chega a dizer que "o sujeito como neurótico está fadado ao fracasso da sublimação" (1968-1969/2008: 253). A meu ver, ele não parece estar diagnosticando aqueles que sublimam como sujeitos necessariamente fora da estrutura neurótica, mas indicando que, quando se sublima, não se está sob a força do recalque, mesmo que esta seja a estrutura de base.

Como aponta Rosa Montero (2004: 134), sublimar é tarefa que não pode resgatar os loucos de todo, mas pode proteger os que "estão na região limítrofe", ou seja, os *nãotodos* loucos, para evocar o comentário de Lacan a propósito da loucura feminina (1973/2010: 538). Suas escritas promovem um novo choque da linguagem sobre o corpo, mas não se cristalizam. Em vez disso, são escritas únicas e isoladas, sem repetição prevista. A estratégia assemelha-se à da fantasia ao propor, no campo do Outro, no seu ponto de furo, um objeto. "Porém, como esse objeto pousa sobre um ponto reconhecidamente furado, ele se faz valer mais pela queda do que pela obturação. O objeto de arte não só cai. Ele recai" (Caldas, 2011: 44). O objeto precisa ser inventado para que o sujeito dele se separe e não se esvaia no vazio; ele precisa ser deixado cair, esquecido, perdido, em um trabalho de luto que não termina jamais.

Para alguns é preciso, então, escrever e escrever, mesmo que seja em vão, como aponta Rosa Montero, para dissolver nos sentidos inventados a dor insensata, deitar letra para não deitar o corpo, pôr pingos nos is para aparafusar pensamentos débeis, acentuar o que não encontra assento nem sossego. Esse trabalho transpõe para outras formas de escrita o que a escrita *sinthomática* da cifra no corpo não dá conta.

A escrita do *sinthoma*, na sublimação, não se baliza, portanto, pela reiteração aditiva dos sintomas contemporâneos nem pela repetição dos sintomas clássicos. Sua única constante é o estilo com o qual os artistas ensinam a ler e a escrever o feminino. Cada um deles apresenta sua proposta de leitura do ilegível e, com isso, inventam uma escrita feminina que se oferece ao leitor como objeto de desejo e gozo. E ela será mais feminina quanto mais o leitor puder alcançar nela o feminino. Certamente vale a pena ler isso em Clarice Lispector, Catherine Mansfield, Cecília Meirelles, Sylvia Plath. Como também em Kafka, Guimarães Rosa, Fernando Pessoa, Manoel de Barros.

Autran Dourado, que faleceu recentemente, deixou uma obra maravilhosamente feminina. Leia-se o título de um de seus romances: *Uma vida em segredo* (Autran Dourado, 1964/2001). Leia-se o livro: é vida feminina, segredo nada a segredar, vazio de uma presença. Biela, a personagem principal, estranha o que não pode ler; equilibra-se no risco de uma escrita feita de silêncio. Quando lida, a escrita não é da personagem, nem do escritor, sem deixar de ser de ambos pela confluência que os une. Ela promete ao leitor que puser de si o segredo da vida da moça e o sonho do desejo do escritor.

Todos eles são escritores da mulher impossível no mundo. É preciso ser feminino para ler literatura feminina. Não se trata de um manual de instruções. É preciso estar preparado, de antemão, a não saber muito, como a personagem de José Saramago (1997) em seu romance *Todos os nomes:* um José anônimo, funcionário de uma conservatória pretensiosamente total, a perseguir uma mulher desconhecida. Nem seu leito de morte ele alcança registrar. Eis um dos romances contemporâneos mais exemplares sobre o mistério do feminino, da mulher, encenado nos meandros de um local de trabalho em que se prega obstinadamente o culto aos dados, às cifras, tão valorizadas no mundo atual.

Referências bibliográficas

AUTRAN DOURADO, W. F. (1964/2001). *Uma vida em segredo.* Rio de Janeiro: Rocco.

CALDAS, H. (2010). Testemunho, semblante e transmissão. *Latusa, Revista da Escola Brasileira de Psicanálise: testemunho e passe, psicanálise e escrita, 15*, 33-40. Rio de Janeiro: Escola Brasileira de Psicanálise Seção Rio.

———. (2011). Melancolia e sublimação – um corpo que cai. *Latusa, Revista da Escola Brasileira de Psicanálise: sublimação, o corpo que cai, 17*, 43-50. Rio de Janeiro: Escola Brasileira de Psicanálise Seção Rio.

CALDAS, H. & MANSO DE BARROS, R. (2012). Escrita, feminino e letra. COSTA, A. & RINALDI, D. (Orgs.). *A escrita como experiência de passagem* (pp. 195- 204). Rio de Janeiro: Cia de Freud.

FREUD, S. (1896/1986). Rascunho K. *Edição standard brasileira das obras psicológicas completas de Sigmund Freud*, v. I. Rio de Janeiro: Imago.

———. (1905/1986). Um caso de histeria. *Edição standard brasileira das obras psicológicas completas de Sigmund Freud*, v. VII. Rio de Janeiro: Imago.

———. (1909a/1986). Análise de uma fobia em um menino de cinco anos. *Edição standard brasileira das obras psicológicas completas de Sigmund Freud*, v. X. Rio de Janeiro: Imago.

———. (1909b/1986). Notas sobre um caso de neurose obsessiva. *Edição standard brasileira das obras psicológicas completas de Sigmund Freud*, v. X. Rio de Janeiro: Imago.

———. (1918/1986). História de uma neurose infantil. *Edição standard brasileira das obras psicológicas completas de Sigmund Freud*, v. XVII. Rio de Janeiro: Imago.

———. (1927/1986). Fetichismo. *Edição standard brasileira das obras psicológicas completas de Sigmund Freud*, v. XXI. Rio de Janeiro: Imago.

———. (1937/1986). Análise terminável e interminável. *Edição standard brasileira das obras psicológicas completas de Sigmund Freud*, v. XXIII. Rio de Janeiro: Imago.

FUENTES, A. (2012). O resíduo de uma análise. *Opção Lacaniana. Revista Brasileira Internacional de Psicanálise*, *63*, 21-26. São Paulo: Edições Eolia.

LACAN, J. (1953/1998). Função e campo da fala e da linguagem. *Escritos*. Rio de Janeiro: Zahar.

———. (1962-1963/2005). *O seminário, livro 10: a angústia*. Rio de Janeiro: Zahar.

———. (1968-1969/2008). *O seminário, livro 16: de um Outro ao outro*. Rio de Janeiro: Zahar.

———. (1971/2009). *O seminário, livro 18: de um discurso que não fosse semblante*. Rio de Janeiro: Zahar.

———. (1971-1972/2012). *O seminário, livro 19: ... ou pior*. Rio de Janeiro: Zahar.

———. (1972-1973/1985). *O seminário, livro 20: mais, ainda*. Rio de Janeiro: Zahar.

———. (1973/2010). Televisão. *Outros escritos*. Rio de Janeiro: Zahar.

———. (1975-1976/2007). *O seminário, livro 23: o sinthoma*. Rio de Janeiro: Zahar

MAGRITTE, R. (1898-1967). Obras. Disponível em: <http://www.ocaiw.com/galleria_maestri/image.php?id=519&id_img=566&catalog=pitt&lang=pt&letter=&start=&name=>.

MILLER, J.-A. (2011a). Ler um sintoma. *Blog da AMP*. Disponível em: <http://ampblog2006.blogspot.com.br/2011/08/jacques-alain-miller-ler-um-sintoma.html>.

———. (2011b). *Perspectivas dos escritos e outros escritos de Lacan. Entre desejo e gozo*. Rio de Janeiro: Zahar.

———. (2008-2009). *Curso de orientação lacaniana III, 11: Coisas de fineza em psicanálise*. Inédito.

———. (2010-2011). *Curso de orientação lacaniana III, 13: L'être et l'Un*. Inédito.

———. (2012). O escrito na fala. *Opção lacaniana online nova série, 8*. Rio de Janeiro: EBP. Disponível em: <http://www.opcaolacaniana.com.br/texto1.html>.

MONTERO, R. (2001). *A louca da casa*. Rio de Janeiro: Ediouro.

RÊGO BARROS, R. (2012). Da diferença sexual à diferença feminina. *Opção Lacaniana online nova série*, *9*, novembro de 2012. Disponível em: <http://www.opcaolacaniana.com.br/>.

SARAMAGO, J. (1997). *Todos os nomes*. São Paulo: Cia. das Letras.

DA VOZ QUE FAZ ESCRITA ENTRE DOBRAS E ESPIRAIS: A MÚSICA E O BARROCO[1]

Renata Mattos-Avril

Resumo

Por que Lacan, no Seminário *Mais, ainda*, nos indica que é preciso falar da música justamente ao se deter sobre o Barroco? O que este estilo e paradigma artístico pode nos dizer, tocar e cantar sobre a voz em sua função de invocação, de endereçamento? Partindo da tríade barroca dobra-espiral-alegoria, respectivamente destacadas por Deleuze, Beaussant e Benjamin, é preciso escutar a escrita barroca da voz.

Palavras-chave: voz; música; Barroco.

Résumé

De la voix qui fait écriture entre plis et spirales: la musique et le Baroque

Pour quoi Lacan, à l'occasion de son Séminaire *Encore*, nous dit qu'il faut parler de la musique justement quand il travail le Baroque? Qu'est-ce que ce style et paradigme artistique peut nous dire, jouer et chanter sur la voix en sa fonction d'invoca-

[1] O presente trabalho foi realizado com apoio do CNPq, Conselho Nacional de Desenvolvimento Científico e Tecnológico – Brasil, tendo sido fruto da pesquisa de pós-doutoramento da autora pela Université de Nice Sophia-Antipolis sob supervisão de Jean-Michel Vivès.

tion, d'adresse? En partant de la triade baroque pli-spiral-allégorie, respectivement conceptualisés par Deleuze, Beaussant et Benjamin, il faut écouter l'écriture baroque de la voix.

Mots-clés: voix; musique; Baroque.

O barroco é a regulação da alma pela escopia corporal. Seria preciso, alguma vez – não sei se jamais terei tempo –, falar da música, nas margens. Falo somente por ora do que se vê em todas as igrejas da Europa, tudo que está pregado nas paredes, tudo que desaba, tudo que é delícia, tudo que delira. O que chamei há pouco de obscenidade – mas exaltada.

Jacques Lacan

A música pode me ensinar que ela escuta em mim um incógnito inaudito e que, ao escutá-lo, ela o faz existir.

Alain Didier-Weill

Tudo o que cria, tudo o que procria faz escutar a origem. Uma boa interpretação musical dá a impressão de um texto originário. De um significante que precede a linguagem. Seu astro iminente.

Pascal Quignard

Há cinquenta anos, Lacan dava o passo definitivo para uma escuta da dimensão imaterial e musical presente na constituição do sujeito: trata-se da invenção conceitual do objeto *a*, assim nascida no seminário *A angústia*, de 1962-1963 e, mais especificamente, do objeto voz. A abordagem lacaniana acerca deste objeto privilegia neste momento um instrumento sonoro-musical da cultura judaica, o *schofar*, em sua utilização ritualística de renovação dos laços do homem com Deus. Soado três vezes no Dia do Perdão judeu – o *Yom Kippur* –, tal instrumento produz um som que se assemelha a um rugido grave e reverberante. A voz de Javé, deus-pai originário. Uma voz que, sem palavras, faz com que o homem assim advenha. Uma voz que invoca o surgimento do homem e que instaura a dimensão de endereçamento e de uma resposta passível de ser dada de uma posição singular. O *schofar* como metáfora, ou mesmo alegoria da voz e da pulsão invocante.

Não se trata ainda propriamente do campo da música, mas sim do que do sonoro se inscreve como possibilidade de engendrar fala e o mais além – ou aquém – da fala, incluindo aí um fazer tal com o musical que se torna, por que não?, musicado. A música, desde suas expressões mais simples às mais trabalhadas e sustentadas por um saber musical, se apresenta como um modo de, prescindindo da fala, poder tocar e evocar um ponto original da linguagem que insiste e permanece atuante no sujeito. Um resto musicante, um originário sem palavras que pode vir a precipitar palavra e música. Uma antecedência lógica da dimensão de invocação transmitida pela voz em relação à linguagem articulada, à fala, ao significante.

Foi com um tal passo, uma tal escuta da voz, que a música pôde ganhar um terreno fértil e, até então, pouco explorado de diálogo com a psicanálise. Ou melhor, a psicanálise, especialmente a lacaniana, pôde se abrir e se colocar à escuta daquilo que a música transmite, em seus jogos entre som e silencio, ressonância e ritmo, gesto e movimento, consonância e dissonância e, mesmo, consoantes e vogais que se expressam – até sem fala, como na música instrumental – na continuidade ou corte do sonoro.

Lacan, dez anos depois, no Seminário *Mais, ainda*, deu ainda um outro e fundamental passo na instauração e sustentação de um enlace entre psicanálise e música, indicando a necessidade de se falar desta arte a partir de uma perspectiva analítica, como podemos ler na primeira epígrafe deste escrito. Isso, certamente, para fazer avançar a própria psicanálise naquilo que ela pode ouvir e dizer da voz – seja na constituição do sujeito, nos desdobramentos que ela exigirá a cada um de nós ou em seu manejo clínico pelo ato analítico, que Lacan, na década de 1970, aproximará ao ato poético.

É preciso falar da música, nos diz Lacan. E por que fazer uma tal proposição justamente ao se deter sobre o período que conhecemos hoje como o Barroco? Não me parece mero acaso... É neste momento histórico que a música se colocará como uma linguagem artística autônoma – não mais relacionada à matemática ou à arquitetura, como até o Renascimento. A expressão poética e de criação, mesmo quando há a presença de palavras, passa a ser fundamentada essencialmente na linguagem e no pensamento musical, que terá um notável refinamento e rigor, uma precisão até então não vista. Mais que isso, é a partir do Barroco, no século XVII, que a concepção de música passará a buscar exatamente a expressão dos afetos, das paixões, e isso através da representação e do *figuralismo*, das figuras do discurso, aproximando-se da fala e da retórica para delas se servir.

Ainda, é o Barroco que inaugura o gênero da ópera – em 1600 com *Eurídice* de Jacopo Peri e em 1607 com *Orfeu* de Claudio Monteverdi –, colocando em cena uma dimensão de teatralidade e dramatização narrativa. Ou, mais claramente, de uma lógica em que endereçamento e resposta estão postas em jogo. Dentre as diversas invenções da música barroca, tomarei esta como ponto privilegiado para pensar, neste momento, a dimensão da voz que invoca. A ópera surge a partir de uma série de rupturas com a música vocal, mais especificamente o madrigal, e com o sistema musical polifônico, chamado pelo musicólogo e escritor francês Philippe Beaussant (2006: 45) de "uma arquitetura do som". Na polifonia, inúmeras vozes – instrumentais e/ou vocais – podiam se sobrepor e se desenvolver paralelamente no espaço-temporal sem haver propriamente um diálogo entre elas. Cada voz possui uma linha melódica própria, independente. E a superposição delas resultava em uma harmonia regular, linear e horizontal, visando uma perfeição formal, uma beleza constante e duradoura.

A música barroca funda-se sob uma nova lógica. Ela instaura as relações verticais entre diferentes vozes, um diálogo – que pode se tornar deveras complexo –, mesmo que este não seja explícito. Não se trata de uma voz que, intencionalmente, chamará uma outra, tendo, daí, uma resposta. Por mais que isso possa ocorrer em diversas composições, o que se apresenta é a abertura e a possibilidade de uma nova harmonia a partir de vozes que transcorrem e se entrelaçam num mesmo tempo, incluindo aí o dissonante.

Ao falarmos aqui de música e da transição do Renascimento para o Barroco, estamos falando igualmente da quebra e da instauração de concepções distintas do homem e de sua relação com o mundo que se expressam nas artes. Se a música passa a incluir aquilo que destoa é por ter havido uma ruptura com a ideia de uma complementaridade e semelhança entre a imagem do homem e de algo mais elevado que ele, seja o céu em sua concepção científica ou divina. Não mais a correlação entre notas e números, entre sons e estrelas, planetas, constelações... A "harmonia das esferas" pitagórica e, posteriormente, platônica – que propunha uma música linear e perfeita, consonante, a partir das proporções das rotas dos planetas transcritas em intervalos sonoros, numa equivalência e similitude exata entre o céu e a Terra, entre o cosmos e a razão humana – cai por terra. Não mais uma relação estável e mensurável entre o homem e o universo; o que se apresenta é o imensurável, o que escapa à compreensão, o excessivo, o infinito.

Quanto a esta passagem de um pensamento renascentista ao barroco, recorro ao musicólogo alemão Henrich Wölfflin:

> O Renascimento é a arte da beleza plácida. Ele nos oferece esta beleza libertadora que sentimos como um bem-estar geral e um

> crescimento regular da nossa força vital. Em suas criações perfeitas, não encontramos nenhum pesar nem incômodo, nenhuma inquietude nem agitação. [...] O barroco se propõe a operar diferentemente. Ele apela à força da emoção para comover e subjugar diretamente. O que ele traz não é animação regular, mas emoção, êxtase, embriaguez [...] O barroco exerce momentaneamente uma forte ação sobre nos, mas nos abandona logo, nos deixando uma espécie de náusea. Ele não evoca a plenitude do ser, mas a insatisfação e a instabilidade (Wölfflin, 1989: 81-82).

O que se coloca como norteador da lógica barroca passa, então, não mais pela complementaridade que apazigua, mas pela ruptura que faz fissura, pela irregularidade, pelo que excede, pela dissonância, pelo que comove. Deste modo, mais do que um período artístico e histórico, o Barroco se apresenta como um estilo, como uma "categoria estética" (Teyssédre, 1989: 13). Algo que Eugenio d'Ors (*apud* Beltrando-Patier, 1998: 386) definirá como um "estilo de cultura", enfatizando que o Barroco se encontra "em todo lugar por onde encontrarmos reunidas em um só gesto intenções contraditórias". E o que ele apresenta é de uma tal radicalidade face à concepção de mundo que o antecede que a arte aí criada, num primeiro momento, choca os ouvidos e olhos de seus contemporâneos. Algo que, na música, poderia ser comparado à revolução do pós-tonalismo de Arnold Schönberg, que rompeu com as regras e a lógica da linguagem musical tonal que, justamente, passa a ser formalizada e escrita a partir do Barroco.

Tal qual o significado do termo "barroco", a alusão lacaniana à música, relacionando-a a este movimento artístico, me soa como uma verdadeira "pérola irregular". Falar da música, nas margens... Em que margens? Naquelas da própria linguagem, nas margens da imbricada articulação entre real, simbólico e imaginário, nas margens do gozo, nas margens daquilo que a música contorna: o objeto voz, quase que obscenamente exaltado no Barroco. Este convite que Lacan (1972-1973/1985) nos faz em 1972 não é vão. Ao contrário, trata-se, sobretudo, de uma invocação e mesmo de uma convocação: escutar isso que, do corpo falante, do sujeito do inconsciente, canta e musica, colocando em evidência a dimensão invocante de desejo e de gozo, quase de êxtase, e, mesmo, de entusiasmo ético, despertados pelos encontros do sujeito com o real poetizado pela arte do som. Encontros que fazem ressoar os enlaçamentos possíveis e constitutivos dos registros estruturais do sujeito. Trata-se do realmente simbólico, do simbolicamente imaginário, como conceituados por Lacan, e o realmente imaginário, conforme pude propor como um terceiro movimento lógico constitutivo (Mattos, 2012).

O sujeito falante se funda a partir do encontro ressoante de três heterogeneidades: o *real* do corpo, o *simbólico* da linguagem e o *imaginário* em sua consistência sempre falha e a se refazer. Num primeiro encontro entre o excessivo do real e a precariedade equívoca do simbólico – sendo que há um furo estrutural em ambos, simultaneamente causa e efeito deste encontro –, há uma perda fundamental no vivente que o coloca em um estado radical de desamparo. É apenas com cuidado de um outro, um seu semelhante, que ele poderá contornar a impossibilidade de equacionar as exigências entre aquilo que o aflige e o que ele pode abarcar visando uma satisfação momentânea. O imaginário terá aí função primordial; igualmente portanto um furo e surgindo na e da precipitação da ressonância entre real e simbólico, ele dará alguma consistência ao que pode, a cada vez – e mesmo de forma mais ou menos prolongada –, vir a ser uma resolução que articulará simultaneamente os três registros e suas ressonâncias constitutivas. Uma resolução tal qual o pensamento musical a concebe, como uma via de, a partir de uma tensão, criar uma distensão.

Dizer "sim", portanto, a essa invocação proposta por Lacan é dizer "sim" igualmente a escutar e trabalhar o enigma que a música barroca lança sobre o *saber-fazer-aí* (*savoir-y-faire*) específico com o objeto voz que ela transmite, invocando e renovando o ponto de onde o sujeito do inconsciente pode emergir. Esta evocação musical quanto à voz pode agir sobre o ouvinte, que frui a música no limite e nas margens da linguagem, como uma nova invocação para responder à questão fundamental do Outro (e de sua voz) ao sujeito: "*Che vuoi*?" ("Que queres?"). Questão impossível de ser respondida de maneira definitiva, mas que põe o desejo em movimento pela possibilidade de percorrer o circuito pulsional em seus tempos passivo, ativo e reflexivo.

No caso da voz, ser ouvido, ouvir e se fazer ouvir, incluindo aí a dimensão de que o *infans* deverá ter como aposta que há um Outro não surdo que possa ouvi-lo e para o qual ele deverá, em parte, se ensurdecer, como propõe Vivès (2009). Com isso, abre-se a via possível de lançar e relançar a voz, a princípio, de modo infinito. Ou ainda, a partir das proposições de Gilles Deleuze em sua releitura de Leibniz, de dobrar e desdobrar a voz, cortando – podemos acrescentar – o contínuo do real com as dobras que cada registro faz em si mesmo e com os outros, ressoando nos outros. Segundo Deleuze (1991: 13): "O barroco remete não a uma essência, mas sobretudo a uma função operatória, a um traço. Não para de fazer dobras. [...] Ele curva e recurva as dobras, leva-as ao infinito, dobra sobre dobra, dobra conforme dobra. O traço do barroco é a dobra que vai ao infinito".

Se Deleuze destaca a dobra como fundamental do Barroco, Beaussant (2006) identifica – a partir da pintura de Tintoret e de Veronese – a espiral. A torção dissonante dos sons que Monteverdi instaura na música seria igualmente desta ordem da espiral no tempo, tendendo ao infinito em seus dois extremos. O que Beaussant indica é que, pela espiral, há na pintura a inclusão precisamente do tempo e, mais que isso, a possibilidade de percorrer opostos que, nesse movimento espiralado, se revelam uma passagem, uma ação que está sendo feita, um desdobramento. Cito-o diretamente:

> Como conciliar isso que foge e isso que se volta sobre si? Como traduzir, como transcrever a fuga irreversível do Tempo e seus eternos recomeços? Que imagem, que metáfora inventar para mostrar em um só movimento estes dois inconciliáveis indissociáveis? Uma forma pode fazê-la, aquela que Tintoret acaba de utilizar: a espiral. Ela se volta sobre ela mesma e, entretanto, ela avança. Ela se dirige em direção a algo e não cessa de voltar ao mesmo ponto, mas um pouco mais longe. Ela faz *semblant* de nada mudar, mas não cessa de fugir. O círculo e a linha reta resumiriam os dois a perfeição neoplatônica do Renascimento. A espiral, que é simultaneamente um e outro, mas nem um nem outro, sempre em movimento e nunca concluída (sempre *passagem* e nunca *ser*), se insinua na pintura com Tintoret, imagem e metáfora do mundo em movimento e do tempo que passa (Beaussant, 2006: 31).

Esse traço duplo do Barroco – dobra e espiral – pode nos levar a escutar de uma maneira mais precisa o modo como o simbólico se apresenta possibilitando uma escrita possível do excesso que cada objeto pulsional põe em jogo, propondo, assim, efemeramente – o que denuncia o próprio fracasso da linguagem –, um tratamento do real. O desdobrar infinito e espiralado da estrutura musical barroca – em seu endereçamento e resposta, em árias e óperas nas quais a voz humana pode fazer movimentos enodando o grave e o agudo, em sua dinâmica de ponto e contraponto etc. – escreve que há voz e que essa é causada pelo excesso da voz do Outro. Endereçamento e resposta originários que fundam o sujeito e, ainda, voz que causa voz, mas nunca de forma terminada ou complementar. A voz do Outro poderia ser, portanto, entendida como uma voz em passagem que funda o desenrolar da voz do sujeito numa escrita nunca finda mas que pode se direcionar cada vez mais afinadamente com o desejo.

Escrita da voz que, na margem da linguagem, no excesso que remete, indica e invoca o gozo do objeto voz, a torna presente e ausente. É o próprio excesso da voz que causa e força a escrita, fazendo com que a voz musical seja alegoria do objeto que, em seus desdobramentos, ela desvela e vela por uma elevação, uma exaltação. A linguagem (e a recriação da linguagem na música barroca) surge como efeito de uma tentativa de sistematizar o caos sonoro – e mesmo o musical – que o precede em formas musicais predeterminadas que, entretanto, são variáveis e infinitas em si. Com isso, o Barroco promove uma "elevação do objeto à dignidade de Coisa" (Lacan, 1959-1960/1997: 140-141) bastante particular: a voz musicada é alegoria do objeto voz em sua radicalidade enquanto função de endereçamento, e isso nas margens da linguagem. A relação entre sujeito e Outro é dada a ouvir nas dobras da linguagem, ou seja, nas dobras da linguagem sobre si mesma e sobre aquilo que a funda.

As dobras de que aí se trata são ressonâncias das dobras de cada registro psíquico sobre si e, ainda, das dobras do enlaçamento dos registros enodados borromeanamente, o que faz surgir uma "nova harmonia", que é a voz do sujeito como resposta ao Outro e sua voz para sempre enigmática. E poderíamos mesmo pensar e propor uma nova configuração para a imagem do nó borromeano em que cada corda – cada registro – seria formada não por um toro com um vazio em seu centro, mas sim por uma superfície que se dobra sobre si, cortando sua própria continuidade e tendendo a infinitas dobras, sendo que as três dobraduras feitas aros, círculos, seriam unidas por uma quarta dobradura circular, com uma torção, tornando-as uma banda de Möbius. Dobraduras que, ao se dobrar, ressonam sobre si e sobre as demais. Um nó borromeano barroco: alegoria do sujeito.

É aí que a concepção de alegoria barroca de Walter Benjamin (2011) pode nos fazer caminhar. Em Benjamim, mais claramente, a alegoria se apresenta fundada no luto pela falta de um referente último que dê conta de representar a coisa e, a partir deste vazio, no jogo de criar sentidos efêmeros e, por isso, abertos, dando a ver a impossibilidade de uma identidade entre significante e significado. A alegoria no Barroco parte, deste modo, de uma impossibilidade de dizer que recorre justamente a esta construção alegórica para escrever o mundo em contínuo movimento de criação e de desdobramentos – desdobramentos do significante, poderíamos dizer, do simbólico em sua abertura, enodado com o imaginário e em sua precariedade em dizer o real.

A antinomia que comumente se atribui ao Barroco poderia ganhar uma nova leitura se a refletirmos sobre a tríade dobra-espiral-alegoria: não apenas uma luta entre oposições que se fundam e se sustentam neste embate (tais como morte e vida, luz e obscuridade, visível e invisível, audível e inaudito), mas fundamentalmente na tensão ressonante entre real e imaginário, real e simbólico, simbólico e imaginário, fazendo ressurgir o simbólico pela criação artística numa linguagem que se oferece como resolução, como uma nova harmonia. Recorro aqui à imagem de Deleuze e Leibniz para o concerto barroco, que podemos tomar como imagem para o concerto humano do sujeito com o Outro e os outros...

> Há concerto esta noite. É o acontecimento. Vibrações estendem-se, movimentos periódicos percorrem o extenso com seus harmônicos ou submúltiplos. Os sons têm propriedades internas, altura, intensidade, timbre. As fontes sonoras, instrumentais ou vocais, não se contentam em emiti-los: cada uma percebe os seus e percebe os outros ao perceber os seus. São percepções ativas que se entre-expressam, ou então são preensões que se preendem umas às outras: "Primeiro, o piano, solitário lamentou-se, como um pássaro abandonado por sua companheira; o violino escutou-o, respondendo-lhe como que de uma árvore vizinha. Era como um começo do mundo"... As fontes sonoras são mônadas ou preensões que se enchem de uma alegria de si, de uma satisfação intensa, à medida que se preenchem em suas percepções e passam de uma percepção a outra. E as notas das escalas são objetos eternos, puras

> Virtualidades que se atualizam nas fontes, mas são também puras Possibilidades que se realizam nas vibrações ou fluxos. "É como se os instrumentistas, mais do que interpretar a pequena frase, executassem os ritos que ela exige para aparecer"... Mais eis que Leibniz acrescenta a esse conjunto a condição do concerto barroco: supondo-se que o concerto se reparta em duas fontes sonoras, presume-se que cada uma só ouça suas próprias percepções mas afine-se com as da outra fonte melhor ainda do que se as percebesse, isso graças às regras verticais de harmonia que se encontram envolvidas em suas respectivas espontaneidades. São os acordes que substituem conexões horizontais (Deleuze, 1991: 138-139).

Desta citação é importante ressaltar o caráter de uma certa surdez constitutiva, de um ponto surdo, como afirma Vivès (2005), se pensarmos mais explicitamente no sujeito, fazendo com que não se ouça a voz do Outro para que uma voz do e no sujeito possa surgir. A música e o paradigma alegórico do barroco nos dão a ouvir um saber-fazer com a voz no qual a dimensão *equivocante* (de equívoco e de invocação – o invocante pulsional) da linguagem possa ressurgir por uma via nova, formando, com a voz, uma nova harmonia. O manejo da voz e do gozo que o Barroco apresenta, reatualizado na contemporaneidade pelo neobarroco – sobre o qual pretendo falar em um momento ainda por vir –, transmite um efeito de real, de verdade, ressoando borromeaneamente sobre o simbólico e o imaginário e evocando o momento originário do sujeito, momento de um começo sempre a recomeçar que se faz ouvir como invocação utópica para musicar a vida de um modo ético, estético e poético.

O que se coloca como tônica é a dimensão alegórica que o barroco estabelece e cerne, o que o torna não apenas um movimento cultural, artístico e social de um determinado período histórico, mas um paradigma, um campo conceitual cuja temática gira em torno de um vazio pulsante e preeminente, do qual surge a criação e sua estrutura discursiva, e cujos efeitos e influências são até hoje sentidos. A música barroca – em suas dobras infinitas e espiraladas do manejo da voz e, consequentemente, do endereçamento ao Outro – poderia, assim, nos indicar um traço constitutivo do sujeito. Um traço que se refere à escrita e inscrição da voz. E é nesse sentido que ele interessa à psicanálise.

Referências bibliográficas

BEAUSSANT, P. (2006). *Passages – De la Renaissance au Baroque.* Paris: L'Harmattan.

BELTRANDO-PATIER, M.-C. (1998). Naissance de l'art vocal baroque. In: BELTRANDO-PATIER, M.-C. (direction). *Histoire de la musique* (pp. 253-303). Paris: Larousse.

BENJAMIN, W. (2011). *Origem do drama trágico alemão.* Belo Horizonte: Autêntica Editora.

DELEUZE, G. (1991). *A dobra – Leibniz e o barroco.* 4ª edição. Campinas: Papirus.

DIDIER-WEILL, A. (2010). *Un mystère plus lointain que l'inconscient.* Paris: Aubier.

LACAN, J. (1959-1960/1997). *O seminário, livro 7: a ética da psicanálise.* Rio de Janeiro: Jorge Zahar.

———. (1962-1963/2005). *O seminário, livro 10: a angústia.* Rio de Janeiro: Jorge Zahar.

———. (1972-1973/1985). *O seminário, livro 20: mais, ainda.* 2ª edição. Rio de Janeiro: Jorge Zahar.

MASSIN, J. & MASSIN, B. (1997). *História da música ocidental.* Rio de Janeiro: Nova Fronteira.

MATTOS, R. (2011). *A voz e a invocação para musicar a vida: ressonâncias entre música e psicanálise.* Tese de Doutoramento. Rio de Janeiro: UERJ.

TEYSSÉDRE, B. (1989). Présentation. In: WÖLFFLIN, H. *Renaissance et baroque* (p. 7-28). Paris: Le Livre de Poche.

VIVÈS, J.-M. (2005). Pour introduire la question du point sourd. In: *Psychologie clinique* – La voix dans la rencontre clinique. Nouvelle série, *19*, 9-20. Paris: L'Harmattan.

———. (2009). Para introduzir a questão da pulsão invocante. *Revista Latinoamericana de Psicopatologia Fundamental, 12*(2), 329-341.

WÖLFFLIN, H. (1989). *Renaissance et baroque.* Paris: Le Livre de Poche.

A LETRA NO ENSINO DE LACAN E A ESCRITA DE RSI

Ana Laura Prates Pacheco

Sonia Alberti

Resumo

O artigo aponta as consequências para a clínica psicanalítica da elevação da letra a conceito no ensino de Jacques Lacan a partir de *O Seminário, livro 9: A Identificação* (1961-1962/2003). Questiona-se a relação entre a letra e o significante e em que medida a primazia da linguagem ficaria comprometida com a valorização da letra como o que faz litoral entre Simbólico e Real. A conclusão é favorável a uma clínica borromeana, na qual a letra permite sustentar as consistências RSI como uma escrita.

Palavras-chave: letra; escrita; RSI.

Résumé

La lettre dans l'enseignement de Lacan et l'écriture de RSI

L'article évoque les conséquences pour la clinique psychanalytique de l'élévation de la lettre à concept dans l'enseignement de Jacques Lacan à partir de *Le Séminaire, livre IX, L'identification.* On interroge la relation entre la lettre et le signifiant, ainsi qu'on pose la question: dans quelle mesure la primauté du langage serait compromise par la mise en valeur de la lettre en tant que ce qui fait borde entre le Symbolique et le Réel. La conclusion est favorable à une clinique borroméenne, dans laquelle la lettre permet de soutenir les consistances RSI comme une écriture.

Mots-clés: lettre; écriture; RSI.

I. Introdução e contextualização

Em nossas pesquisas mais recentes a respeito das formalizações propostas para a clínica psicanalítica nos últimos dez anos do ensino de Jacques Lacan – através, sobretudo, do recurso à lógica para-consistente e à topologia –, temos nos deparado de modo sistemático com os conceitos de letra e de escrita como operadores fundamentais que permitem o enodamento dos registros do imaginário, do simbólico e do real.

Podemos mencionar como mais significativas: a formulação da fantasia como escrita do impossível (Lacan, 1966-1967), a conceituação de letra como aquilo que faz litoral entre o simbólico e o imaginário (Lacan, 1970-1971/2009), a posição sexual como inscrição num modo de gozo a partir das "fórmulas da sexuação" (Lacan, 1972-1973/1982) e a proposta do Sinthoma como escrita do quarto nó que amarra os três registros (Lacan, 1975-1976/2007).

Com efeito, é notadamente a partir do *Seminário 20, Mais, ainda,* que Lacan avança na articulação do registro do real com a escrita (cf. Soler, 2009). As consequências – tanto no aspecto clínico, quanto na dimensão da formalização e da transmissão da psicanálise – dessa valorização do registro real no último ensino de Lacan é solidária da valorização do conceito de escrita. Para acompanhar a mudança de ênfase do registro do simbólico e do significante em direção ao real, retomemos, na história do ensino de Lacan, a importância do significante e da letra. Desdobremos os vários aspectos que são necessariamente atingidos pela elevação da dimensão da escrita à dignidade de conceito na psicanálise lacaniana para discuti-los brevemente.

É consenso entre diversos comentadores que Jacques Lacan inicia seu projeto de "retorno a Freud", na década de 1950, fortemente influenciado pela linguística de Saussure e Jakobson e pela antropologia estrutural de Lévi-Strauss. Daí talvez a principal consequência para a psicanálise de orientação lacaniana: "o inconsciente é estruturado como uma linguagem". Dessa definição, Lacan propõe que a psicanálise trata de um sujeito que é puro efeito da cadeia significante, assujeitado estruturalmente ao Outro (A), que tem, como uma de suas definições: o "tesouro dos significantes". Tais assertivas derivam do fato de que o homem – o ser falante – o é em consequência do simbólico: o simbólico o fez homem (Lacan, 1953/1998). É a partir dessa premissa que os principais operadores clínicos da psicanálise freudiana são retomados e reinterpretados: o processo primário é entendido a partir das leis da linguagem; o sintoma tem um sentido metafórico; o desejo, constituído a partir de uma metáfora, é metonímico; a identificação imaginária é suportada pelo traço simbólico vindo do Outro; a fantasia é uma montagem gramatical; a relação de objeto é construída a partir da falta de um significante etc.

Ora, esse resgate da psicanálise a partir da materialidade do significante – resgate daquilo que fizera a psicanálise refém de um viés biologicista em sua extração inglesa e norte-americana – se associa diretamente a uma releitura do complexo de Édipo como estrutural. Tal leitura implica a redução do Édipo freudiano a quatro operadores: o *infans*, o desejo do Outro, o Nome-do-Pai e o falo. A proposta de que o mito de Édipo revela a estrutura universal do sujeito em sua relação com o Outro acompanha um modo de compreender a sexualidade humana como fundamentalmente simbólica, já que seu operador universal – o falo – é definido agora como o significante do desejo.

Muito embora os primeiros dez anos do "retorno a Freud" promovido por Jacques Lacan tenham gerado uma divisão de águas no que diz respeito à política do tratamento psicanalítico – com correspondentes consequências importantes em nível estratégico e tático –, ele não chegou a fazer Escola. Com efeito, Lacan continuava propondo o final da análise como "rochedo da castração" (Freud, 1937/1996), ainda que, em seu entendimento, o rochedo não fosse da ordem da diferença anatômica, mas sim da irredutibilidade do significante que impunha uma impossibilidade de acesso complementar aos objetos do desejo. De qualquer forma, a submissão à dívida simbólica com o Pai (ainda que reduzido a um nome) implicava que o sujeito, ao longo de uma análise, aceitasse sua "falta e ser" estrutural que o constituía como sujeito desejante a partir da assunção da falta.

Acusado por alguns de negligenciar os aspectos econômicos da obra freudiana e, por outros, de produzir uma clínica da resignação ou mesmo uma teleologia negativa, com apologia da falta, Lacan inicia os próximos dez anos de seu ensino com um conceito que ele mesmo considera – nesse caso com modéstia – sua única criação na psicanálise. Ora, com a criação do conceito do objeto *a* como resto da operação significante de causação do sujeito, entretanto fora da cadeia e mesmo do campo da linguagem, Lacan inaugura finalmente um projeto que "faz Escola".

No segundo retorno a Freud, inaugurado por Lacan em *O seminário, livro 10: a angústia* (1962-1963/2005), o sujeito neurótico é aquele que tem na castração seu bem mais precioso, já que ele a escolheu ao ceder o objeto no instante de separar-se do Outro. Ora, o que o neurótico cria em sua fantasia é um Outro que demanda sua castração, ou seja, o coloca como objeto, promovendo sua dessubjetivação e a anulação de seu desejo. A partir da formulação da angústia como afeto mediano entre gozo e desejo, afeto que não engana e que é produzido pela "falta da falta", Lacan promove uma reformulação clínica que permite pensá-la não mais apenas pela via da falta, mas fundamentalmente pela via do excesso, já que o objeto *a* "causa do desejo" é uma criação do sujeito positivada na fantasia. É justamente a partir desse momento de seu ensino que o conceito de escrita começa paulatinamente a ganhar força teórica e clínica no ensino de Jacques Lacan.

É verdade que desde o início Lacan tratou da questão da letra. Podemos tomar como os mais significativos os textos "A instância da letra no inconsciente e a razão desde Freud" (1957/1998), "O seminário sobre a 'Carta Roubada'" (1956/1998) – com o qual Lacan abre seus *Escritos* – e "A juventude de Gide" (1958/1998). Nesses textos, entretanto, a letra aparece como "carta" – explorando o duplicidade de sentido da palavra *lettre* em francês – que, ao circular, constitui-se como análoga à irredutibilidade do significante que não pode significar a si mesmo e, por isso, sempre exige um outro significante, o que produziria um deslizamento infindável de sentido na cadeia, não fosse a pequena margem deixada pelo advento de um sujeito que introduz nesse "programa" um "algo de si".

II. A questão da relação entre significante e letra

Poderíamos propor que o debate entre significante e letra, fala e escrita se introduz quando Lacan debate a questão da anterioridade ou não do significante em relação à letra, ou seja, em *O seminário, livro 9: a identificação.* Na lição de 20 de dezembro de 1961, Lacan recomenda que se leia o livro de James Février *A história da escrita* e comenta:

> [...] O homem desde que é homem tem uma missão vocal como falante. Por outro lado, há algo que é da ordem daqueles traços de que lhes contei a emoção admirativa que tive, ao encontrá-los marcados num certo alinhamento sobre algumas costelas de antílope. Há no material pré-histórico uma infinidade de manifestações de traçados que não têm outro caráter senão serem, como esse traço, significantes e nada mais. Fala-se de ideograma ou ideografismo, o que quer isso dizer? (Lacan, 1961-1962/2003: 90).

E Lacan observa que isso se dá como uma transmutação de imagem em traço:

> O que vemos sempre cada vez que se pode fazer intervir esta etiqueta de ideograma é algo que se apresenta como, de fato, muito próximo de uma imagem, mas que se torna ideograma na medida em que perde, em que se apaga cada vez mais este caráter de imagem [...], nada mais da sua origem é reconhecível. [...] Pois são, de fato, traços que saem de algo que, em sua essência, é apagado, usemos a palavra que nos vem aqui forçosamente ao espírito, recalcada, ou mesmo rejeitada. O que fica é algo da ordem daquele traço unário enquanto funciona como distintivo, enquanto pode, no momento, desempenhar o papel de marca (Lacan, 1961-1962/2003: 91).

Mais adiante, Lacan é explícito ao analisar a relação entre a escrita e o significante: "A escrita como material, como bagagem, esperava para ser fonetizada, e é na medida em que ela é vocalizada, fonetizada como outros objetos, que a escrita aprende, se posso dizer assim, a funcionar como escrita" (Lacan, 1961-1962/2003: 93).

Se inicialmente a letra e o significante são praticamente dois nomes da mesma coisa, como observa Elia (2006: 130), aquela sendo mais o suporte material deste, a partir do seminário sobre a identificação explicita-se a transmutação da imagem em *letra tributária da passagem da imagem pelo significante*. Mas já aqui essas imagens são apagadas: "sempre marcas apagadas, rasuradas, que se transformam em escrita na medida em que são apropriadas pela linguagem" (Rinaldi, 2006: 276). Entretanto, como sabemos, inicia-se aqui também a formulação de que essa passagem deixa um resto de objeto não significantizado a que Lacan chamará, no ano seguinte de seu ensino, de objeto *a*.

Os anos que se seguem a essa proposição são aqueles em que iremos acompanhar as consequências do projeto lacaniano de construir uma clínica para além do rochedo da castração. As implicações mais notáveis são: 1) a elaboração das operações de causação do sujeito a partir da lógica formal; 2) as reformulações sobre a fantasia, agora examinada não como montagem gramatical e pulsional, mas como uma lógica ("a escrita do impossível"); 3) a sofisticação do conceito de objeto *a*, inicialmente caracterizado como "causa do desejo" e paulatinamente adquirindo a força de objeto "mais-de-gozar" homólogo ao conceito marxiano de "mais-valia"; 4) as reformulações no campo do gozo não mais como falta, mas como excesso; e 5) as reformulações notáveis dos conceitos de saber e Outro (A), apresentadas em *O seminário, livro 16: de um Outro ao outro* (1968-1969).

Esses avanços e desdobramentos são acompanhados de uma profunda revisão da proposta de formação dos analistas, com a criação do conceito de Escola e uma colocação em ato de uma prática institucional inédita. A ideia de que o ato analítico possa promover a passagem dos impasses da fantasia ao passe encontra seu correspondente institucional, como sabemos, na proposição do passe como dispositivo apto a recolher a singularidade dessa passagem que não pode ser experimentada apenas no nível do significante.

A imposição de formalizar esse algo que, embora não seja da ordem da linguagem, é da ordem da estrutura leva Lacan à escrita dos quatro discursos como tratamentos do impossível no laço social. Passemos, entretanto, para *O seminário, livro 18: de um discurso que não fosse semblante* (1970-1971/2009), no qual Lacan volta explicitamente à questão da relação do significante com a letra, sublinhando a anterioridade estrutural da fala em relação à escrita, mas observando, correlativamente, que não há chance de se examinar hoje a questão sem esta última:

> O escrito não é primeiro, e sim segundo, em relação a toda função de linguagem, e [...], no entanto, sem o escrito não há nenhuma possibilidade de voltar a questionar o que resulta, em primeiro lu-

> gar, do efeito de linguagem como tal, ou, dito de outra maneira, da ordem simbólica. [...] O próprio escrito, na medida em que se distingue da linguagem, está aí para nos mostrar que, se é do escrito que se interroga a linguagem, é justamente porque o escrito não é linguagem, mas só se constrói, só se fabrica por sua referência à linguagem (Lacan, 1970-1971/2009: 59).

Ou ainda:

> Nada do que escrevi, com a ajuda de letras, sobre as formulações do inconsciente, para resgatá-las daquilo que Freud as enuncia mais simplesmente como fatos de linguagem, nada permite confundir, como se tem feito, a letra com o significante. O que escrevi com a ajuda de letras sobre as formulações do inconsciente não autoriza a fazer da letra um significante, e a lhe atribuir, ainda por cima, uma primazia em relação ao significante (Lacan, 1970-1971/2009: 110).

Lacan está tocando aqui em seu antigo desacordo com Derrida a respeito do estatuto da escrita. De fato, é Derrida quem retoma o mito platônico apresentado no *Fedro* em seu livro *A farmácia de Platão* (1972/2005), no qual realiza uma crítica à tradição platônica ocidental que preconizaria, segundo seu argumento, a irredutibilidade do significante e sua primazia em relação à escrita. Pode-se perceber a presença constante de Lacan como referência oculta nesse livro. Tomando como eixo uma análise minuciosa da escrita como *Pharmakón* (a um só tempo veneno e remédio), Derrida inverte, entretanto, seu sinal, apontando positividades exatamente ali onde Platão encontrava seus inconvenientes. Por exemplo, na "ausência de pai" na escritura. O que importa, para nossos fins, é acompanharmos qual a posição de Lacan e suas consequências para a clínica.

Ora, como observa Alberti (2006: 18), em *O seminário, livro 18: de um discurso que não fosse semblante* a letra passa a veicular de um lado a "possibilidade da escrita, de outro, o encontro com o rabisco de nenhum traço anterior, a possibilidade de reproduzir a metade sem par – o objeto *a* do qual o sujeito subsiste". Com efeito, ainda nesse mesmo Seminário, na lição sobre Lituraterra, Lacan (1971/2003) definirá a letra como o litoral entre o gozo e o saber, o que passa a dar à letra uma autonomia na teoria, autonomia em relação ao significante.

Surgem então novas questões: a ênfase no registro do Real que se julgou depreender a partir do momento em que Lacan proferiu o campo lacaniano – ou seja, os anos de 1969-1970/1992 – e enfatizou a dimensão da escrita e da letra significaria uma renúncia se sua tese *princeps* a respeito da primazia do significante? Teria Lacan, em seu último ensino, deposto as armas e reconhecido a vitória de seus críticos?

No caso de uma resposta afirmativa a essa questão, estariam colocadas as bases para uma "nova clínica lacaniana", uma "segunda clínica" ou uma "clínica do Real"? Como justificar o que teria sido, nesse caso, um abandono por parte de Lacan de um projeto para a psicanálise declarado ainda no "Seminário sobre a carta roubada" e defendido de forma obstinada durante vinte anos de ensino e transmissão?

Em caso negativo, como formalizar a inclusão da dimensão da letra no escopo teórico da psicanálise lacaniana sem renunciar à primazia do significante? A esperança que Lacan deposita na lógica e na topologia seria, nesse caso, uma tentativa de articular aquilo que é da ordem de um: "não sem o significante, mas 'não todo' significante"? Poderíamos propor uma "clínica borromeana" que não prometesse o acesso ao Real impossível, mas sim a possibilidade de "tocar o Real" a partir da escrita, como propõe Lacan em *O seminário 23: o sinthoma*?

Questões importantes que não poderemos responder todas nesse curto espaço que nos resta aqui, mas, pelo menos, tentemos avançar!

III. A ênfase no registro do real e sua relação com a escrita e a letra

Para avançarmos nessas questões, verifiquemos, inicialmente, em que consistiria, exatamente, a ênfase no registro do Real no último ensino de Lacan. Bastante oportuno retomarmos esse aspecto, até porque Lacan a desmente de certa forma, ele mesmo, em *O seminário, livro 21: os não-tolos erram*. Do que se trata, então, nessa mudança de ênfase? Mantenhamo-nos no registro desse mesmo Seminário, e nos encontramos com a reiterada observação de que "o três é o Real", o que implica, necessariamente, que a estrutura triádica do nó borromeano – introduzido nesse Seminário –, que toma cada um dos elos do nó como consistência *per se*, é baseada no real já pelo fato de ela ser triádica. Todo esse seminário introduz as questões com as quais Lacan se haveria a partir do momento em que o três é o Real. Senão vejamos: no início de seu ensino, Lacan havia estabelecido que a referência simbólica que distingue o sujeito do desejo que o singulariza é dada pelo terceiro, o Pai. *Terceiro* que barra a relação com a mãe. Mais de uma década depois, precisamente em *O seminário, livro 17: o avesso da psicanálise*, Lacan reordena o estatuto do pai já não tanto simbólico, mas justamente como Pai Real.

Com o *Seminário 21*, já não é tanto o Pai o ordenador e, sim, o real e as três consistências, que são absolutamente equivalentes e distinguem-se *exclusivamente* pelas *letras* que nelas inscrevemos: R S I. Já não pelo simbólico que as nomeia e sim pelo real que as distingue e singulariza, as três consistências são identificadas por letras que Lacan não equivale a significantes, mas ao real enquanto aquilo que não engana.

E aqui precisamos introduzir as consequências dessa equivalência para o plano da verdade. Se, no nível do simbólico, quando falamos a verdade sempre estamos mentindo, se nesse nível a única forma de dizer a verdade é dizer "minto", no nível do real não há engano possível porque "é isso" no acontecimento de um dizer. O que, no entanto, já não tem relação com a questão da verdade senão lógica, "é isso" quer dizer: "é verdadeiro" logicamente no acontecimento de um dizer.

Observa-se, assim, a partir do *Seminário 21*, uma substituição do conceito de verdade pelo de verdadeiro – que ficará patente no *Seminário 23 O sinthoma*. É, com efeito, nesse Seminário e nos seguintes que, por sua vez, a distinção entre o verdadeiro e o real, e sua relação com a escrita, se faz presente com força e rigor teórico e clínico. Lacan afirma aqui que "o real encontra-se nos emaranhados do verdadeiro" (Lacan, 1975-1976/2007: 83), mas acrescenta, entretanto, que "o que testemunha o real é uma falácia, posto que falei de aparência" (Lacan, 1975-1976/2007: 107). Aqui, é retomada, como já havia sido feito no *Seminário 20*, a interlocução com Parmênides, que funda sua filosofia no contraste entre a verdade e a aparência – e que exigiria um longo desenvolvimento que não poderemos fazer aqui.

No meio da clássica distinção entre o verdadeiro e a aparência (o semblante), Lacan introduz o real. E indaga: "Qual a relação do real com o verdadeiro? O verdadeiro sobre o real é que o real não tem sentido algum" (Lacan, 1975-1976/2007: 112). Mas resta, ainda, o semblante. E não qualquer um, mas aquele próprio do discurso do psicanalista: o objeto *a*: "É preciso passar por esse lixo decidido (a *letter*, a *litter*) para, talvez, reencontrar alguma coisa que seja da ordem do real" (Lacan, 1975-1976/2007: 112).

Assim, é interessante notar que, se em 1953 Lacan introduz os três registros da realidade psíquica nomeando-os integralmente – o Simbólico, o Imaginário e o Real – a fim de especificar "O que é a fala, quer dizer, o símbolo?" (Lacan, 1953/2011), na tentativa de responder à questão sobre "o que é essa experiência singular entre todas, que trará aos sujeitos transformações tão profundas? E quais são elas? E o que produzem?" (Lacan, 1953/2011) –, em 1973 Lacan não só subverte a ordem dos registros como também já não os nomeia e, sim, inscreve neles três letras: R S I, letras maiúsculas, o que tem como consequência manter as consistências: "aderidas, de alguma forma, à coisa, simplesmente uma questão de escrita, é perfeitamente heterogêneo" (Lacan, 1973-1974: lição de 13 de novembro de 1973).

Algumas lições adiante, Lacan explicita o que pretende com o seminário no ano letivo de 1973-1974: "que vocês não confundam as palavras com as letras, pois é somente com as letras que se funda o necessário, como o impossível, na articulação que é aquela da lógica" (Lacan, 1973-1974: lição de 8 de janeiro de 1974). O necessário – o que não cessa de se escrever –, explica em seguida, é o que necessita do encontro do impossível – o que não cessa de não se escrever – e que só pode ser abordado com letras. Por que o necessário necessita do encontro do impossível? Porque este limita aquele, fura aquele e, ao furá-lo, o especifica. A letra permite tal furo e tal especificidade quando se sustenta na topologia. E por que somente na topologia? Porque esta sustenta uma ideia sem que seja necessário abordá-la com uma imagem, "o que põe a nu o real" (Lacan, 1973-1974: lição de 8 de janeiro de 1974). Identificar as três consistências do nó borromeano com três letras maiúsculas acrescenta às três consistências o real; não que ele seja terceiro, mas pelo fato de que assim articulados "façam três. E é só isso que elas têm de Real, nada mais. Quero dizer: cada uma. É só isso que elas têm de Real. Parece pouco, mas é mais que nada" (Lacan, 1973-1974: lição de 8 de janeiro de 1974).

Em todo seu ensino, talvez seja essa passagem que mais claramente explicita a relação da letra com o Real: a letra esvazia de Imaginário cada uma das três consistências, inclusive a própria consistência identificada com o I, sua função sendo, exclusivamente, a de fazer três, amarrada borromeanamente às duas outras.

Parece-nos, portanto, que a dimensão que Lacan almeja dar à escrita não é nem a experiência corporal e real da *alíngua*, nem o simulacro do corpo imagem, mas a cifra dessa experiência. Na aula de 13 de abril de 1976 do *Seminário 23, O sinthoma* (1975-1976), Lacan fala sobre a cifra, a escrita do nó borromeano e o efeito de cadeia que daí se obtém. Ele declara ter enunciado o Real em questão sob a forma de uma escrita: "digamos que é o forçamento de uma nova escrita [...] e também é o forçamento de um novo tipo de ideia, se assim posso dizer, uma ideia que não floresce espontaneamente apenas devido ao que faz sentido, isto é, o imaginário" (Lacan, 1975-1976/2007: 127). A seguir, ele afirma:

> A rememoração é distinta da reminiscência [...]. A rememoração é evidentemente alguma coisa que Freud obteve forçosamente graças ao termo *impressão*. Ele supôs que há coisas que se imprimiam no sistema nervoso e lhes conferiu letras [...]. Já há um mundo entre uma letra e um símbolo fonológico [...]. A rememoração consiste em fazer essas cadeias entrarem em alguma coisa que já está lá e que se nomeia como saber (Lacan, 1975-1976/2007: 127).

Assim há o saber, ao qual o inconsciente freudiano é redutível e que remete ao verdadeiro: "O verdadeiro é dizer conforme a realidade. Mas o que funciona verdadeiramente não tem nada a ver com o que designo como real" (Lacan, 1975-1976/2007: 128). E vai mais longe: "a instância do saber renovada por Freud, quero dizer, renovada sob a forma do inconsciente, não supõe obrigatoriamente de modo algum o real de que me sirvo" (Lacan, 1975-1976/2007: 128). O Real, segundo Lacan, ele mesmo o inventou: é a sua resposta sintomática.

Desse modo, se para Lacan a escrita não alcança a verdade, não é por uma impotência do lado da primeira, mas por uma redução da segunda ao estatuto do verdadeiro. Lá onde estava a verdade para a filosofia, Lacan prefere o Real que, por sua vez, nada tem de metafísico.

Novamente, aqui, encontramos as articulações de Lacan em *O seminário 23: o sinthoma* no que se refere à relação entre o verdadeiro, o Real e o sentido no nó borromeano: "O verdadeiro se autoperfura devido ao fato de que seu uso cria integralmente o sentido, na medida em que ele desliza" (Lacan, 1975-1976/2007: 83). Ou, mais adiante, no mesmo *Seminário 23*:

> Só é verdadeiro o que tem um sentido [...]. Qual é a relação do real com o verdadeiro? O verdadeiro sobre o real, se assim posso me exprimir, é que o real não tem sentido algum. [...] A essência da cadeia borromeana repousa na verificação do falso-furo, no fato de que essa verificação o transforma em real (Lacan, 1975-1976/2007: 112-113).
>
> O campo do sentido é essencialmente distinto do real (Lacan, 1975-1976/2007: 130).

A partir das articulações aqui apresentadas, podemos avançar sobre a relação da escrita com o Real e o verdadeiro numa análise, expressa na seguinte frase de Lacan (1975-1976/2007: 78): "Quando se escreve, pode-se muito bem tocar o real, mas não o verdadeiro". Voltando à nossa questão inicial, concluímos que todo esse trabalho que diferencia a letra e a escrita do significante e do sentido nos permite formalizar a clínica borromeana do último ensino de Lacan não apenas como uma "clínica do Real" e, sim, como uma clínica "não sem o Real", eis nossa interpretação da aposta que Lacan (1974-1975) identifica como heresia: Uma clínica da *Heresie* que Lacan, aproveitando-se da equivocidade significante, escreve *RSI*.

Referências bibliográficas

ALBERTI, S. (2006). Sobre o lugar de Goethe no texto freudiano. In: COSTA, A. & RINALDI, D. (Orgs.). *Escrita e psicanálise* (pp. 15-24). Rio de Janeiro: Companhia de Freud.

DERRIDA, J. (1972/2005). *A farmácia de Platão*. Trad. Rogério da Costa. São Paulo: Iluminuras.

ELIA, L. (2006). A letra: de instância no inconsciente à escrita no corpo. In: COSTA, A. & RINALDI, D. (orgs.). *Escrita e psicanálise* (pp. 15-24). Rio de Janeiro: Companhia de Freud.

FREUD, S. (1937/1996). Análise terminável e interminável. *Edição standard brasileira das obras psicológicas completas de Sigmund Freud*, v. XXII. Rio de Janeiro: Imago.

LACAN, J. (1953/2011). Le symbolique, l'imaginaire et le réel. Conferência de 8 de julho de 1953. Inédita. Disponível em <http://www.scribd.com/doc/16001836/Symbolique-Imaginaire-Reel>. Acesso em 10 de novembro de 2011.

———. (1953/1998). Função e campo da fala e da linguagem em psicanálise. *Escritos*. Trad. Vera Ribeiro. Rio de Janeiro: Jorge Zahar.

———. (1956/1998). O seminário sobre "A carta roubada". *Escritos*. Trad. Vera Ribeiro. Rio de Janeiro: Jorge Zahar.

———. (1957/1998). A instância da letra no inconsciente ou a razão desde Freud. *Escritos*. Trad. Vera Ribeiro. Rio de Janeiro: Jorge Zahar.

———. (1958/1998). Juventude de Gide ou a letra e o desejo. *Escritos*. Trad. Vera Ribeiro. Rio de Janeiro: Jorge Zahar.

———. (1961-1962/2003). *A identificação*. Seminário não estabelecido oficialmente. Trad. Ivan Corrêa e Marcos Bagno. Recife: Centro de Estudos Freudianos.

———. (1962-1963/2005). *O seminário, livro 10: a angústia*. Rio de Janeiro: Jorge Zahar.

———. (1966-1967). *O seminário, livro 14: a lógica da fantasia*. Inédito.

———. (1969-1970/1992). *O seminário, livro 17: o avesso da psicanálise*. Trad. Ari Roitman. Rio de Janeiro: Jorge Zahar.

———. (1971/2003). Lituraterra. *Outros escritos*. Trad. Vera Ribeiro. Rio de Janeiro: Jorge Zahar.

———. (1970-1971/2009). *O seminário, livro 18: de um discurso que não fosse semblante*. Trad. Vera Ribeiro. Rio de Janeiro: Jorge Zahar.

———. (1972-1973/1982). *O seminário, livro 20: mais, ainda.* Trad. M. D. Magno. Rio de Janeiro: Zahar.

———. (1973-1974). *O seminário, livro 21: os não-tolos erram.* Seminário não estabelecido oficialmente.

———. (1974-1975). *R.S.I.* Seminário não estabelecido oficialmente.

———. (1975-1976/2007). *O seminário, livro 23: o sinthoma.* Trad. Sérgio Laia. Rio de Janeiro: Jorge Zahar.

RINALDI, D. (2006). Escrita e invenção. In: COSTA, A. & RINALDI, D. (Orgs.). *Escrita e psicanálise* (pp. 273-279). Rio de Janeiro: Companhia de Freud.

SOLER, C. (2009). De que modo o real comanda a verdade. *Revista Stylus, 19*, 13-28.

TRAÇO, TRAUMA E "TRAUÇO"

Tainá Pinto

RESUMO

Este trabalho busca elementos na teoria da psicanálise e na literatura que permitam pensar a relação entre traço e trauma. O conto "O Aleph" de Borges é o ponto de partida para uma reflexão com Freud sobre a linguagem, a condensação, o excesso de vivacidade perceptiva no sonho e a letra.

Palavras-chave: traço; trauma; condensação.

RÉSUMÉ

TRACE, TRAUMA ET "TRAUÇO"

Le présent article cherche des éléments dans la théorie de la psychanalyse et dans la littérature qui permettent à penser la relation entre le trace et le trauma. Le conte "O Aleph" de Borges est le point de départ pour une réflexion avec Freud sur le langage, la condensation, l'excès de vivacité perceptuelle dans le rêve et la lettre.

Mots-clés: trace; trauma; condensation.

Neste texto, breve apanhado do último capítulo da minha dissertação, tento trazer um pouco do que venho trabalhando. Como será possível perceber, busco em Borges e em Freud elementos que possibilitem pensar articulações entre o excesso de vivacidade perceptiva, a condensação, o traço e o trauma. Tomo como ponto de partida para essa reflexão uma imagem da literatura fantástica de Jorge Luis Borges – o *aleph*.

O *aleph* é uma minúscula esfera furta-cor de fulgor quase intolerável que encerra um espetáculo tão deslumbrante quanto assombroso: nele é possível ver a partir de todos os ângulos existentes tudo o que há. Essa imagem desmedida retiro do conto homônimo de 1949 – "O Aleph". Um conto incrível que, como muitos outros de Borges, pode ser pensado como a combinação magistral e sincrônica de ao menos três eixos ou camadas narrativas distintas. Há o eixo da história de amor (triangulada entre os personagens Borges, sua falecida musa Beatriz e primo-irmão dela chamado Carlos Argentino Daneri); há a camada da crítica literária (traçada pelos ácidos comentários de Borges ao extravagante poema de Carlos) e o eixo da história fantástica, certamente o núcleo atrativo do conto para onde as outras linhas narrativas convergem.

Para esta exposição me detenho na camada fulcral do conto. Nela temos a tentativa de Borges de narrar uma experiência indescritível: deparar-se com o *aleph*. Na trama, Carlos Argentino Daneri considera-se o dono desse objeto, já que quando menino o descobriu alojado embaixo da escada do porão de sua casa. Carlos cresce enfurnado nesse porão, guardando do mundo a sua preciosidade que lhe serve de inspiração para sua escrita empolada. As coisas seguem dessa maneira até que um dia, completamente atormentado pela possibilidade de demolição de sua casa, Carlos decide mostrar o *aleph* a alguém. Ele telefona para Borges que incrédulo vai ao seu encontro, aparentemente muito mais no intuito de confirmar que o tipo, de hábitos tão estranhos, era mesmo um louco.

Trancado sozinho no porão escuro, deitado embaixo da escada, com o corpo tenso, Borges olha para o décimo nono degrau (como fora instruído por Carlos) e se pergunta se esta situação tão esquisita não seria uma grande emboscada. Será que o louco queria matá-lo? Estaria envenenado o conhaque que o anfitrião havia oferecido logo antes de descerem ao porão? Borges então fecha os olhos, volta a abri-los, e vê. Vê o que seus olhos não podem crer e o que sua memória não poderá abarcar: o *aleph*. Aí tem início o seu "desespero de escritor" (Borges, 1949/2008: 148). Borges se depara com uma missão impossível: como transmitir ao leitor o infinito? Como, com a linguagem que é sucessiva (irremediavelmente uma palavra só pode vir depois de outra), descrever algo que foi simultâneo? O infinito *aleph* se dá a ver de uma só vez, não é uma coisa depois outra e sim uma coisa e a outra ao mesmo tempo. Em sua tentativa de propagar algo dessa experiência inenarrável, Borges nos arremessa num parágrafo descritivo, vertiginoso, poético, de aproximadamente quarenta linhas sem um único ponto:

> O diâmetro do Aleph seria de dois ou três centímetros, mas o espaço cósmico estava ali, sem diminuição de tamanho. Cada coisa (a lâmina do espelho, digamos) era infinitas coisas, porque eu a via claramente de todos os pontos do universo. Vi o mar populoso, vi a alvorada e a tarde, vi as multidões da América [...] vi todos os espelhos do planeta e nenhum me refletiu [...] vi cachos de uva, neve, tabaco, veios de metal, vapor de água, vi convexos desertos equatoriais e cada um de seus grãos de areia [...] vi a violenta a cabeleira, vi um câncer no peito, vi um círculo de terra seca numa calçada onde antes havia uma árvore [...] vi tigres, êmbolos, bisões, marulhos e exércitos, vi todas as formigas que há na Terra, vi um astrolábio persa [...] vi o Aleph de todos os pontos, vi no Aleph a Terra, e na Terra outra vez o Aleph e no Aleph a Terra, vi meu rosto e minhas vísceras, vi teu rosto, e senti vertigem e chorei, porque meus olhos tinham visto aquele objeto secreto e conjectural cujo

nome os homens usurpam mas que nenhum homem contemplou: o inconcebível universo (Borges, 1949/2008: 149).

Depois dessa visão perturbadora, na rua, no metrô, todos os rostos pareciam familiares a Borges. Ele se vê temeroso de que não houvesse restado uma só coisa no mundo capaz de surpreendê-lo e teme nunca ser abandonado pela impressão de voltar. Felizmente (afirma o narrador), ao cabo de algumas noites de insônia de novo age sobre ele o esquecimento. Aos poucos a experiência tão chocante vai sendo filtrada pelos poros da memória, a ponto de o próprio Borges questionar a veracidade do que havia vivido – Seria mesmo verdadeiro aquele *aleph* no porão de Daneri? Sob "a trágica erosão dos anos" (Borges, 1949/2008: 153) ele se dá conta de que já falseava e perdia não só o *aleph*, mas também os traços da falecida amada Beatriz.

O *ALEPH* e a letra

Como Borges expõe, numa espécie de incursão na teoria cabalística que realiza no fim do conto, o *aleph* também é letra. Ali o autor nos diz que *aleph* é a primeira letra do alfabeto da língua sagrada e que para a cabala essa letra significa o *En Soph* – "a ilimitada e pura divindade" (Borges, 1949/2008: 152). De acordo com Scholem (2006) trata-se mesmo de uma letra de características muito singulares: o *aleph*, primeira letra do alfabeto hebraico, não pode ser articulado já que não denota nada mais que a posição adotada pela laringe quando uma palavra começa com uma vogal. Mas ao mesmo tempo essa letra é o começo de tudo. O *aleph*, letra sem pronúncia, seria o princípio de todo e qualquer som articulado humano. E o *En Soph* para a mística judaica não seria menos paradoxal do que essa letra impronunciável, pois ele é "o infinito, sem-começo, incriado" (Scholem, 2006: 124).

Para Sosnowski (1991) a primeira letra do alfabeto hebraico pode ser entendida como a fonte espiritual de todas as outras letras já que em sua essência o *aleph* abarcaria o alfabeto inteiro e, portanto, toda possível interlocução humana. É uma letra de força tremenda que contém o universo em si. Na concepção cabalista a letra é anterior a tudo, é só depois de esboçar, pesar e esculpir cada letra do alfabeto que Deus cria o mundo. E Ele o cria a partir das letras, elas são seu instrumento sagrado para a criação (Scholem, 2006).

Uma das versões que narra a transmissão divina dos dez mandamentos ao povo de Israel conta que tudo o que esse povo teria ouvido de Deus foi o *aleph* de “Anokhi” (eu), e essa teria sido uma ação deliberada de Deus que quis que o *aleph* fosse sua revelação. E, como ressalta Scholem (2006), escutar o *aleph* equivale a escutar praticamente nada, já que ele não passa de um preparativo para a linguagem audível. Por isso, ainda segundo o autor, essa revelação divina, ao mesmo tempo que não tem nenhum significado específico também é plena de significação infinita, dado o poder dessa letra que tudo contém.

No conto de Borges há uma espécie de enodamento. O *aleph* é esse objeto inconcebível de fulgor quase intolerável, ele é o cerne de uma experiência atordoante, disruptiva e não é mais que uma letra. Nessa narrativa fantástica uma experiência inenarrável, tão excessiva que escapa às possibilidades do que pode ser dito, é cifrada por uma letra especial – *aleph*. Letra originária que tudo contém. Princípio da criação e da articulação humana, sem a qual nada existiria.

A trimetilamina

No grande sonho inaugural da psicanálise (Freud, 1900/2012: 128) – O sonho da injeção de Irma – encontramos um ponto que parece partilhar características com o *aleph*: a fórmula da trimetilamina que surge diante de Freud com especial destaque. Enigmáticos, tanto o *aleph* como a trimetilamina são letras, são vívidos e são extremamente densos ou concentrados.

Logo no início do sonho surge a imagem repulsiva da boca aberta de Irma, Freud se depara com os cornetos nasais da paciente de um lado e com crostas cinza-esbranquiçadas na garganta do outro. Em seguida entra em cena o trio de especialistas: Otto, Leopold e Dr. M. (ou de palhaços, como sugere Lacan (1954-1955/1985: 199)) que com suas falas desconexas não resolvem problema algum. É então que de repente aparece diante de Freud, como uma revelação, a imagem da fórmula da trimetilamina.

No sonho a palavra trimetilamina quase escapa de Freud. Buscando a causa das dores de sua paciente ele subitamente se recorda de que Otto dias antes teria usado uma seringa suja para aplicar em Irma uma solução de trimetilamina (com os dois sentidos que a palavra solução comporta, como aponta Lacan, 1954-1955/1985). No texto do sonho Freud diz: "uma injeção de um preparado de propil, propileno... ácido propiônico... trimetilamina (cuja fórmula vejo em negrito diante de mim)" (Freud, 1900/2012: 129). Só então surge destacada diante dele a imagem da fórmula química.

A trimetilamina parece ser uma espécie de contraponto iluminado da obscura e assombrosa boca. As associações de Freud para seu sonho mostram, de maneira curiosa, o quanto esses dois pontos supercondensados acabam sempre por remetê-lo a pensamentos relacionados à morte e à sexualidade. Pode ser feita uma lista de doenças que surgem ao longo de sua análise: difterite, difteria, disenteria, inchaços e necrose nasal... Algumas foram fatais e levaram conhecidos à morte e outras não. Há também duas substâncias que a princípio pareciam inofensivas e que acabaram se revelando letais – a cocaína e o sulfonal – que levaram à morte respectivamente um amigo e uma paciente de Freud. E os pensamentos relacionados à sexualidade surgem quando Freud menciona as três mulheres do sonho (sua esposa, Irma e uma amiga dela); quando ele aborda a viuvez de Irma; quando fala da origem das neuroses e quando as associações o levam ao seu amigo Fliess e às suas pesquisas, um tanto delirantes, que relacionavam os cornetos nasais com os órgãos sexuais femininos. E a própria trimetilamina, como aponta Lacan (1954-1955/1985: 201), é um produto da decomposição do esperma.

O psicanalista francês, em sua releitura do grande sonho, toma a boca aberta de Irma e a fórmula da trimetilamina como os dois ápices dessa formação onírica. Segundo ele para esta boca há todas as significações de equivalência, todas as condensações, tudo se mescla e se associa nessa imagem desde a boca que tudo traga até o órgão sexual feminino; há nela a descoberta horrível, a carne que jamais se vê, o avesso da face, massa informe que provoca angústia (Lacan, 1954-1955/1985: 197). E a trimetilamina, pela maneira enigmática e sem sentido como surge, Lacan a compara a uma muralha, um oráculo que – "não fornece resposta alguma ao que quer que seja" (Lacan, 1954-1955/1985: 202).

Além de todos os pensamentos oníricos condensados nos ápices do sonho, não se pode deixar de reparar no aspecto formal da trimetilamina. Ela surge muito vívida perceptivamente, captura a atenção do sonhador: "Vejo a fórmula química dessa substância no sonho, [...] e na verdade essa fórmula está impressa em negrito, como se algo especialmente importante devesse ser destacado do contexto", e o intriga: "A que me leva a trimetilamina, à qual minha atenção fora chamada dessa maneira?" (Freud, 1900/2012: 138). Essa fórmula intrigante que surge de maneira tão destacada nos remete de volta ao *aleph* de Borges. Oráculo misterioso que não fornece resposta alguma, ela lembra o *aleph* enquanto revelação no Monte Sinai – revelação paradoxal que é plena de significação sem, no entanto, significar nada (Scholem, 2006).

O excesso de vivacidade perceptiva

Na "Interpretação dos sonhos" o excesso de vivacidade perceptiva levará Freud à cena infantil, ou, em outros termos, à cena traumática. Algo dessa cena parece retornar no excesso de vivacidade, seja nos sonhos ou nas ditas lembranças encobridoras que se destacam das outras por sua intensidade plástica e sensorial. E, como será possível perceber, é a condensação que possibilita a relação entre o trauma e os sonhos ou lembranças excessivamente vívidas.

Para Freud (1900/2012: 353) os elementos mais intensos dos sonhos são também os mais condensados: "os elementos do sonho que mostram intensidade máxima são aqueles para cuja formação se usou o *trabalho de condensação* mais abundante". Isso significa que várias cadeias de pensamentos oníricos se direcionam e se concentram nesse elemento nuclear que apresenta uma figuração intensa. A esses pontos de elevada concentração do sonho Freud chama de pontos nodais.

Nem sempre o excesso de condensação resultará em excesso de vivacidade perceptiva e isso pode ser observado no próprio sonho modelo da "Interpretação dos sonhos". Aos dois pontos que Lacan nomeia de ápices do sonho Freud chamaria de pontos nodais. Notavelmente tanto a boca aberta de Irma como a fórmula da trimetilamina se revelam pontos de extrema sobredeterminação de pensamentos. Praticamente todas as cadeias de pensamentos oníricos mencionadas por Freud em sua análise se direcionam para esses dois pontos. Tanto uma quanto a outra são pontos muito condensados do sonho, no entanto apenas a fórmula comparece com destaque perceptivo.

Antes que possamos falar do excesso de vivacidade perceptiva, é necessário abordar rapidamente o próprio campo perceptivo no sonho. Na maioria dos sonhos, tal como nas alucinações, o conteúdo da representação não é pensado e sim transformado em imagens sensoriais (Freud, 1900/2012: 562). O sensório é uma característica notável dos sonhos, mas não é comum a todos. Nem todo sonho é imagético, existem aqueles constituídos exclusivamente de pensamentos (um bom exemplo seria um sonho do próprio Freud, citado na "Interpretação dos sonhos", aquele do qual ele desperta com apenas uma palavra na cabeça: "Autodidasker" (1900/2012: 563)).

Para dar conta do campo sensório que pode surgir nos sonhos, Freud propõe um modelo de aparelho psíquico (Freud, 1900/2012: 565). Na concepção desse aparelho ele se inspira em instrumentos ópticos, como microscópios ou máquinas fotográficas, que dispõem de lugares ideais para a formação de imagens. Assim ele cria um modelo de aparelho composto de sistemas que possuem uma orientação espacial constante, a excitação necessariamente percorre estes sistemas numa sequência temporal que é fixa (um sistema depois do outro). Há uma extremidade sensível e outra motora e, no geral, é esse o sentido do processo psíquico: da extremidade perceptiva para a extremidade motora, passando pelos sistemas interpostos entre uma e outra.

É pensando o campo perceptivo no sonho que Freud propõe o conceito de regressão, essa ideia implica uma inversão do sentido que o estímulo percorre no interior do aparelho. Dessa maneira o estímulo iria da extremidade motora para a extremidade sensível, o que resultaria no comparecimento de estímulos perceptivos nas formações oníricas. A regressão tem uma relação estreitíssima com a condensação, pois, para que uma representação regrida (ou seja, para que ela vá contra o fluxo do aparelho e o percorra no sentido da extremidade perceptiva) e atinja a completa vivacidade sensível é preciso que ela seja concentrada. No interior do aparelho vão mais longe os pensamentos mais adensados, daí a conclusão de que os elementos mais vívidos perceptivamente do sonho são também os mais condensados.

Segundo Freud esses pensamentos regridem não só porque durante a noite, pela imobilidade do corpo recolhido, não há o contrafluxo de estímulos indo da extremidade perceptiva à motora, mas principalmente porque na extremidade perceptiva do aparelho estaria alojada uma lembrança dotada de muita força sensorial capaz de atrair determinados pensamentos para a mesma forma de figuração que a sua – a visual. Essa é a surpreendente explicação de Freud para o comparecimento da vivacidade perceptiva nas formações oníricas. Em 1900, muito antes de conceber a pulsão de morte e a compulsão à repetição, Freud já pensa o sonho submetido a uma lógica de repetição. Ele diz: "Segundo essa concepção, o sonho também poderia ser descrito *como o substituto da cena infantil, modificado pela transferência para algo recente.* A cena infantil não é capaz de impor sua renovação; ela precisa se contentar com o retorno sob a forma de sonho" (Freud, 1900/2012: 574).

Como essa cena infantil não consegue se impor e se fazer recordar, ela retorna sob a forma de sonho (uma maneira de não se deixar esquecer). Dessa maneira, regredirão para a figuração visual aqueles pensamentos que de alguma forma tocam essa cena. E quanto mais sobredeterminado tal pensamento, mais próximo da extremidade perceptiva ele poderá ir e mais intenso ele será. Assim, os elementos ultravívidos dos sonhos dão notícias dessa cena infantil que modificada se faz reviver nos sonhos.

Rivera (2012) em sua leitura da "Interpretação dos sonhos" entende que o sonho repete a cena traumática de modo a encená-la ativamente. Para a autora, antes que o sonho se torne encenação de desejo ele é encenação do trauma: "Sonhamos, a cada noite, a mesma cena marcante de nossa infância, a cada vez refeita, remontada, modificada seguindo as linhas de força do desejo" (Rivera, 2012: 28).

A cena e o traço

Para Freud (1900/2012: 565), todo estímulo que entra no aparelho deixa atrás de si um marca, um "traço mnêmico". Então entre a extremidade perceptiva e a extremidade motora ele localiza os sistemas mnêmicos, são eles os responsáveis pelo armazenamento desses traços, e é a eles que se relaciona o que chamamos de memória. No modelo de aparelho psíquico esboçado em 1900 já há uma divisão de funções entre os sistemas. Por entender que o sistema perceptivo não seria capaz de ao mesmo tempo receber estímulos e armazenar traços, Freud propõe que o sistema perceptivo apenas receberia estímulos e seria desprovido de memória enquanto os sistemas mnêmicos serviriam à função de armazenamento dos traços.

Em 1920, no texto "Além do princípio de prazer", é pensando o trauma que Freud acrescenta ao aparelho psíquico uma camada extra que lhe parece fundamental. Essa camada seria uma espécie de escudo protetor por ser a mais fronteiriça do aparelho; ela estaria em contato incessante com os estímulos do meio externo e por isso tenderia a uma diferenciação. O excesso de estímulo acabaria por torná-la insensível, como se esse escudo fosse consequência da morte ou da calcificação dessa camada que se tornaria uma espécie de envoltório ou membrana resistente. Nesse momento de sua teorização Freud designa como traumáticos os estímulos que adentram o aparelho rompendo esse escudo protetor. O aparelho é invadido por uma quantidade de estímulos muito maior do que aquela que ele é capaz de suportar. Esse excesso acaba por desestabilizar todo o funcionamento do aparelho, que passa a ter energia ou catexias circulando livremente em seu interior. A repetição é a própria tentativa do aparelho de dominar e vincular essa energia que circula de maneira livre e desorganizadora.

Esse acaba sendo o modelo de aparelho que Freud formula: uma camada fronteiriça e protetora, a camada que recebe estímulos e é desprovida de memória, e finalmente a camada que armazena os traços. Qual não deve ter sido a surpresa de Freud quando conheceu o bloco mágico, brinquedo cuja construção apresenta "uma concordância notável" com a estrutura hipotética de aparelho perceptual proposta por ele (Freud, 1925/1996: 256)?

Como é largamente sabido, nesse brinquedo a escrita ou o desenho realizado pode magicamente ser apagado. A partir de um gesto que interrompe o contato entre as camadas que o compõem, a superfície volta a ficar limpa como se nunca tivesse sido usada. O bloco, assim como o aparelho, tem três camadas. A primeira, de celuloide, protege a fina folha de papel que vem em seguida, e por ultimo encontra-se uma grossa placa de resina. Ao estabelecer comparações entre seu modelo de aparelho e o brinquedo, Freud parece nos convidar a pensar nosso aparelho perceptivo como um sistema de escrita em camadas.

A fina folha de papel do brinquedo Freud (1925/1996) compara ao sistema percepção-consciência (antigo sistema perceptivo da "Interpretação dos sonhos"). Em 1920, a percepção é igualada à consciência e esse sistema passa a ser chamado de percepção-consciência. Nessa camada de papel a escrição é temporária, dura apenas enquanto houver contato com a camada seguinte de cera. Quando o contato é interrompido, o papel fica limpo e pronto para receber novos traços. Nessa camada do bloco, tal qual no sistema percepção-consciência (que é desprovido de memória), não há registro permanente. Uma inscrição desse tipo só acontece na camada seguinte, a de resina, que Freud compara ao inconsciente. Nela os traços se inscrevem de maneira definitiva e inapagável, já que, de certa forma, eles são escavados na profundidade da superfície de cera. Os traços aí não se dão a ver facilmente, é necessário suspender as camadas anteriores e "sob luz apropriada" (Freud, 1925/1996: 258) algo da inscrição palimpséstica pode ser entrevista e, com muita sorte, lida.

Mas há um ponto em que nosso aparelho é muito mais mágico do que o brinquedo. No bloco, se a escrita for apagada, não será possível fazê-la ressurgir. Ele não é capaz de "reproduzir desde dentro" (Freud, 1925/1996: 258) a escrita desvanecida.

Feito que nossa memória é capaz de realizar – nesse ponto a analogia é superada e o protótipo deve ser abandonado. Podemos pensar que nosso aparelho não só é capaz, mas, mais ainda, é isso que se realiza a todo tempo nos sonhos, por exemplo. O sonho, que como vimos é um substituto da cena infantil, pode ser pensado como uma reanimação, ou como uma leitura de traços. A cena traumática deixa um traço inscrito no inconsciente, que retorna relido, transformado no sonho. Assim a cena infantil, dotada de tamanha força de atração de pensamentos oníricos, pode ser pensada como esse traço inapagável, de escrita irreversível que sempre retorna. Dessa forma, outro nome para trauma pode ser traço.

O que não podemos deixar de notar é que há um jogo entre imagem e traço, ou entre cena e escrita na concepção de aparelho psíquico que Freud elabora. Para pensar a questão da vivacidade perceptiva nos sonhos, Freud concebe seu aparelho psíquico inspirando-se inicialmente nos instrumentos ópticos dotados de lugares ideais para a formação de imagens. Talvez porque os sonhos, em sua grande maioria, são constituídos de imagens, ou melhor, de cenas (não por menos são também conhecidos como a outra cena). Mas, como bem podemos perceber, a concepção de Freud faz mescla, seu aparelho óptico serve para armazenar traços. Não se trata só de imagem: desde o começo, desde o modelo de 1900, há também os traços. Traço que volta à cena.

No conto de Borges temos uma experiência inenarrável, que de tão excessiva escapa às possibilidades do que pode ser dito. Como, com uma linguagem que é sucessiva, transmitir algo que foi simultâneo? É essa sua grande pergunta que questiona os limites da linguagem. Nessa narrativa fantástica a solução para o impasse está numa letra – *aleph*. Longe de ser uma letra qualquer, temos aí a letra originária, princípio da criação, sem a qual nada existiria. E essa experiência transformadora e disruptiva, como a narrativa aponta, parece precisar ser esquecida (em alguma medida) para que seja possível seguir vivendo. Que infernal seria a vida de Borges se a cada instante as coisas que visse o fizessem relembrar o *aleph* e reviver o que passou em sua visão...

Talvez assim também seja com o trauma, esse originário que nos faz sonhar, que nos inaugura enquanto sujeitos e que necessariamente vem de fora e vem do Outro (como Freud bem nota desde o início de suas especulações teóricas acerca da etiologia traumática da neurose). Temos aí uma cena que não pode ser lembrada, mas que muito menos se deixa esquecer em seu constante retorno nos sonhos. Do trauma o que resta inscrito no aparelho não é nada mais que um traço. Mas talvez seja um traço muito particular, similar ao *aleph* – letra originária, sem significação e sem pronúncia. Traço que retorna cena e que talvez seja algo entre rabisco e letra, quem sabe um *trauço.*

Referências bibliográficas

BORGES, J. L. (1949/2008). O Aleph. In: BORGES, J. L. *O Aleph* (pp. 136-156). São Paulo: Companhia das letras.

FREUD, S. *A interpretação dos sonhos*, v. I e II (1900/2012). Tradução do alemão de Renato Zwick, revisão técnica e prefácio de Tania Rivera (Coleção LP&M Pocket). Porto Alegre: LP&M.

———. (1920/1996). Além do princípio de prazer. *Edição standard brasileira das obras psicológicas completas de Sigmund Freud*, v. XVIII. Rio de Janeiro: Imago.

———. (1925/1996). Uma nota sobre o "bloco mágico". *Edição standard brasileira das obras psicológicas completas de Sigmund Freud*, v. XIX. Rio de Janeiro: Imago.

LACAN, J. (1954-19551985). *O seminário, livro 2: o eu na teoria de Freud e na técnica da psicanálise.* Rio de Janeiro: Jorge Zahar Editor.

RIVERA, T. (2012). Prefácio – O sonho e o século. In: Freud, S. *A interpretação dos sonhos*, v. I (1900/2012). Tradução do alemão de Renato Zwick, revisão técnica e prefácio de Tania Rivera (Coleção LP&M Pocket). Porto Alegre: LP&M.

SCHOLEM, G. (2006). *A cabala e seu simbolismo.* São Paulo: Editora Perspectiva.

SOSNOWSKI, S. (1991). *Borges e a cabala.* São Paulo: Editora Perspectiva.

INCIDÊNCIA DO REAL NO CORPO – A ESCRITA AUTOBIOGRÁFICA DE PESSOAS COM SURDEZ

Viviane Espírito Santo dos Santos

Resumo

O presente trabalho visa trazer fragmentos de duas autobiografias onde as autoras apresentam particularidades no corpo. São elas: *Le cri de la mouette* (traduzido ao português como *O voo da gaivota*), de Emmanuelle Laborit, em que a autora é surda, e *A história de minha vida*, de Helen Keller, surdo-cega. Ambas dão indícios da constituição do sujeito a partir das marcas no corpo, trazendo na escrita, que ocorre já na vida adulta, os traços da infância, momentos traumáticos e a lógica particular de funcionamento de cada uma a partir do seu encontro com a incidência do real no corpo.

Palavras-chave: corpo; escrita; objeto *a*; real; surdez.

Résumé

L'incidence du réel dans le corps – l'écriture autobiographique des personnes sourdes

Le présent travail vise à réunir des fragments de deux autobiographies où les auteurs ont particularités dans le corps. Elles sont: *Le cri de la mouette* (traduit en portugais pour *O voo da gaivota*), de Emmanuelle Laborit, dans lequel l'auteur est sourd, et "L'histoire de ma vie" de Helen Keller qui est sourd et aveugle. Tout Les deux auteurs montrent la constitution de le sujet a partir des marques sur le corps, ce qui porte par écrit, ce qui se produit déjà dans la vie adulte, les traces de l'enfance, les moments traumatiques et notamment le fonctionnement de la logique de chacun a partir de se rencontre avec l'incidence du réel dans le corps.

Mots-clés: corps; écrit; objet *a*; réel; surdité.

> *Tudo que o sujeito recebe do Outro pela linguagem diz a experiência comum que ele recebe sob a forma vocal. A experiência de casos que não são tão raros assim, embora sempre se evoquem os casos espetaculares como o de Hellen Keller, mostra que existem outras vias que não as vocais para receber a linguagem. A linguagem não é vocalização. Vejam os surdos.*
>
> Lacan, 1962-1963/2005: 299

Helen Keller e sua escrita. Um contorno pela via do olhar

Esse livro foi escrito já na idade adulta. Helen Keller relembra sua infância e seu encontro com a linguagem. Helen nasceu com os aparelhos de percepção normais. Desenvolveu-se bem até seus dois anos. Já balbuciava algumas palavras, como "água", por exemplo. Mas, com essa idade, adoece do que hoje se conhece como escarlatina.

> Então, no sombrio mês de fevereiro, chegou a doença que fechou meus olhos e ouvidos, mergulhando-me na inconsciência de um bebê recém-nascido. Chamaram-na de congestão aguda do estômago e do cérebro. O médico achou que eu não conseguiria sobreviver. Numa manhã bem cedo, porém, a febre foi embora tão súbita

> e misteriosamente como chegara. Houve uma grande alegria na família naquela manhã, mas ninguém, nem mesmo o médico, sabia que eu jamais enxergaria ou ouviria de novo (Keller, 2008: 7).

Sua doença é incidência do real que a marca em sua mais tenra infância. Devemos pensar que uma criança de dois anos de idade carrega traços já marcados desses meses de vida. Os aparelhos de percepção estavam em desenvolvimento, assim como os registros no corpo, que são da ordem da linguagem, estão em funcionamento através do aparelho psíquico.

Parece que, mesmo tendo seus olhos e ouvidos fechados pelo real do corpo, algo da linguagem já se fazia presente. Para Helen, houve registros, traços da linguagem que marcaram o corpo. Linguagem que se refere à *lalíngua*. Lalíngua é a língua de cada um como resposta à língua em que o sujeito foi falado. Tem relação com o desejo do Outro. Lalíngua remete à lógica na qual um sujeito se insere na linguagem.

Será que os objetos *a* olhar e voz se fazem presentes em um sujeito com olhos que não veem e ouvidos que não ouvem? No fragmento abaixo, Keller traz um ponto interessante referente ao olhar em sua lógica:

> Minha tia me fez uma grande boneca de toalhas. Era a coisa mais cômica e disforme aquela boneca improvisada, sem nariz, boca, orelhas ou olhos – nada que mesmo a imaginação de uma criança não pudesse converter num rosto. De modo bastante curioso, a ausência de olhos me causou mais impressão do que todos os outros defeitos juntos. Destaquei isso para todos com provocante persistência, mas ninguém parecia estar à altura de fornecer olhos à boneca. No entanto, uma ideia brilhante surgiu e o problema foi resolvido. Saí do banco tropeçando e procurei até encontrar a capa de minha tia, enfeitada com grandes contas. Puxei duas contas e indiquei a ela que eu queria que as costurasse na boneca. Ela levou minhas mãos aos seus olhos de um modo interrogador e con-

cordei energicamente com a cabeça. As contas foram costuradas no lugar certo e eu não conseguia conter minha alegria; mas imediatamente perdi todo o interesse na boneca (Keller, 2008: 16-17).

Nessa passagem, percebemos o quanto o olho/olhar é importante para Helen. O interesse na boneca estava nesse olhar sem olho dela. A necessidade de dar olhos à sua boneca de pano mostra seu questionamento em relação ao olhar. A boneca passa a não mais ser interessante para Helen no momento em que ganha olhos.

Aos seis anos, Helen passa a ser educada por Anne Sullivan, através da língua de sinais. A professora soletrava, no alfabeto dos surdos, as palavras na mão de Helen. A partir desse momento, há outra configuração de linguagem para Helen. Houve então três tempos em seus registros de linguagem:

1. olhos e ouvidos registravam traços vistos e ouvidos através dos aparelhos de percepção;
2. seus olhos e ouvidos foram acometidos pela doença e e ela ainda não sabia falar;
3. a entrada na língua falada e escrita a partir do alfabeto manual sentido na ponta de seus dedos.

Parece que esse terceiro tempo enlaça os outros dois anteriores, na medida em que foi nesse momento que Keller pôde sustentar uma fala. É sempre uma lógica muito particular que faz a inserção do sujeito na linguagem. Esse "soletrar" sustentado pelo Outro encarnado na figura de Anne Sullivan possibilita a Helen a fala. Sustentar uma fala é outro tempo de um sujeito na linguagem.

Retornamos aqui à questão do corpo: como resta aí a amarração dos objetos olhar e voz? Com a possibilidade de sustentar um discurso, algo do corpo retorna como estranho para Helen:

"Enquanto voltávamos para casa, cada objeto que eu tocava parecia estremecer de vida, já que eu via tudo com a nova e *estranha* [grifo nosso] visão que chegara a mim" (Keller, 2008: 22). Estranho/familiar, a visão se apresenta como *Unheimliche* a partir da linguagem. Visão que não é do olho, mas do olhar. Algo bordeja o olho e cai um objeto – olhar.

Freud, em seu texto de 1919 "O estranho" (1919/1992: 220), faz uma exposição sobre o estranho/familiar, *unheimlich/heimlich*, a partir da obra de Hoffmann "O homem de areia", na qual o personagem central é Nathaniel, que tem medo do Homem de areia, personagem da fala de sua mãe quando ele ainda era criança. O conto é fábula em que o Homem de areia arranca os olhos das crianças. Nathaniel se apaixona por Olympia, um autômato, uma boneca de madeira com rosto de cera e um olhar morto. É um conto sobre o olhar.

Freud considera esse texto em relação ao "estranho" por ele conter a figura do Homem de areia, a representação de ter os olhos arrancados. Associa a angústia de ter os olhos arrancados à angústia de castração. "Portanto, nos atreveríamos a reconduzir o estranho do Homem de Areia à angústia do complexo infantil de castração" (Freud, 1919/1992: 233).

Outro ponto onde o "estranho" aparece é quando há uma identificação com outra pessoa e o eu se situa, por duplicação, alheio ao sujeito. Quanto a esse duplo, Freud diz que essas representações que aparecem na identificação a outra pessoa nascem no terreno do narcisismo primário. E o sepultamento do duplo não necessariamente ocorre junto com o deste narcisismo inicial. O estranho pode gerar a instância do supereu, contrapondo-se ao eu e desenvolvendo o trabalho de censura psíquica.

> O fato de que exista uma instância assim, que pode tratar o resto do eu como objeto, ou seja, o fato de que o ser humano seja capaz de observação de si possibilita encher a antiga representação do duplo com um novo conteúdo e atribuir a ela diversas

coisas, principalmente tudo aquilo que aparece frente à autocrítica como pertencente ao velho narcisismo da época primordial (Freud, 1919/1992: 235).

O "estranho" aparece quando o sujeito toma seu eu como objeto. O objeto que foi para o Outro é tomado pelo sujeito como alheio a ele, mas é um distanciamento próximo, visto que é do próprio sujeito que se trata, ou seja, de sua posição como objeto que foi para um Outro no narcisismo primário perdido. Freud toma o estranho quando o que ele chama de "duplo" aparece – ao mesmo tempo sujeito e objeto estranho/familiar. Nesse sentido, o sujeito encontra-se em "exclusão interna" a seu objeto: o que o sujeito foi para o Outro, que constitui sua posição de objeto, é destacado dele ao mesmo tempo que sua posição de sujeito aparece. Esse corte instaura sujeito e objeto com uma hiância entre eles: $\$ \lozenge a$, o fantasma se instaura e mantém sujeito e objeto separados por uma "exclusão interna".

O que retorna para o sujeito em nível do "estranho" mostra como sujeito e objeto não apresentam nem conjunção nem disjunção. É algo estranhamente familiar, que aponta para a dupla posição sujeito e objeto. O sujeito está em exclusão interna ao objeto, posição do duplo que aparece estranho/familiar, excluído/interno.

A estranha visão que se coloca para Keller, visão do olhar e não do olho, aponta para sua posição de sujeito em conjunção/disjunção ao objeto. Esse estranho/familiar do olhar só pôde surgir a partir da sustentação de um discurso, a partir de uma posição de sujeito que faz cair o objeto olhar.

Emmanuelle Laborit – "o grito da gaivota" e o objeto voz

Emmanuelle nasceu surda; é atriz e diretora do Teatro Visual Internacional. Seu livro autobiográfico, *O grito da gaivota*

– traduzido para o português com o título *O voo da gaivota* –, traz suas lembranças de infância, adolescência e início da idade adulta. Ela entra no discurso a partir do aprendizado da língua de sinais, introduzida por seu pai. Trazemos aqui alguns recortes de sua escrita para pontuar sobre a constituição do sujeito com uma particularidade no corpo.

> Primeira lembrança? Não há nem primeira nem última lembrança de infância na minha desordem comigo mesma. Há sensações. Dois olhos e o corpo para registrar a sensação (Laborit, 1993: 28).

Não há como localizar as lembranças de infância no tempo. Há um corpo que registra sensações. E o que faz as sensações se registrarem? Registro é da ordem da linguagem. Trata-se do aparelho psíquico.

Consideramos que "O inconsciente é estruturado como uma linguagem". E linguagem nada tem a ver com a comunicação ou com a linguística, é uma linguagem que se refere à *lalíngua*. "A linguagem, sem dúvida, é feita de *lalíngua*, é uma elucubração de saber sobre a própria *lalíngua*" (Lacan, 1972-1973/2010: 267).

Falar de *lalíngua* é falar do que afeta um sujeito, que emerge como efeito. "Se eu disse que a linguagem é aquilo como o que o inconsciente é estruturado, é exatamente porque a linguagem não existe. A linguagem é o que se tenta saber com relação à função de *lalíngua*" (Lacan, 1972-1973/2010: 267).

O termo *lalíngua* comporta algumas possibilidades de sentido. Uma delas se relaciona com o termo lalação, cuja ação, do latim *lallare*, significa cantar para ninar as crianças. Tem a ver com a musicalidade, o canto e a voz. Articula-se ao desejo do Outro e possibilita a constituição do sujeito, assim como a circunscrição de um corpo pela via da linguagem. A constituição do sujeito passa pelo desejo do Outro e faz ecoar sons nos orifícios do corpo. Podemos pensar que algo da ordem da lalação também se apresenta em pessoas surdas. Vejamos mais um trecho do livro de Emmanuelle Laborit:

> Eu me lembro do ventre. Minha mãe está grávida de minha irmã menor, eu sinto as vibrações muito fortes. Eu sinto que há alguma coisa. O rosto enterrado na barriga de minha mãe, "eu ouço" a vida. Eu não posso imaginar que há um bebê na barriga de mamãe. Para mim, é impossível. Eu vejo uma pessoa, e há uma segunda pessoa dentro dela? Eu digo que isso não é verdade. Isso é uma piada. Mas eu amo o ventre de minha mãe e o ruído da vida dentro dele. Também gosto da barriga de meu pai, à noite, quando ele conversa com amigos e com minha mãe. Eu estou cansada, deito-me ao lado dele, a cabeça na sua barriga e sinto sua voz. Sua voz passa por sua barriga e eu sinto as vibrações. Isso me acalma, me tranquiliza, é como uma canção de ninar, eu caio no sono com suas vibrações como uma cantiga na minha cabeça (Laborit, 1993: 28).

Não seria essa ressonância, essa vibração à qual Emmanuelle se refere, da ordem de *lalíngua*? Uma voz que ressoa no corpo? *Lalíngua* é a língua de cada um como resposta à língua em que o sujeito foi falado. Ela não remete ao sentido das palavras, mas às suas modulações, suas vibrações, sua lógica. Tem relação com a voz, na medida em que esta, como objeto *a*, indica o desejo do Outro. *Lalíngua* marca o corpo e possibilita a assunção de um sujeito.

Em sua origem, *lalíngua* cai do Outro, mas não do Outro organizado como sistema linguístico. Ela advém do Outro desorganizado, desconhecido, como efeito das ressonâncias que provoca no corpo. A fala não se origina do sistema estruturado como uma linguagem, nem deriva da busca da comunicação. Como uma montagem ela se dá a partir de peças soltas e heteróclitas. Serão os usos dessa montagem, no discurso, que permitirão a construção do Outro como um sistema (Caldas, 2007: 54).

Nesse sentido, o corpo é um eu-superfície afetado por *lalíngua*. A voz vibra no corpo, faz corpo. E essa vibração não se refere somente ao "aparelho auditivo". A constituição do corpo tem a ver com os registros, com a linguagem, com o aparelho psíquico. Trata-se de ouvir o que ressoa do vazio do Outro, vibração que marca o corpo – voz.

O que se ouve implica o Outro, implica a linguagem. É necessário o Outro, que abre a possibilidade de um sujeito se constituir. *Lalíngua* se apresenta mesmo em um aparelho auditivo "deficiente", como é o caso de uma pessoa surda.

Retomemos o escrito de Laborit. Essa passagem refere-se a sua linguagem com sua mãe:

> A maneira como nos comunicamos foi animal, instintiva, eu chamei-a "umbilical". Eram coisas simples, como comer, beber, dormir. [...] Havia outros sinais que foram completamente inventados (Laborit, 1993: 17).

Signos completamente inventados que possibilitam a Emanuelle se "comunicar" com sua mãe. Há aí campo do Outro, linguagem. Esses signos inventados apontam para o desejo do Outro e para a linguagem. Não sem razão Emannuelle chama essa linguagem de "umbilical". Umbigo que mostra a não separação do sujeito ao Outro – tempo da alienação que insere um sujeito na linguagem.

Os sinais completamente inventados que fazem a sustentação de sua linguagem "umbilical" com a mãe sustentam a lógica pela qual ela opera. Mas a construção social que a língua comporta, que visa a "comunicação", se inscreve em um tempo posterior, assim como a leitura e a escrita. É necessário haver *lalíngua* para posteriormente um sujeito se inscrever na língua corrente, usar o código, fazer laço social.

A língua de sinais parece, no caso de Emmanuelle Laborit, ter sido introduzida pelo pai.

> Meu pai ouviu algo no rádio. [...] Naquele dia, na cultura francesa, disse papai, este é um homem surdo que fala!
> Meu pai explicou a minha mãe que este homem, ator e diretor, Alfredo Conrado, fala silenciosamente a língua de sinais. Esta é uma língua diferente, falada no espaço, com as mãos, expressões faciais e corporais! [...] Alegria, porque em Vincennes, perto de Paris, se encontra, com certeza, uma solução para mim! Ele quer me levar. Ele também sofre por não ser capaz de falar comigo, ele está pronto para tentar.
> Mamãe diz que ela não o acompanhará. Ela tem medo de ser perturbada, talvez de se decepcionar muito. [...] nós temos, eu e ela, nosso sistema de comunicação complicado, que eu chamo de "umbilical". Estamos acostumadas. Meu pai não fez nada. Ele sabe que eu precisava me comunicar com os outros, que eu realmente queria, o tempo todo. Esta possibilidade cai do céu pelo entusiasmo de rádio.
> Eu acho que esta é a primeira vez que ele realmente aceita a minha surdez, me oferecendo este dom inestimável. E oferecendo-o a si mesmo, porque ele queria desesperadamente entrar em contato comigo (Laborit, 1993: 48-50).

Opera-se um corte na relação dual mãe-criança com a introdução da língua de sinais pela via do pai. Tem-se aqui o movimento da separação. Só podemos falar desse segundo momento referente ao tempo da separação por haver alienação. Por haver *lalíngua*, é possível a estruturação psíquica *a posteriori*.

Percebemos o necessário para a constituição de um sujeito e suas marcas no corpo: a linguagem. Seja no caso de Keller, em que uma doença a priva de ver e ouvir, seja no caso de Laborit, que já nasce surda, o necessário para a constituição do sujeito é a linguagem. Keller nos mostra como o objeto olhar é mais impregnante para ela através das passagens escritas em sua autobiografia. Já Laborit dá indícios do objeto voz como importante para ela.

O objeto *a* cai da operação significante. Passa pelas bordas do corpo e a lógica pela qual um sujeito virá a se constituir e articular seu sintoma é muito singular. Poderíamos pensar que um sujeito privado de ver não articularia um objeto pela via do olhar, mas isso pode acontecer. Da mesma maneira que um sujeito privado da audição pode deixar cair seu objeto pela via da voz. Objeto olhar se relaciona com o desejo ao Outro e objeto voz, com o desejo do Outro. Os objetos sustentam uma lógica de funcionamento singular de um sujeito, articulam-se ao desejo e ao Outro. Esse caminho percorrido nos textos autobiográficos nos permite apontar traços da constituição do sujeito a partir de um tempo *a posteriori* em que um sujeito já sustenta seu discurso.

Referências bibliográficas

CALDAS, H. (2007). *Da voz à escrita. Clínica psicanalítica e literatura.* Rio de Janeiro: Contra Capa.

CUNHA, A. F. da; COSTA, M. A. & MARTELOTTA, M. E. (2009). Linguística. In: MARTELOTTA, M. E. (Org.). *Manual de Linguística* (pp. 15-30). São Paulo: Contexto.

FREUD, S. (1896/1992). Carta 52 (6 de diciembre de 1896). *Obras completas*, v. I. Buenos Aires: Amorrortu.

———. (1919/1992). Lo ominoso. *Obras completas*, v. XVII. Buenos Aires: Amorrortu.

———. (1923/1992). El yo y el ello. *Obras completas*, v. XIX. Buenos Aires: Amorrortu.

KELLER, H. (2008). *A história de minha vida.* Rio de Janeiro: José Olympio.

LABORIT, E. (1993). *Le cri de la mouette.* Paris: Robert Laffont.

LACAN, J. (1962-19632005). *O seminário, livro 10: a angústia.* Rio de Janeiro: Jorge Zahar.

———. (1964/1998). *O seminário, livro 11: os quatro conceitos fundamentais da* psicanálise. Rio de Janeiro: Jorge Zahar.

———. (1972-1973/2010). *Encore.* Publicação para circulação interna. Rio de Janeiro: Escola Letra Freudiana.

———. (1974). *A terceira.* Versão de circulação interna da Escola Letra Freudiana. Tradução: Analúcia Teixeira Ribeiro.

Parte III

Escrita e inscrição

REFLEXÕES SOBRE OS DISTÚRBIOS DISMORFOFÓBICOS NA ADOLESCÊNCIA

Eric Bidaud

Resumo

O que vamos privilegiar no acontecimento dismorfofóbico do corpo adolescente é a dimensão de crise da relação com o olhar. Sob esse ângulo, os fenômenos dismorfofóbicos do adolescente poderiam constituir um eixo particular que permitiria situar uma clínica da vergonha. Comuns na adolescência, esses fenômenos interessam aos dois sexos e classicamente são definidos como dependentes das transformações pubertárias e do processo de sexuação. Gostaríamos de mostrar que, diante desse sentimento difuso e dificilmente nomeável, o sujeito adolescente terá que inventar para si um dispositivo estético, um espaço de criação que encontre matéria sobre o corpo próprio a fim de abandonar a dimensão aniquiladora do olhar. Assim, defendemos a ideia de que a experiência fóbica do adolescente como "acontecimento do corpo" é o próprio lugar da reconstrução do espaço da fantasia que possibilita o posicionamento sexuado psíquico. Por isso, toda uma problemática do velamento situará o adolescente naquilo que podemos nomear sua "re-rostificação" necessária como resposta a seu questionamento no campo da troca de olhares. Essa ideia de construção do rosto na adolescência pode ser entendida como o espaço onde ocorre e se assume a revisita do estádio do espelho, em particular do lado do olhar e de sua apropriação, o que permite instalar novas montagens entre o sujeito e o objeto a fim de construir uma relação genitalizada com o outro scxo. O corpo se constrói então como olhável na medida em que adquire um rosto para o Outro, um rosto-homem ou um rosto-mulher, inscrevendo-se e identificando-se com o registro da sexuação. Logo, diremos que fenômenos fóbicos e formações estéticas formam os dois polos estruturais do processo de sexuação.

Palavras-chave: adolescência; dismorfofobia; rosto; sexuação; vergonha; estética.

Résumé

Réflexions sur dysmorphophobiques troubles à l'adolescence

Ce que nous privilégierons dans l'événement dysmorphophobique du corps adolescent est la dimension de crise du rapport au regard. Sous cet angle les phénomènes dysmorphophobiques de l'adolescent pourraient constituer un axe particulier permettant de situer une clinique de la honte. Ces phénomènes courants à l'adolescence intéressent les deux sexes et sont classiquement définis comme dépendants des transformations pubertaires et du processus de sexuation. Nous voudrions montrer que face à ce sentiment diffus et difficilement nommable le sujet adolescent va devoir s'inventer un dispositif esthétique, un espace de création qui trouve matière sur le corps propre afin de se départir de la dimension anéantissante du regard.

Nous défendons ainsi l'idée que l'épreuve phobique de l'adolescent comme "événement du corps" est le lieu même de la reconstruction de l'espace du fantasme qui rend possible le positionnement sexué psychique. Aussi toute une problématique du voilement situera l'adolescent vers ce que nous pouvons nommer sa "revisagéification" nécessaire comme réponse à son questionnement dans le champ de l'échange des regards. Cette idée de construction du visage à l'adolescence peut être comprise comme cet espace où se joue et s'assume la revisite du stade du miroir, en particulier du côté du regard et de son appropriation, permettant de mettre en place les nouveaux montages entre le sujet et l'objet pour construire une relation génitalisée à l'autre sexe. Le corps se construit alors comme regardable dans la mesure où il acquiert un visage pour l'Autre, un visage-homme ou un visage-femme, s'inscrivant et s'identifiant au registre de la sexuation. Nous dirons donc que phénomènes phobiques et formations esthétiques forment les deux pôles structurels du processus de sexuation.

Mots-clés: adolescence; dysmorphophobie; visage; sexuation; honte; esthétique.

A história do termo e do estatuto psicopatológico da dismorfofobia mostra incessantes deslocamentos ao dificultar uma unidade de sentido. Alguns autores puderam associar as dismorfofobias à problemática da psicose e às ideias delirantes (Schachter, 1971, Koupernik, 1962), outros puderam descrever seu pedestal paranoico (Thoret, 2003, Mirabel, 1992). J. de Ajuriaguerra (1980), D. Marcelli e A. Braconnier (2000) as aproximaram da neurose obsessiva e da categoria "floue" das ideias obsedantes. P. Jeammet (2004) as liga aos estados depressivos. A. Birraux (1994) desenvolveu sua pesquisa no sentido de uma problemática fetichista dessa categoria de sintomas. Por outro lado, o próprio termo dismorfofobia, que se manteve na literatura apesar de algumas tentativas de mudança, pode trazer problema uma vez que não decorre da economia habitualmente descrita do campo das fobias, que supõe um plano de projeção no exterior do objeto de angústia permitindo assim condutas de fuga e de evitação. Aqui, o objeto de angústia se situa no corpo próprio, num traçado do corpo que delimita um "sítio estranho" ao próprio sujeito, que, de certo modo, é exilado de uma parte de si mesmo. Assim, como formula A. Birraux, para quem as dismorfofobias entram na categoria das fobias do limite, fobias do corpo ou de uma parte do corpo: “Aqui, mundo interno e mundo externo se confundem na espessura do corpo e apresentam uma diferenciação incerta, com frequência pontual, do espaço psíquico” (Birraux, 1994: 119).

O que vamos privilegiar no acontecimento dismorfofóbico do corpo adolescente é a dimensão de crise da relação com o olhar. O sítio fóbico do corpo deposita o olhar em sua borda, quando o próprio sujeito não se olha mais ou se olha demais até odiar uma parte de seu corpo vivido como vergonha do corpo. A dismorfofobia explica essa crise do corpo numa relação com o olhar que se impõe num acontecimento de colocação em abismo [*mise en abîme*] da vergonha, da derrelição de uma parte do corpo que assumirá valor de cavidade a ser recoberta.

Adolescência e dismorfofobia

Os fenômenos dismorfofóbicos do adolescente poderiam constituir um eixo particular que permitiria situar uma clínica da vergonha. Comuns na adolescência, esses fenômenos interessam aos dois sexos e classicamente são definidos como dependentes das transformações pubertárias e do processo de sexuação. Embora possam dizer respeito a todas as partes do corpo mais interessadas por essas transformações (pilosidades, peito), devemos reconhecer que o rosto constitui a sede das preocupações mais importantes. Eles traduzem a obsessão do sujeito quanto às transformações do corpo que supostamente caíram sob o olhar do outro (e podemos dizer decair no campo do olhar). Vamos dizer que o corpo adolescente se experimenta num sentimento difuso de des-figuração. Ele é o objeto insistente do olhar do sujeito numa “contemplação” ansiosa. O que ele vê em si mesmo é a feiura, a deformidade, mas na medida em que esse olhar também é aquele do outro que traduz uma certa comunhão dos olhares. A vergonha do corpo se sustenta, no espaço do sujeito ao outro, por um olhar que une as duas partes, um único olhar para dois. O que condiciona uma certa queda do sujeito nesse fenômeno de vergonha do corpo próprio é que o olhar (objeto *a* na álgebra lacaniana) acaba por ocupar um lugar, um único como um ponto de verdade, a partir do qual ele se sabe olhado. Lacan mostrou bem que o sujeito só se mantém na medida em que o objeto *a*, aqui o olhar, não está em algum lugar, que estamos na ignorância ou na dúvida de seu lugar, em outras palavras, que não sabemos de onde somos olhados. O sintoma dismorfofóbico dá precisamente testemunho de um olhar que vejo do outro e que aponta uma parte do corpo que se dissolve na vergonha. O Eu [*Je*] quer roubar do olhar do outro aquele lugar sentido como vergonhoso, mas essa vergonha não cessa de fascinar esse olhar. É uma parte do corpo que se oferece numa persistente e obscena nudez. O real do corpo é o que sempre volta ao mesmo lugar. É assim o que não pode entrar em nenhuma transação, em nenhuma troca. O corpo está numa compacidade que não abre espaço algum de desdobramento da fantasia. O que colocaremos é que esse real do corpo fixa um ponto que se absorve pelo menos em sua formulação fóbica e nas criações estéticas de recobrimento.

Surgindo como acontecimento do corpo, a fobia assinala toda situação de passagem como solução à irrupção do real sexual.

Essa porção do corpo fóbico é como que posta a descoberto, "obscenizada", saída da cena da fantasia. A crise do corpo é testemunha de uma queda parcial da dimensão imaginária, vacância da função especular que faz vacilar o sujeito diante do olhar do outro.

Em oposição à culpa, que é de ordem objetal, a vergonha é uma emoção fundamentalmente narcísica, isto é, ela compromete o próprio ser num sentimento invasor de desabamento ou de queda subjetiva. Dessa vergonha do corpo, indignidade de sua imagem, o sujeito não faz um discurso. Ele quer calá-la e não a constitui como queixa mas como o terreno movediço de uma depressividade muda. Há vergonha da vergonha num prosseguimento quase em abismo de um ponto de fuga que a coloca em relevo. Nessa experiência da vergonha está em jogo uma angústia que isola e que comporta um risco de aniquilação. Queremos mostrar que, diante desse sentimento difuso e dificilmente nomeável, o sujeito adolescente terá que inventar para si um dispositivo estético, um espaço de criação que encontre matéria no corpo próprio a fim de abandonar a dimensão aniquiladora do olhar. Esse dispositivo estético como cosmética do corpo, véu do corpo, vai tornar possível uma nova disposição dos olhares fazendo "estourar" esse ponto fixo do olhar. Partimos daquilo que estabelecemos em nosso trabalho sobre o rosto (Bidaud, 2009) como processo tornado possível pelo estádio do espelho: a relação com o rosto próprio e com aquele do outro procede do fato que os olhares não podem se encontrar. O rosto só se constitui como organização do espaço do visível e da relação com o outro na medida em que ele procede da descontinuidade dos olhares, de uma distância separadora que marca o impossível da complementaridade dos olhares. É do impossível encontro dos olhares que procede a instalação dos rostos como um acordo incerto de encontro. O rosto regra a relação possível com todo olhar em/do outro. O olhar só pode encontrar seu lugar na captura significante que o rosto constitui. Como só a relação com o rosto permite sustentar o olhar, admitiremos que o rosto é um espaço construído por onde se arranja o impossível encontro dos olhares. Como efeito e trabalho pubertário da nova ocorrência do estádio do espelho, o sintoma dismorfofóbico dá testemunho de uma crise do rosto [*visage*] do corpo, da expressão localizada de um des-rosto [*visage*] do corpo. O sítio fóbico do corpo é um lugar "des-rosteado", um lugar que escapa à organização "rosteada" de toda relação com o Outro, uma vez que é apontado, obcecado por um olhar que parece surgir do espaço do entre-dois sujeitos.

> A partir do momento em que o objeto *a* emerge, sujeito não há mais: ele é soprado; acontece, assim, uma queda da dimensão do imaginário, já que essa dimensão só se mantém na medida em que a janela da fantasia permanece puxada, que seu quadro permanece de pé (Melman, 1989: 107).

É a dissolução da fantasia que acompanha essa presentificação do olhar no entre-dois sujeitos. Essa parte do corpo, não designada ao olhar do outro, mas possuída pelo olhar, de repente é retirada do jogo da fantasia, ela se torna um real, uma cavidade do corpo inocupável. Toda operação de velamento e de colocação em perspectiva estética do corpo visa tornar imaginável [*envisageable*] a relação sexuada com o Outro ao produzir uma ocultação do olhar como condição do relançamento do quadro da fantasia.

Dismorfofobia e processo de sexuação

Os temores dismorfofóbicos remetem às apreensões daquilo que uma posição sexuada do lado feminino ou masculino pode evocar de um comprometimento impossível de ser mantido perante olhos alheios. É a partir de uma convicção de conter numa cavidade imaginária do corpo uma negatividade vergonhosa que o adolescente ou a adolescente se sente excluído(a) do jogo social e de todo registro da sedução e se faz um refúgio dessa condição de proscrito ao se colocar em vacância da prova de sexuação. Ouvimos no discurso de um adolescente isto: não tenho o que faz a normalidade sexuada do corpo dos outros. O que são os sinais da sexuação, o peito, os quadris, as formas para uma jovem, ou o torso, os ombros, a voz para o rapaz, tudo isso é sentido como “não sendo” ou insuficiente ali. É sobre o fundo da ausência que esses objetos em negativo vão ocupar um lugar singular, um não-lugar paradoxal de ser aquilo com o que o sujeito reconhece não uma falta, mas uma cavidade do corpo como o lugar vazio de um quebra-cabeças que designa o contorno da peça que virá preenchê-lo. Por isso, tal peça de roupa, tal objcto clcito colado ao corpo assumem estatuto provisório de ser uma rolha sobre um vazio a ser recoberto. Em outras palavras, esses objetos ou contornos fóbicos do corpo presentificam a ausência e a máscara, ao mesmo tempo manifestando a continuidade com frequência ressaltada entre objeto contrafóbico e objeto fetiche.

Mas trata-se, sobretudo, de uma posição em espera, de uma parada sobre imagem mais que contemplação, relação congelada ao quadro de um vazio. Por isso aderimos à hipótese defendida por L. Goldszaub e S. Dupont (2006) de colocação em suspenso da identidade sexuada, colocação em suspenso da relação sexual com o outro sustentada pelo acontecimento dismorfofóbico. Essa parada sobre imagem num sítio do corpo constituirá o plano de uma criação, de uma escrita do corpo na medida em que ele será o quadro de uma disposição de traços, de *griffe* e de marcas, de um dispositivo de ressignificação do corpo. Assim, defendemos a ideia de que a experiência fóbica do adolescente como "acontecimento do corpo" é o próprio lugar da reconstrução do espaço da fantasia que torna possível o posicionamento sexuado psíquico. É num certo trabalho sobre o corpo que o sujeito se assumirá como olhando e olhado, amante e amável. Designamos aqui a passagem do objeto contrafóbico em sua função de escoramento do eu [*moi*] aos objetos estéticos de velamento para cada sujeito como o percurso original do processo da sexuação ligado ao pubertário.

Adolescência e processo de "rostificação"

A adolescência, na medida em que marca uma retomada do estádio do espelho (Rassial, 1999), isto é, uma "nova ocorrência" da troca dos olhares, leva o sujeito a se colocar (a encontrar sua pose) em sua relação com sua imagem própria e com a imagem do Outro. A adolescência é esse momento em que, no só-depois do estádio do espelho, o sujeito vai dever se reapropriar de uma imagem do corpo transformada, e isto sob o olhar do Outro. Queremos dizer que o sujeito não pode, portanto, evitar a questão do "olhável" e da estética desse "olhável": o que sou, pode ele pensar, sob o olhar do Outro, e o que é ele, esse Outro, sob meu olhar? Um objeto atraente, um objeto de desejo, ou ao inverso um objeto sem atração puxando para o lado do risível, do vergonhoso e, mais ainda, da feiura?

Por isso, toda uma problemática do velamento situará o adolescente naquilo que podemos nomear sua "re-rostificação" necessária como resposta a seu questionamento no campo da troca dos olhares. O velamento do adolescente ou processo estético de resolução inclui tanto a importância que este dá à roupa como paramento ou parada como a preocupação da estética do corpo, da arte do penteado à maquilagem, chegando até à inscrição e à ornamentação sobre o corpo próprio: tatuagem e *piercing*. A moda e o estilo do adolescente jogam com uma divisão entre o bom e o mau gosto, a ordem e a desordem, o belo e o feio. Correm à frente do olhar para captá-lo, provocá-lo, questioná-lo. É, enfim, o corpo inteiro em sua relação com o espaço que faz jogo do gesto e do movimento a ser inventado: a dança, o andar, o ritmo que traduzem a coreografia do corpo em busca de uma nova visibilidade no campo do Outro.

O que entendemos sob a noção de "rostificação" do sujeito designa esse jogo de descobrimento-recobrimento do corpo próprio como necessária mediação no encontro dos olhares. Com efeito, a adolescência implica um encontro e uma invenção do Outro como alteridade verdadeira, sujeito e objeto do desejo, encontro que especificamos como encontro dos olhares. Por isso, por invenção do Outro indicamos aquilo pelo que o Outro é encontrado-reencontrado, aquilo pelo que se opera uma "re-

-rostificação" do corpo do Outro, isto é, seu velamento. Essa ideia de construção do rosto na adolescência pode ser compreendida como esse espaço onde se joga e se assume a nova visita do estádio do espelho, em particular do lado do olhar e de sua apropriação, permitindo instalar novas montagens entre o sujeito e o objeto para construir uma relação genitalizada com o outro sexo. Pelo velamento, no sentido que damos a esse termo, o corpo ganha rosto, ele se *rostifica* [*s'envisage*] em sua relação com o Outro, ele se constrói como olhável e se inventa como desejável. Essa parte do corpo que tal sujeito olha como detestável e vergonhoso vai se tornar paradoxalmente, na construção estética do velamento, um lugar designado ao olhar do outro. Ele vai apelar e tornar-se uma questão da relação sexuada; assim, o próprio terreno da vergonha do corpo vai se tornar uma questão de erotização, uma via nova de invocação do Outro. Por isso, a lógica fóbica em sua relação com o corpo é designar um lugar que, na própria vergonha que o aprisiona, vai ser um ponto de captação mas também de interrogação do olhar. Esse ponto fóbico do corpo se caracteriza por sua divisão de ser a um só tempo exibido e falicizado e, no mesmo tempo, velado e rejeitado.

> O adolescente esconde essas partes de seu corpo como horrores, mas também como sinais de riquezas, como tesouros fortemente erotizados. Acontece até de essa função de véu ser colocada em abismo por certos adolescentes que procuram esconder que escondem os corpos... Evidentemente, nesse jogo de véus e velamentos, entrelaçam-se desejo de mascarar ao olhar dos outros, mas também de sugerir, de mostrar, de provocar, de suscitar... (Dupont & Goldszaub, 2006: 310).

Aparece nesse jogo de "vestidura" e de parada aquilo que especifica a singularidade do que devemos entender sob a noção de transação fetichista. A estratégia fetichista, analisada por numerosos autores, é um efeito que, na clínica do adolescente, não deve ser referido a um pendor patológico e a uma organização fetichista verdadeira.

A ocorrência de uma relação fetíchica com o corpo manifesta um tempo transitório de pose e de recuo transitório diante da estranheza do acontecimento pubertário, o que Gutton (1983) pensou sob a noção de "transação fetíchica". Se, entretanto, a estratégia fetíchica é um tempo de espera, uma "suspensão" do processo de sexuação, ela contém uma dinâmica essencial de criação e invenção que decidirá a instalação das novas montagens entre o sujeito e o objeto para construir uma relação genitalizada com o outro do Outro sexo.

> Com efeito, o objeto fetiche torna-se um símbolo que permite ao adolescente veicular um sentido que ele propõe aos outros. Ele é para o sujeito um sinal enviado a outrem. Ele é uma garantia daquilo que o sujeito propõe. Ele é a linguagem que vai permitir ao sujeito adolescente inscrever-se, a partir do reconhecimento de certos sinais, num novo estatuto sexual (Bourcet & Tyrode, 2004: 57).

O que descrevemos é esse laço de continuidade e o trabalho no próprio seio desse laço entre o sítio fóbico do corpo, os mecanismos fetíchicos associados e aquilo que nomeamos as formações estéticas de resolução.

Assim, o corpo se constrói como olhável na medida em que adquire um rosto para o Outro, um rosto-homem ou um rosto-mulher, inscrevendo-se e identificando-se com o registro da sexuação. É o corpo inteiro que é recolhido como rosto nos traços imaginários do contorno da apreensão fóbica do jovem adulto.

Diremos, portanto, que fenômenos fóbicos e formações estéticas formam os dois polos estruturais do processo de sexuação. Se a fixação fóbica num ponto do corpo constitui uma "parada sobre imagem", uma "suspensão" do processo, as formações estéticas abrem um espaço de criação identitária que torna possível o encontro dos olhares.

A preocupação adolescente com o belo em sua relação com o rosto-corpo marca a necessidade de dar limite a esse "esvaziamento" do corpo implicado pelo acontecimento fóbico. Ela remete à ideia de barreira diante do surgimento do real pubertário. Lembraremos que Lacan propunha que o fato estético é aquilo que retém contra o fluxo destruidor do gozo:

> A verdadeira barreira que para diante do campo inominável do desejo radical, na medida em que ele é o campo da destruição absoluta, da destruição para além da putrefação, é propriamente falando o fenômeno estético, uma vez que é identificável à experiência do belo, o belo em sua irradiação brilhante, esse belo do qual dizemos que é o esplendor do verdadeiro. É evidentemente porque o verdadeiro não é muito bonito de ver, que o belo é, senão o esplendor, pelo menos a cobertura (Lacan, 1959-1960/1986: 256).

Para conceber o ideal do belo em seu laço com o rosto, temos de pensá-lo como uma cobertura, um pudor sobre um aquém destruidor.

A escrita do corpo

Propomos dar aqui à noção de escrita de corpo uma extensão particular, aquém, diremos, das diferentes formas de inscrições gráficas, para privilegiar o registro do "descobrimento--recobrimento" do corpo próprio e os efeitos de rastros. Assim, designamos, sob a noção de escrita de corpo, todo movimento de "traçagem" pelo qual o corpo é delimitado pelo próprio sujeito que se designa e se representa no campo do Outro. Do corpo o sujeito faz, por exemplo, o contorno pelas descobertas de seus investimentos vestimentares; ele pode igualmente "apontar" um lugar do corpo, inscrevê-lo com um selo privado pela inscrição da tatuagem, até rasurá-lo nos cortes das escarificações.

Seria levantar a hipótese e explorar a escrituralidade do corpo não mais como um objeto exterior ao texto mas como um de seus constituintes. Todo um conjunto de processos próprio ao tempo pubertário produz uma verdadeira forma linguageira, textual e semiótica dos corpos que alguns pesquisadores do campo literário e da linguística designaram sob o termo *corpografese* (Paveau & Zoberman, 2008). Esse termo remete tanto às significações posturais e gestuais quanto à constituição literária, pictural, cênica de corpos significantes.

> Com efeito, toda uma série de situações e procedimentos institucionalizados de modo mais ou menos claro favorece marcações corporais que são da ordem da corpografese: militarização do corpo por treinamentos e exercícios, inscrição da religião pela ascese que esculpe o corpo como o exercício espiritual forma o pensamento (processo eventualmente acabado pela adoção de uma maneira específica de vestir-se), modificações corporais voluntárias por adoção do sistema da moda (vestimenta, penteado, andar, talvez até emagrecimento e modificações cirúrgicas) (Paveau & Zoberman, 2008: 9).

Assim, convém fazer funcionar juntos dois registros: o do velamento e o da escrita do corpo. As tatuagens, por exemplo, inscrevem no corpo um sítio a ser recoberto, uma localidade "erógena" se podemos dizer, que joga com o mostrado e o escondido e provocante do olhar, logo, um ato de ver, ao mesmo tempo que suscitam um ato de leitura e, portanto, um ato de saber. Velamento e escrita enodam as duas dimensões do desejo e do interdito: ver e saber.

Referências bibliográficas

AJURIAGUERRA, J. de. (1980). La dysmorphesthésie. In: AJURIAGUERRA, J. de. *Manuel de psychiatrie de l'enfant.* 2è éd. (pp. 400-403). Paris: Masson.

BIDAUD, E. & OUVRY, O. (2007). Adolescence, vêtement et visagéification. *Adolescence, 25*, 3, 645-656.

BIDAUD, E. (2009). Approche psychanalytique du visage. In: MASSON, C. & WOLKOWICZ, M. G. *Panim/Pnim. L'exil prend-il au visage?* (pp. 105-110). Sèvres: Editions EDK.

BIRRAUX, A. (1994). *L'adolescent face à son corps*. Paris: Bayard Editions.

———. (1995). *Les phobies. Que sais-je?* Paris: PUF.

BOURCET, S. & TYRODE, Y. (2004). Les stratégies fétichiques. In: GUTTON, P. & BOURCET, S. *La naissance pubertaire* (pp. 37-60). Paris: Dunod.

GOLDSZTAUB, L. & DUPONT, S. (2006). Lucia et ses mains "masculines": de la dysmorphophobie adolescente au suspens de la sexuation. *Neuropsychiatrie de l'enfance et de l'adolescence, 54*, 304-314.

GUTTON, P. (1983). Transaction fétichique à l'adolescence. *Adolescence, 1*(1), 107-125.

JEAMMET, P. (2004). La dépression chez l'adolescent. In: LEBOVICI, S.; DIATKINE, R. & SOULE, M. *Nouveau traité de psychiatrie de l'enfant et de l'adolescent. 2é éd. Quadrige* (pp. 1477-1500. Tome II). Paris: PUF.

KOUPERNIK, C. (1962). La psychose de laideur ou dysmorphophobie. *Ent. Bichat, Médecine, Expansion Scientifique Française*, 321-326.

LACAN, J. (1959/1960/1986). *Le séminaire. Livre VII. L'éthique de la psychanalyse*. Paris: Edit. du Seuil.

MARCELLI, D. & BRACONNIER, A. (2000). *Adolescence et psychopathologie* (5e éd.). Paris: Masson.

MELMAN, C. (1989). Le nouage boroméen dans la phobie. In: *La phobie* (pp. 103-114). Paris: Bibliothèque du trimestre psychanalytique (Publication de l'Association freudienne).

MIRABEL, V. (1992). Les dysmorphophobies. *Gaz-Med, 99*(5), 39-43.

PAVEAU, M.-A & ZOBERMAN, P. (2008). Corpographèses ou comment on/s'écrit le corps. In: PAVEAU, M. A. & ZOBERMAN, P. *Corpographèses. Corps écrits, corps inscrits* (pp. 7-19). Paris: L'Harmattan.

RASSIAL, J.-J. (1999). *O adolescente e o psicanalista.* Rio de Janeiro: Companhia de Freud.

SCHACHTER, M. (1971). Névroses dysmorphiques (complexe de laideur) et délire ou conviction délirante de dysmorphie. A propos des soi-disant "dysmorphophobies" de l'adolescent et du jeune adulte. *Ann. Méd. Psychol.*, *1*(5), 723-746.

THORET, Y. (2003). La dysmorphophobie, comment s'approcher de la beauté? *Evolution psychiatrique*, *68*, 649-657.

ZOOTECNIAS CORPÓREAS: CONTRA-ARQUITETURAS

Ana Luiza Andrade

Resumo

Leituras kafkianas de Benjamin, Blanchot e Deleuze: o corpo –animal e o corpo-arquivo, o corpo como esquecimento e lembrança, como ausência no trabalho de memória (Freud) na linguagem da ruína. Corpos, casulos e casas: da arquitetura utópica das passagens (sonho) à zootecnia de insetos na contra-arquitetura (escavações) das cidades em escritores "tugures" como Antonio Jose Ponte, em suas metamorfoses e des-obramentos.

Palavras-chave: corpo; Benjamin; contra-arquitetura.

Résumé

ZOOTECHNIES DU CORPS: CONTRE-ARCHITECTURES

Les lectures kafkaïennes de Benjamin, Blanchot, Deleuze: le corps – animal et le corps-archive, le corps comme oublie et souvenir, comme absence au travail de la mémoire (Freud) à la langue de la ruine. Les corps, les cocons et les maisons: l'architecture utopique des passages (rêve) le zootechny, insectes dans la contre-architecture (excavations) des villes aux auteurs "tugures" comme Antonio José Ponte, dans leur métamorphose et déploiement.

Mots-clés: corps; Benjamin; contre-architecture.

De cara, assim num primeiro momento, é o estupor terrível da carcaça. Vigas caídas como rugas, cimento dilapidado, sangue fumando sob a epiderme descascada, profusão de ocos e a preponderância do precário. Estarrecedor, é a palavra. Mas sobrevivendo ao choque inicial (a impressão do deplorável) vem o clarão. Pra ser sincero: estamos falando da beleza da deterioração. E a beleza da deterioração é a linguagem do caruncho.

Bruno Zeni

A palavra sagra os reis, exorciza os possessos, efetiva os encantamentos. Capaz de muitos usos, também é bala dos desarmados e o bicho que descobre as carcaças podres.

Osman Lins, *Avalovara*

A deterioração escancarada do tempo revela um futuro do passado de ruínas e se torna linguagem invasiva de um casal de adolescentes em "Mensagem", conto de *Felicidade clandestina*, de Clarice Lispector. Eles se deparam com uma casa imóvel e serena, "uma casa quebrada, como diria uma criança. Era grande e alta como as casas ensobradadas do Rio antigo" (Lispector, 1981: 135). Era uma "casa sem olhos" que inspira o medo de um "passado vazio" nos adolescentes. Eles ainda não tinham vivido o suficiente para entender que a "angústia" da casa vinha precisamente por ser "uma potência antiga" na iminência de desabamento, parecendo até estreitar-se com a tensão temporal entre passado e futuro que provocava:

> Mal falassem, e a casa desabaria. O silêncio de ambos deixava o sobrado intacto. Mas, se antes eles tinham sido forçados a olhá-lo, agora, mesmo que lhes avisassem que o caminho estava livre para fugirem, ali ficariam, presos pelo fascínio e pelo horror. Fixando aquela coisa secular e já esvaziada de sentido, aquela coisa do passado. Mas e o futuro?! O Deus, dai-nos o nosso futuro! (Lispector, 1981: 135).

Nesse conto se pode ler o peso de um Rio antigo a ponto de desabar, congelado unicamente pela sede de futuro dos adolescentes. Numa leitura benjaminiana: uma imagem dialética em suspenso, análoga aos parêntesis de ruínas de Antonio Jose Ponte em *A festa vigiada* (Ponte, 2007) imagem estreitada temporariamente entre limites de sinais gráficos (os parêntesis) ou o passado e o futuro da própria leitura. Isso significa que é nos restos fragmentários do tempo que se encontram as marcas do passado no presente. E estas marcas nos remetem à pré-história do sujeito que nunca se destrói, que sempre se conserva.

Em "Uma arte de fazer ruínas" (Ponte, 2005) Havana é uma cidade que cresce para dentro, a partir da divisão dos espaços: de um piso se fazem dois, um apartamento se torna quatro. A luta dessa cidade fica entre a tugurização (*tugurización*) de uma ocupação desordenada e a "estática milagrosa" de algo que ainda se mantém de pé, mesmo que a técnica possa constatar seu estado de ruína irrevocável. Para a cidade, ficava bem mais barato aceitar o fatal desabamento de paredes, tetos e muros, o que resultaria em um aplanamento de superfícies com a criação de espaços vazios, tais como parques e estacionamentos, por exemplo, do que arcar com os custos de uma restauração.

Ora, essas mudanças causadas pelo tempo "escancarado" e pelo esquecimento de seus habitantes enquanto se transforma a cara da cidade levam o personagem principal a registrá-las como um estudo ou mesmo um arquivo da sua memória. Pois algo semelhante a essa retirada de recordações arquivadas seria possível perceber em "O mecanismo psíquico do esquecimento" de Freud (Freud, 1898/1996), onde ele relaciona o esquecimento dos nomes com o que é reprimido pela memória. Tal apagamento se refere ao que uma pessoa não quer saber, de onde se libera a angústia com os temas da sexualidade e da morte. Como no caso dos adolescentes de "Mensagem" de Clarice, pois eles fogem para que não se saiba o que verifica seu "eu": as mudanças da menina em mulher e do menino em homem. No conto de Ponte, pode-se pensar nos nomes apagados, esquecidos de Cuba: um breve tratado sobre a estética milagrosa, um bloco de notas, o ex-professor D., o professor, o tutor do personagem.

Como um "tugur", ou seja, aquele que escava a terra, que busca as conexões entre tantas suspeitas, marcas e mortes colocadas em seu caminho, o personagem segue o homem suspeito que fabricava moedas através de um túnel. E, depois de estabelecer senha e contrassenha como um trabalho de descodificação, para que a passagem entre um e outro mundo fosse possível, encontra aí uma cidade muito parecida com a de cima, que se apaga para que abaixo surja uma cidade através das ruínas que desciam até a cidade subterrânea. Recorda a "bodega de Rincón" e encontra esse edifício aí. Olha uma construção em que falta apenas uma parede que na cidade de cima ainda deve cair. Era o edifício onde o professor D. morava e que tinha desabado. Então nos diz que havia chegado a Tugúria, a cidade arruinada, "onde tudo se conserva como na memória" (Ponte, 2005: 73) Marcas soltas que nos mostram que a memória é feita de esquecimento, como em Freud, e que só sabemos da repressão justamente porque ela falha. E que só se reprime a ideia e não o afeto. A sensação do personagem é clara neste sentido, sente que algo foi escondido, suspeita, mas não sabe dizer por quê. São estas as marcas que o levam a ser um "tugur", a escavar a terra, a buscar conexões entre a ilha e o continente, caminhar em vertical, "encontrar a chave do horizonte" (Ponte, 2005: 69).

Em "Escavando e recordando" Benjamin observa: "Quem pretende aproximar-se a seu próprio passado soterrado tem que atuar como um homem que escava" (Benjamin, 1994: 239). Mas não se pode pensar a memória como a recordação, ou só como a capacidade de ter à mão a informação, os fatos e suas relações. É o esquecimento que dá forma à memória, ou melhor, a memória é feita de esquecimentos. Para a psicanálise, o esquecimento é a forma da memória em que se considera a repressão já em ação, a amnésia infantil, recordação encobridora na qual as camadas de repressão distanciam o sujeito de sua pré-história: a infância. Nesse sentido, podemos pensar que a memória é uma cidade em ruínas, a cidade de cima, cheia de buracos: com espaços vazios, construções que desabam, prédios arruinados. Que o que resta na memória é fragmento, é ruína.

Ora, um tugur pode ser sobrevivente em uma Havana sem memória, assim como um sobrevivente desterritorializado em Nova York a quem se obriga o esquecimento de sua terra. Mais ainda, ao sobreviver, o tugur se automatiza como um inseto. Sua função abjeta pertence ao mundo dos insetos de Kafka, o mundo de parasitas observado por Deleuze na força desterritorializadora do animal. Assim, Gregor Samsa metamorfoseado em inseto não só busca uma saída onde o pai não a soube encontrar, mas também quer fugir dos burocratas e do comércio. Admitindo a complexidade dos textos animais em Kafka, Deleuze percebe que esta saída buscada não é só uma fuga mas também uma captura, uma *plus-valia*: Kafka consegue a intensidade da desterritorialização e sua força é o que caracteriza uma "literatura menor" (Deleuze & Guattari, 1977: 26) assim como para Benjamin o código de gestos é o mais vasto no mundo de Kafka, no qual cada gesto "é um acontecimento em si, um drama em si mesmo" (Benjamin, 1994: 137). Em todo caso, a força de escrever "como um cão que cava seu buraco" ou "uma rata que cava sua gruta" (Deleuze & Guattari, 1977: 28) é o gesto de uma literatura menor, de uma literatura marginal. É o que caracteriza escritores ou poetas que buscam desmontar as máquinas alienantes de uma arquitetura maior, descobrindo suas "carcaças podres" como diria Osman Lins, ou, ao efetuarem "des-leituras" como no poema de Elson Fróes1, mostrando a força de uma transformação. Esta, tal qual as passagens benjaminianas do privado ao público e do arcaico ao moderno, possuem tanto a

[1] Ver <http://www.elsonfroes.com.br/efverso.htm>.

força desterritorializadora da alegoria no seu poder nomádico quanto a da própria metamorfose. Trata-se, em outras palavras, de desterritorializações enquanto passagens em todos os sentidos. Inclusive no de passagem do sonho ao despertar coincidente à que conduz as cidades de sonho às ruínas.

Quanto às transformações, a partir do ciclo biológico do cupim, Bruno Zeni, jovem artista curitibano, mostra que no bicho elas parecem ser tão drásticas quanto as mudanças que ele causa: o alpiste vira casquinha, a madeira, migalha, o muro branco, barranco, o rostinho de tafetá, maracujá. As marcas do tempo coincidem com uma linguagem de caruncho de passagens, precisamente a linguagem que faltava aos adolescentes ante a visão da casa sem olhos de Clarice, linguagem de "explicitação da subjugação do homem à intempérie, a possibilidade da contemplação do fracasso, do nítido fracasso, do fracasso ele mesmo, do nítido. Nada mais nítido" (Zeni, 2003: 4). Os escritores *tugures*, armados de uma zootecnia singular em sua força desterritorializadora, ao contrapor-se à arquitetura modelar, possuem uma linguagem de erosão, uma linguagem demolidora dos grandes relatos, dos monumentos artísticos mais tradicionais. Assim como a *Metamorfose* de Ovídio pode ser lida como emolduradora das literaturas coloniais, texto-monumento por meio do qual os próprios conquistadores olhavam o Novo Mundo, a *Metamorfose* de Kafka é um texto que emoldura as literaturas menores na modernidade, ao provocar a incomodidade ao sonhador que desperta para um pensamento crítico da automatização, da alienação da cultura de massas.

No poema de João Cabral "Paisagem com cupim" há uma estrofe em que o poeta age como um cupim, como um *tugur* em sua contra-arquitetura de ruína ao roer o poema com seu sarcasmo:

> Eis o cupim fazendo a vez de mestre de obras português
> Finge robustez na matéria carcomida pela miséria

Eis os pais de nosso barroco de ventre solene mas oco
E gesto pomposo e redondo na véspera mesma do escombro.
(De Melo Neto, 1988: 4)

Estas duas estrofes (33 e 34) desmascaram os disfarces dos próprios materiais poéticos. Cabral contrapõe em um espelhismo como um *trompe-l'oeil* ao descrever meticulosamente seu trabalho. Atua contra si mesmo, ao penetrar sua matéria poética e, ao subvertê-la, deixa-a oca: ela mesma se expõe como a paisagem de um barroco que é tão "falso" quanto moderno ao denunciar a falsidade colonial. Assim o "ventre que finge robustez" em sua pompa é oco, "carcomido pela miséria". Barroco: barro-oco.

Já a *tugurização* de uma cidade sonhada, vista nas "camadas maléficas" de uma "realidade distópica", é sintomática da desintegração endêmica das formas culturais na modernidade tardia. Susan Buck-Morss (1999) observa que hoje a "cultura do lugar" foi convertida em artigo de consumo, e os sonhos se divorciaram do espaço da cidade. O vespeiro de Lins descrito em "Noivado" mais parece uma Tugúria em que a linguagem das vespas, qual arquivo feito de buracos de esquecimento, se faz análogo ao texto de Kafka "A construção", a ação das vespas ocorrendo com uma determinação obstinada:

> as vespas envenenam os porcos do mato e levam-nos para seus ninhos, paralisados. Suas larvas alimentam-se apenas de caça grossa e viva. Se, depois de haver aberto um túnel, sepultar o porco, depois os ovos entre seus espinhos e fechar o túnel, encontrar à entrada um bicho igual ao que acaba de deixar, abrirá novamente a galeria, voltando a fechá-la quando vir o porco sepultado e novamente a abri-la ante o porco insepulto, repetindo este jogo até cair de fadiga, incapaz de perceber que existe um animal enterrado e um outro sobre a terra (Lins, 1975: 195).

A respeito de uma "clausura do fora" que se pode verificar tanto nesta passagem quanto no texto "A construção" de Kafka, Peter Paul Pelbart comenta e cita Blanchot:

> Um narrador se protege do mundo ameaçador cavando uma toca subterrânea, isto é, noturna. A noite subterrânea parece oferecer a segurança de uma morada, mas sua construção exige que a terra seja constantemente removida. Ao proteger-se da ameaça exterior abre-se a seus pés o mais ameaçador dos abismos. "Quando toda a ameaça estrangeira parece afastada desta intimidade perfeitamente fechada, ai é a intimidade que se torna uma estranheza ameaçadora", diz Blanchot (Pelbart, 1989: 70).

No entanto, para além de uma evocação do *panopticon* ou do "reality show" ou até da obsessão com a segurança em nosso cotidiano urbano, há antes disso o esquecimento, a ausência da vespa que não se lembra mais do animal deixado sobre a terra. Não surpreende, após entender a estupidez obstinada destes insetos, que larvas similares possam ser escravizadas como de fato o foram pelo artista francês Hubert Duprat, que as utiliza contemporaneamente para fazer joias enganando-as ao oferecer-lhes outro tipo de material, fazendo-as crer que fabricam seus próprios casulos. Suas casas ricamente decoradas com materiais como ouro, pérolas, pedras preciosas e brilhantes rivalizam com os ovos decorados do famoso joalheiro Fabergé. Luciane Garcez estudou estas larvas, muito antigas no planeta. Seus casulos, cada vez mais aperfeiçoados através dos tempos, ficaram conhecidos como "casas-móveis" (Garcez, 2004). "Casulo" é, a propósito, o título de um poema de Cecília Meirelles em que um "sopro invisível" e "oculto", "que anima todas as formas", a "iniciação das asas" se cria por meio de "fios tênues" para uma "sabedoria dos espaços". (Meireles, 1927: 3).

O entomólogo Jean-Henry Fabre, contemporâneo de Darwin, porém bem menos conhecido, admira mais que ninguém o poder de organização dos insetos, julgando-o até superior ao humano. Considera o edifício da abelha, por exemplo, uma obra-prima de alta geometria. As zootecnias corpóreas mimetizam comportamentos políticos, históricos e literários dos humanos quer sejam individuais ou coletivos, ou mesmo sociais e subjetivos. Pensa-se, por ex., nos ditadores em seu poder sobre as massas no caso das abelhas, ou mesmo em períodos de políticas ditatoriais durante o nazismo ou mesmo a revolução industrial, na passagem à modernidade. Invertendo o devir-humano no devir-animal, a sericultura, ou a criação de bichos-da-seda, trabalho coletivo e submisso ao exigir ambição e pouco esforço dos proprietários das larvas, mostra um histórico irônico quanto à cultura da seda: no período pré-industrial, século XVIII, houve, como registra Sebald (2010), uma desumana escravização dos tecelões humanos que agiam como os bichos-da-seda:

> passavam suas vidas com os pobres corpos amarrados a teares feitos de armações e trilhos de madeira, com pesos pendentes, reminiscentes de instrumentos de tortura ou gaiolas [...] (Sebald, 2010: 278).

No entanto, Sebald acrescenta um lado belo a este quadro de psicopatia de tecelões: que muitos dos materiais produzidos em Norwich, antes da revolução industrial, eram de "uma beleza cambiante que mal pode ser descrita em palavras, como se tivessem sido produzidos pela própria natureza tal qual a plumagem dos pássaros" (Sebald, 2010: 280). Assim como ele dá crédito a Thomas Browne, que registrou os segredos da sericultura dos primeiros bichos-da-seda para o mundo ocidental (Sebald, 2010: 271), também as singularidades surrealistas humanizadas dos insetos foram registradas nas analogias impressionantes dos gestos paranoico-críticos de Salvador Dali entre o *Angelus* de Millet e a fêmea do louva-a-deus, que é o nome popular da *mantis religiosa* (Dali, 2004).

Assim também o personagem Mendonça de Osman Lins, cujas reações eram "mais constantes e fatais que um inseto" (Lins, 1975: 193) e repetiam as de uma vespa obstinada, que, entre outros insetos, contamina um prédio envidraçado do tipo das construções de Le Corbusier. Podendo ser visto no interior e no exterior, sua arquitetura transparente ilustra a *cultura do vidro* moderna, que, segundo Benjamin, apaga os seus próprios traços, assim como os da passagem de uma cultura burguesa sobre a terra (Benjamin, 1994: 114). Mas a contaminação da linguagem pelos insetos acontece definitivamente quando eles saem dos parêntesis do texto e invadem a narrativa, provocando rachaduras dentro no próprio corpo do personagem: "Duas aranhas saem da boca de Mendonça, descem pelo ombro, saltam para o chão, um grilo põe-se a cantar. Mariposas giram em torno da lâmpada" (*apud* Kaminski Khon, 2004: 54). Assim também, os insetos espalham-se por entre as linhas do texto, como uma ampliação de seu território, numa contra-arquitetura invasora e bárbara que ao ostentar a sua transparência irrompe de dentro para fora como se o vidro contaminado fosse o casulo rompido, ou seja, o próprio prédio.

Já as gravuras de insetos da artista brasileira contemporânea Ana Elisa Dias Baptista que se poderia relacionar à linguagem dos insetos osmanianos em "Noivado", rompem com a intenção empírica de um quadro puramente racional cientificista, ao se voltarem tanto ao espaço barroco alegórico e ornamental das primeiras coleções nos museus como às técnicas fotográficas. Mais ainda, através das posturas dos insetos nas gravuras de Ana Elisa, invertem-se os papéis entre predador e vítima (as aranhas podendo ser comidas pelas moscas, por ex.) numa contrapostura à predação natural e em posições contra-arquiteturais com relação a uma arquitetura colecionista do século XIX.

Finalmente veja-se "A quinta história" de Clarice Lispector como uma passagem política do corpo das baratas ao da dona de casa que as mata. No aparente insignificante cotidiano de envenenamentos secretos de baratas, a dona de casa se conscientiza do tipo de truculência perversa entre predador e vítima de que participa cotidianamente num sistema capitalista autodevorador. Narrando-se como algoz , a dona-de-casa observa que a vítima (a barata) tem a palavra "amor" cortada de sua boca, e o veneno que a secava por dentro parece secar o "molde interno" da narradora, transferindo a fala cortada desta para a outra, que passa a ostentar a hipócrita "placa de virtude" revestindo-se de uma (im)postura ao ostentar a placa – "Esta casa foi dedetizada" –, e voltando a engrenar-se à máquina econômica esquizofrênica. Há, portanto, uma inversão momentânea entre algoz e vítima que produz um corte que como uma lâmina de apagar rastros analogamente ao vidro ou ao aço observados por Benjamin possui a eficiência radical de varrer tudo da memória tal qual as máquinas de limpeza étnica, possibilitando um retorno à posição antiga, como se o anterior não houvesse ocorrido.

Em breve, numa dialética suspensa entre espaço e tempo, dentro e fora, passado e futuro, esquecimento e lembrança, a linguagem da ruína corrói e transforma a cidade, a casa e o corpo como casulo, abre túneis de esquecimento, fissura construções ao esburacar ausências no trabalho da memória e ao inverter posições e limpar vestígios, amplia seu território no curso das passagens à modernidade. Se Benjamin introduz uma arquitetura de sonho no pensamento, a imagem das passagens parisienses arquitetônicas que reside na sua "estrutura onírica" (*Traumstuktur*), as galerias de mercadorias do século XIX como sonho coletivo2, o seu despertar depende da percepção de uma contra-arquitetura do tempo na linguagem decadente da tugurização: um trabalho "menor" como o de insetos, os vaga-lumes de Didi-Huberman, as baratas de Clarice (e também as de Cortázar) os cupins de João Cabral, *A pulga* de Murilo Mendes, o

[2] Há uma alusão às passagens benjaminianas que ficaram famosas no seu Livro das *Passagens* ou *Passagenwork*, traduzido ao português. Ver: BENJAMIN, Walter. *Passagens*. Trad. de Irene Aron. Belo Horizonte: Editora da UFMG, 2006.

rola-bosta de Tunga, a traça de Elson Fróes ("Des-leituras"), os insetos de Ana Elisa Dias Batista e de Osman Lins, e muitos outros. A palavra que escava buracos de esquecimento na memória ao escancarar o trabalho do tempo contra-arquitetural mostra uma transformação das edificações. Sua zootecnia é a escrita de corpos sobreviventes. Osman Lins coloca entre parêntesis palavras alusivas às suas infinitas possibilidades estéticas desde o início, como se dentro destes limites pudesse ser mais criativo o seu potencial:

> (Os insetos parecem criação de algum gênio ocioso e imaginativo. Corpos esféricos, em forma de gravetos, de sementes, de moedas, a cabeça alongada como faca, ápteros, de asas estendidas ou incrustadas no dorso, armados de pinças, de brocas, de aguilhões, de mandíbulas, olhos facetados, antenas, as pernas curtas, ou longas, ou incontáveis, negros, coloridos, mudos, vozes da Noite, cantores de Verão, úteis, predadores, habitantes das águas, das superfícies, das profundezas, do ar, eles, mais do que nenhuma espécie viva, sondam as possibilidades do mundo) (Lins, 1975).

Referências bibliográficas

ANDRADE, A. L. (2007). Catálogo de Insetos (sobre a exposição de Ana Elisa Dias Baptista). *Diário Catarinense*. Florianópolis, RBS. Ed. 10 de março de 2007, p. 14.

BENJAMIN, W. (1994). *Obras escolhidas I.* Magia e técnica, arte e política. Tradução Sergio Paulo Rouanet. Prefácio Jeanne Marie Gagnebin. São Paulo: Brasiliense.

BLANCHOT, M. (1997). *A parte do fogo*. Tradução Ana Maria Scherer. Rio de Janeiro: Rocco.

BUCK-MORSS, S. (1999). La Ciudad como mundo de ensueños y catástrofe. In: ANDRADE, A. L. *et al. Leituras do ciclo* (pp. 275-285). Ilha de Santa Catarina: ABRALIC/Editora Grifos.

DALÍ, S. (2004). *El mito trágico de "El ângelus" de Millet.* Edición a cargo de Oscar Tusquets. Documentación gráfica de Robert Descharnes. España: Tusquets Editores.

DELEUZE, G. & GUATTARI, F. (1997). *Kafka. Por uma literatura menor.* Tradução Julio Gastañon Guimarães. Dir. Jayme Salomão. Rio de Janeiro: Imago Editora.

DE MELO NETO, J. C. (1988). *Poemas pernambucanos.* Recife: Centro Cultural Sindicato da Indústria do Açúcar no Estado de Pernambuco/Editora Nova Fronteira.

FREUD, S. (1898/1996). O mecanismo psíquico do esquecimento. *Edição standard brasileira das obras psicológicas completas de Sigmund Freud,* v. III. Direção Jayme Salomão. Rio de Janeiro: Imago Editora.

GARCEZ, L. (2009). *Hubert Duprat e a poética do revestimento.* UDESC: CEART (Programa de Pós-Graduação em Artes Visuais). Dissertação de mestrado, Orientadora Prof. Sandra Makowiecky, UDESC, Florianópolis.

KAMINSKI KHON, A. L. (2004). O bicho palavra produzindo fissuras. In: ALMEIDA, H. (Org.). *Osman Lins – O sopro na argila* (pp. 69-112). São Paulo: Editorial Nankin.

LINS, O. (1975). *Nove, Novena, narrativas.* Prefácio João Alexandre Barbosa. São Paulo: Melhoramentos.

LISPECTOR, C. (1981). A mensagem. *Felicidade clandestina.* Rio de Janeiro: Nova Fronteira.

MEIRELES, C. (1927). Casulo. *Festa.* Rio de Janeiro.

MENDES, M. (1995). A pulga, parábola. *Poesia completa e prosa.* STEGAGNO PICCHIO, L. (Org.). Rio de Janeiro: Ed. Nova Aguilar.

PELBART, P. P. (1989). *A clausura do fora. O fora da clausura.* São Paulo: Editora Brasiliense.

PONTE, A. J. (2005). *Un arte de hacer ruinas y otros cuentos.* Prologo de Esther Whitfield. Mexico: FCE.

———. (2007). *La fiesta vigilada.* Barcelona: Editorial Anagrama.

SEBALD, W. D. (2010). *Os anéis de Saturno. Uma peregrinação inglesa.* Trad. João Marcos Macedo. São Paulo: Companhia das Letras.

ZENI, B. (1997). *Azougue.* Desterro, 1997.

ESCRITAS DA MIGRAÇÃO: MOMENTO DE PARTIR, TEMPO DE ESQUECER, TEMPO DE CONTAR

Miriam Debieux Rosa

Resumo

Este artigo destaca a experiência de escuta psicanalítica e intervenções junto a imigrantes recém-chegados, próximos ao que chamamos de tempo de partir e de esquecer. Indicaremos os elementos que movem e promovem o *tempo* de contar uma saga que situe o sujeito em sua história e na história da comunidade baseados nos conceitos de alienação e separação de J. Lacan e na questão da transmissão conforme proposta por Jacques Hassoun (1996).

Palavras-chave: imigração; transmissão; alienação.

Résumé

L'ÉCRITURE DE LA MIGRATION: LE TEMPS DU DÉPART, LE TEMPS DE L'OUBLI, LE TEMPS DU RÉCIT

Cet article décrit l'expérience d'écoute et les interventions psychanalytiques avec les immigrants nouvellement arrivés, venant de ce que nous appelons le temps de partir et d'oublier. Indiquera les éléments qui déplacent et promeuvent le temps de raconter une saga qui place le sujet dans son histoire et dans l'histoire de la communauté, sur la base des concepts de l'aliénation et la séparation de J. Lacan et la question de la transmission, tel que proposé par Jacques Hassoun (1996).

Mots-clés: immigration; transfert; aliénation.

> *Contar é muito dificultoso. Não pelos anos que já se passaram. Mas pela astúcia que têm certas coisas passadas de fazer balancê, de se remexer dos lugares. A lembrança da vida da gente se guarda em trechos diversos, uns com os outros acho que se misturam [...] Contar seguido, alinhavado, só mesmo sendo coisas de rasa importância. Tem horas antigas que ficaram muito mais perto da gente do que outras de recente data.*
>
> Guimarães Rosa

As frases de Guimarães Rosa (1956/2001) recortadas acima trazem elementos importantes para se pensar as condições de construção de uma narrativa, seu tempo e o sentido dessa produção. Elementos que nos permitem pensar em modalidades de intervenção ou, melhor dito, em *tempos* de intervenção junto a imigrantes e refugiados forçados a deixar sua pátria. Talvez possam se beneficiar de nossas reflexões também aqueles casos que se tornam párias mudos, refugos do funcionamento social e político – moradores de rua, “loucos”, infratores.

Os exílios, refúgios ou imigrações forçadas pela miséria ou catástrofes têm implícita uma partida forçada do lugar de origem para outro ou, mais do que isso, expressam um processo de se tornar outro em algum lugar. Tal dimensão trágica do migrante encena algo comum a todos, pois todos somos sujeitos exilados, desenraizados de nós mesmos, constituídos pelo desconhecimento enigmático da dimensão Outra, inconsciente. Temos podido recolher em nossa escuta as vicissitudes da experiência de ser Outro e seus modos de evocação da palavra pela escrita e por outros modos de transmissão. A escuta psicanalítica permite transitar entre o exílio de cada sujeito e a condição social e política do exilado como também depara-se com especificidades da condição do sujeito quando o exílio é imposto pelo Outro, que obriga o sujeito a vagar sem pouso. Essas especificidades se revelam nos modos de registro e transmissão dessa experiência (Rosa, Berta, Carignato & Alencar, 2009).

Indicaremos os elementos necessários para a produção da escrita de uma saga, ou seja, o que move e promove o *tempo* de contar uma saga que situe o sujeito em sua história e na história da comunidade. Inspiramo-nos na questão da transmissão conforme proposta por Jacques Hassoun (1996), embalados pelas narrativas sobre Riobaldo, de Guimarães Rosa (1956/2001) e sobre Ulisses, tal qual presente nos textos de Jeanne Marie Gagnebin (2002); por fim, sobre Nawal, personagem do filme *Incêndios* do diretor Denis Villeneuve (2012), baseado na peça do libanês Wadji Mouawade e nas narrativas dos imigrantes e refugiados da Casa do Migrante1. Pensamos nesse registro em três tempos: o momento de partir, tempo de esquecer e tempo de contar. Cada tempo evoca um modo diferenciado de registro da presença, acolhimento e escuta.

Este artigo destaca a experiência de nossa presença junto a imigrantes recém-chegados, próximos ao que chamamos de tempo de partir e de esquecer. Abordaremos nossas intervenções inspiradas no mote *Fale com ela*, do filme de mesmo nome, de Almodóvar, e no homem mascarado que, na peça de Wedekind *O despertar da primavera* (1895), aborda Melquior quando este é tentado ao suicídio pelo fantasma de Morritz.

[1] A *Casa do Migrante* é um abrigo que acolhe migrantes brasileiros recém-chegados, imigrantes e refugiados, indivíduos envolvidos no drama mundial da mobilidade humana.

Nossas referências

J. Hassoun (1996) discorre sobre a memória e a transmissão da experiência e enfoca um conceito chave: o de repetição. Aponta duas faces da repetição. A primeira é a do eterno retorno do mesmo aos mesmos lugares, o que impede o reconhecimento enquanto sujeito desejante. Trata-se da memória como impedimento do esquecimento, que impede o sujeito de ressignificar a experiência uma vez que lê todo um acontecimento atual à luz de um suposto ato inicial, um "trauma", um apego a um passado que estaria perpetuamente presente.

Hassoun (1996) distingue outra forma de repetição no que se refere aos fatos culturais, à inscrição do sujeito na cultura. Ela é procedente do laço social e gera uma temporalidade e uma continuidade que dão lugar ao novo de cada geração – o contato com o novo supõe que se possa reconhecer uma familiaridade. É considerando o familiar e a herança transmitida que o sujeito pode, ao incluí-los e superá-los, participar de situações novas que *a priori* seriam desconhecidas. Ele vai formular sua hipótese: uma parte da pulsão de repetição, a que dá conta da insistência dos fatos da cultura, está a serviço das pulsões de vida para ajudá-lo a situar-se frente ao surgimento de algo novo e tremendamente inquietante, pois radical e absolutamente estrangeiro.

O autor chega a um ponto fundamental para a escuta daqueles situados como estrangeiros: a inexistência de um ponto inaugural. Essa hipótese excluiu o original e o princípio na ordem da subjetividade e do social e dá ênfase ao laço social e à história da comunidade. Desse modo, quanto mais a transmissão tome em conta a situação nova, menos será uma pura e simples transposição do passado e mais poderá inscrever o sujeito dentro de um campo distinto de significantes. Outro ponto: não há herança sem que uma parte se perca e, do mesmo modo, não há transmissão de cultura que não inclua essa perda. Ou seja, o esquecimento que comanda a memória a modula e permite que, a partir da repetição, a atualização, enquanto diferença, possa ser recebida. Ressaltamos que o esquecimento faz parte constituinte da memória, o que será importante para nossa discussão. Na escala individual, o desconhecimento portado por uma, duas ou três gerações com respeito a uma cultura produz, em qualquer de seus descendentes, um sentimento de fascinação face aos emblemas descontextualizados de sua existência a ponto de elas desconhecerem a evolução que essa cultura pode ter experimentado.

Ainda outro ponto: o autor aborda a questão dos efeitos da negação da memória, questionando-se se o apagamento dela através da ausência da transmissão não abriria caminho ao delírio e à perversão dos sentidos. Na ausência de transmissão pode haver, em seu lugar, a reprodução minuciosa dos gestos da geração precedente, com a fixação no tempo e espaço, instalando-se uma tensão imitadora dos antepassados, sejam quais forem as circunstâncias exteriores. Podemos afirmar ser essa uma dimensão da tradição marcadamente imaginária, que visa reproduzir a herança sem levar em conta a profundidade do abismo que separa os ascendentes dos descendentes. A estes denomina *contrabandistas da memória*, nome do seu livro.

O tema da narrativa, memória e transmissão, comparece no livro *O rastro e a cicatriz: metáforas da memória*, de Jeanne Marie Gagnebin (2002). Remete-nos a Ulisses, de volta à casa paterna – um retorno. Ele chega disfarçado de velho mendigo sujo ao seu palácio e tem como ponto nodal do início da sua narrativa seu reconhecimento por sua ama Euricleia, quando ela lhe banha os pés e toca na cicatriz de sua perna – ele é reconhecido pela cicatriz. Diz o texto:

> A velha, que tomara na palma da mão a perna de Ulisses, ao apalpá-la, reconheceu a cicatriz. Então, seu coração, a um tempo, foi

> tomado de tristeza e de alegria, os olhos se lhe encheram de lágrimas, a voz se lhe tolheu na garganta. E tocando no queixo de Ulisses, disse: "Sem dúvida, tu és Ulisses, meu filho querido! E eu não te reconhecia! Foi preciso primeiro ter tocado no corpo do meu amo!" (Homero, 1978, Canto XIX, versos 467-475, citado em Gagnebin, 2006: 107).

O estranho torna-se familiar pela ferida que se transformou em cicatriz e nesse reconhecimento estão presentes as noções de filiação, de aliança, de poder da palavra e a necessidade da narração. Encontramos também o motivo da viagem de provações e do regresso feliz à pátria, depois da errância. Todos esses temas culminam no reconhecimento pleno, mesmo que postergado por ele mesmo, do herói.

Se a cicatriz de Ulisses nos prometia que a história, apesar de todos os sofrimentos, terminaria bem, há outro tipo de ferida: a que não cicatriza, o trauma, que torna difícil, senão impossível, a narração. Desses sofrimentos, diz a autora, podemos decifrar os rastros e recolher os restos. Tarefa silenciosa, anônima, mas imprescindível para construção de possibilidade de narrativa.

Outra personagem que encarna essa condição humana é Nawal, imigrante no Canadá, onde criou os filhos. Até então silenciada, vê-se concernida a contar sua saga quando encontra na mesma pessoa o filho perdido, reconhecido por uma tatuagem que lhe fora feita com esse intuito, como também a face do torturador que a dilacerara – a revelação terrível, sintetizada na equação 1 +1 = 1.

Nessa saga, o reconhecimento, diferentemente do de Ulisses, registra o filho amado, mas também os efeitos da guerra e sua transformação no odiado torturador. A história de Nawal é também a história do seu país. Ela nos apresenta a imigrante estranha, louca e silenciada, a terrorista que assassina o líder da situação, a mulher que canta apesar do sofrimento, a trajetória incessante para achar o filho que lhe fora tirado no nascimento e por sua avó marcado nos pés para ser futuramente reconhecido. Protagoniza a situação do imigrante que, tendo vivido traumas, é forçado a sair de seu país por situações de guerra, violências. Como superá-las? O que transmitir aos filhos? Essa transmissão enlaça o sujeito no campo social e político na situação de uma guerra civil. Como pergunta Nawal em carta aos filhos: "Onde começa uma história?". Pergunta-se aqui como se constrói uma narrativa.

Por fim, em Guimarães Rosa (1956/2001), o cangaceiro Riobaldo conta sua saga sobre reconhecimento e perda focada nos dilemas de aceitação de seu amor por Diadorim, a quem supõe ser homem, mas que é mulher disfarçada de cangaceiro, verdade descoberta apenas depois de sua morte. A narrativa de Riobaldo é produzida *a posteriori* do que foi vivido e, além disso, é uma narrativa endereçada: "Você sabe e se sabe me entende".

Muitos personagens se conjugam, porém gostaríamos de salientar nesses *flashes* algumas dimensões presentes nas várias narrativas: o endereçamento, a posição enunciativa, a referência uma perda, uma escolha, uma partida, um esquecimento, o reconhecimento e seus rastros, um tempo *a posteriori*, um elemento disparador da narrativa.

Esses elementos, a serem desdobrados, não estão presentes nos migrantes e imigrantes recém-chegados que atendemos. Destaco que a dimensão da narrativa tem um tempo diferente da dimensão do acontecimento em andamento – contar antecipado pode fixar, enrijecer e estagnar um desenrolar de acontecimentos não-senso, que só depois terão seu sentido. Como diz Riobaldo, "A lembrança da vida da gente se guarda em trechos diversos, uns com os outros acho que se misturam". As lembranças precisam ser guardadas, esquecidas e aguardarem o tempo de serem costuradas em uma narrativa. Em nossos migrantes e imigrantes, as dimensões da construção da narrativa estão ainda se processando e permitindo a construção de uma saga. Suas narrativas enfocam a partida – na maior parte forçada – e as escolhas que se processaram e só depois, na própria transmissão, são ressignificadas.

No dia em que fui embora...

Para abordar o dia da partida vamos a uma canção de Caetano Veloso e Gilberto Gil (1967), que acompanhou nossa trajetória:

> No dia em que eu vim-me embora
> Minha mãe chorava em ai
> Minha irmã chorava em ui
> E eu nem olhava pra trás.
> No dia que eu vim-me embora
> Não teve nada de mais [...]
> E quando eu me vi sozinho
> Vi que não entendia nada
> Nem do proque eu ia indo
> Nem dos sonhos que eu sonhava.
> Senti apenas que a mala de couro que eu carregava
> Embora estando forrada
> Fedia, cheirava mal
> Afora isto ia indo, atravessando, seguindo
> Nem chorando nem sorrindo
> Sozinho(a) pra Capital.

Nessa música, um jovem parte da casa paterna levando uma mala-herança que, à medida que ele anda, pesa e cheira mal. De olho no futuro, a dor da partida expressa-se nos familiares que ficam; nada ele registra de valioso no que fica. A herança pesa e deve ser esquecida, apagada, embora seu rastro, seu cheiro, persista – quanto mais leve a mala, maior a liberdade de criar uma nova versão de si mesmo.

Assim, muitas vezes, partir da casa paterna envolve uma escolha. Outras vezes, como no caso dos migrantes e imigrantes fugidos da pobreza, de catástrofes ou de perseguição política, os jovens partem fugidos, tendo enfrentado o horror dos abusos de poder, deixando terra arrasada, mas também sua infância, pessoas queridas, sua história.

A hora da partida, a cena, seus motivos e intensidades são partes fundamentais na construção da cena e do relato. Para sustentar a partida, um trabalho precisa ser realizado. Em tal trabalho, os termos se invertem: a partida é sempre uma escolha – uma escolha forçada por viver, por construir um novo lugar para existir no mundo. Indica um posicionamento frente à vergonha e à culpa pelos crimes cometidos no processo. E sempre há crimes nesse processo de existir na exterioridade do Outro que nos constitui. Sem haver-se com a escolha, a ferida aberta não permite reconstrução. Uma escolha desvela publicamente a divisão do sujeito, sua pulsão, sua (?) sexualidade; indica um mais além das identificações sociais, a transgressão das fronteiras culturais – a alteridade que nos habita.

Alienação e separação

Aqui cabe um breve desenvolvimento sobre alienação e separação (Lacan, 1964/1988). Destacamos a proposta de Lacan a partir da concepção de que, pela alienação, o sujeito se encontra dividido entre o ser e o sentido, situando-se nessa divisão, nessa fenda. É nessa fenda que o sujeito se estrutura. Se pensarmos que escolha tem o sujeito em sua constituição, veremos que a proposição lacaniana sublinha que só há escolha forçada, pois o sujeito não tem como não perder algo, quando sua identificação inicial porta algo de *não senso* constitutivo. É com o conhecido exemplo *ou a bolsa ou a vida* (Lacan, 1964/1988) que o autor formaliza sua definição de alienação. No seio dessa aparente encruzilhada qualquer escolha (a da bolsa implica a perda das duas e a da vida implica a escolha de uma vida sem a bolsa) resulta em perda, não apenas na perda do que não se escolheu, mas numa perda intrínseca à escolha efetuada.

A partir da palavra *separação*, Lacan (1964/1988) faz uma espécie de jogo de palavras, remetendo a um "engendrar-se", sentido pelo qual a separação promove algum acesso à liberdade, ainda que limitada. Separação supõe desaparecimento – parir-se, partir-se, apagar, esquecer. Evoca uma liberdade, uma vontade de sair, uma vontade de saber o que se é para além daquilo que o Outro possa dizer, para além daquilo inscrito no Outro. Na alienação temos um Outro completo, infinito, portador dos significantes, enquanto na separação a condição lógica introduz um Outro faltante. A impossibilidade de se dizer tudo o que se quer testemunha essa falta comum aos dois campos, alienação e separação (Lacan, 1964/1988). É na referência a uma falta radical de sentido que o objeto *a* é situado no registro do real, indicando conceitualmente a radicalidade dessa falta. Lacan dá uma bela imagem da separação: "O sujeito vem jogar sua partida" (1964/1988: 208). Contudo, *jogar sua partida* implica apropriar-se das regras e instrumentos do Outro, e isso só se dá a partir da possibilidade do reconhecimento da dívida simbólica que inicialmente nos constitui.

Elementos dessa virada estão presentes nos processos dos exilados por nós acompanhados, como veremos a seguir.

Função do analista no momento de partir, tempo de esquecer

A escuta do processo de escolher a partida ou fuga imposta do país, momento produzido fora da transferência, interroga-nos sobre o que cabe ao analista, levando em consideração que esse momento foi produzido em função do excesso de consistência do Outro que produz um silêncio mortífero que pode ser vivido por uma vida inteira. Remetemos à reflexão apresentada em trabalho anterior em que as vicissitudes da prática psicanalítica nos remetem à formulação de uma direção possível de tratamento que leve em conta as situações sociais críticas que pretendem apagar todas as marcas da subjetividade e reduzir os homens a restos. Essa direção visa restituir um campo mínimo de significantes referidos ao campo do Outro para que possam circular. Isso permite ao sujeito localizar-se e poder dar valor e sentido à sua experiência de dor, articulando um apelo que o retire do silenciamento. Ou seja, visa-se a transformação do trauma em experiência compartilhada e na construção da posição de testemunha, transmissor da cultura (Rosa, 2012).

Nessa medida, e considerando os tempos desse trabalho, particularmente o tempo de esquecer, ofertamos nossa escuta com características peculiares, tal como a de comparecer ao território, psíquico e geográfico, em que circula o sujeito ainda impossibilitado de processar uma demanda ao outro. Nessa medida, um dos dispositivos será escutá-los na própria moradia dos sujeitos, na Casa do Migrante, e literalmente provocar o laço social.

Consideramos também interessantes as intervenções nesse campo inspiradas no mote *Fale com ela* (*Hable con ella*, Espanha, 2002), do filme do mesmo nome do espanhol Pedro Almodóvar (2002). No filme, o enfermeiro Benigno cuida há quatro anos de Alicia, uma bailarina que entrou em coma após sofrer um acidente. Sem considerar sua inconsciência um obstáculo, arruma os cabelos dela, leva-a para tomar sol na varanda e conversa com ela sem parar. Contrasta com Marco, outro personagem, que, ao contrário de Benigno, não consegue imaginar que ela talvez seja capaz de ouvi-lo: “Para que falar? Ela é um vegetal”, diz. “E como você sabe? A mente das mulheres é um mistério, ainda mais quando elas estão nesse estado”, retruca o enfermeiro. O personagem insiste em falar, amar e desejar, no limite do insano, com a mulher em coma, reduzida a um organismo, totalmente silenciada. Tal aposta remete à potência germinativa da palavra. O enfermeiro paga por isso um preço alto: por sua aposta, a moça engravida e volta à vida. Ele, que recusou desistir dela e insistiu em contestar o discurso da ciência, é condenado socialmente e preso.

Também em nosso trabalho insistimos em apostar naqueles que estão silenciados, à margem da legalidade e da vida social – sua mente é um mistério, ainda mais quando estão nesse estado. Falar com eles, mesmo sem uma demanda que parta deles, é apostar na força da presença e da palavra para relançar a demanda (Rosa, Berta, Carignato & Alencar, 2009).

Destacamos a intervenção do *Homem mascarado* na última cena da peça teatral de Wedeking, *O despertar da primavera* (1895). Ele interrompe o diálogo entre dois adolescentes em que o fantasma de Moritz convida o angustiado e culpado Melquior a segui-lo no suicídio, dizendo ser o melhor caminho para fazer cessar a angústia e prometendo um gozo sem limites. "A gente pode o que quiser", diz Moritz. O Mascarado interrompe, dizendo a Melchior: "Você está tremendo, está quase desmaiando de fome. Isso não é hora pra tomar uma decisão dessas". E para Moritz: "Ei, você, vai embora! Guarde essas suas fantasias pra você mesmo".

A primeira intervenção pede um tempo, um intervalo, um adiamento e um cuidado possível para o sujeito se situar diante da angústia, um cuidado quase maternal. A proposta do abrigo para imigrantes, a Casa do Imigrante, faz um tanto dessa função. No entanto, presa a algumas burocracias, não o faz um a um, intervenção que só é possível em uma escuta. O outro ponto da intervenção remete a fazer uma barra ao gozo. Dirigindo-se para Moritz, o Homem mascarado refere-se à sua promessa de gozo como uma fantasia que deve ser interrompida, afastada. Diz: "A primeira providência é: sair daqui".

Melchior convoca a referência familiar, conhecida e já perdida diante dos acontecimentos. Pergunta: "O senhor vai me dizer quem é? O senhor é o meu pai?". Sem salientar a perda, ou julgar, o Mascarado indica caminhos diferentes e novos: "Numa hora dessas, seu pai está se consolando nos braços da sua mãe".

Ao argumento angustiado de Melquior, "nenhuma comida vai me fazer sentir menos culpado", o Mascarado situa o acontecimento da morte de sua namorada e do bebê por nascer. Faz menção ao aborto provocado pela Madre e aceito pela mãe para salvar a menina aos olhos da moral, ou seja, refere-se aos fatos sociais que foram fundamentais para considerar os acontecimentos, mais além da culpa particular do ato sexual praticado. "Posso te dizer uma coisa? Aquela menina ia ter uma criança perfeita. Ela mesma era quase perfeita. Se não fossem as técnicas da Madre Schmidt, agora ela estaria aí, deitada. Ela e o bebê".

Também incide no rompimento da alienação a uma visão de mundo quando diz: "Eu vejo a moral como o produto de duas forças imaginárias, o dever e o instinto". E convida para um outro mundo: "Vamos, Melchior. Eu quero te apresentar o ser humano. Um mundo de possibilidades. Outros horizontes. Eu quero te apresentar as coisas interessantes que o mundo tem pra oferecer". Melchior separa-se da alienação e escolhe, escolha sem garantia, e se despede de Moritz dizendo: "Eu não sei direito aonde esse homem vai me levar, mas pelo menos é um ser humano". O Mascarado, por sua vez, não promete nada: "Cada um fica com a sua parte. Para você, Moritz, a consciência calma de não ter nada. Pra vocês outros, nós, a dúvida angustiante em relação a tudo".

No tempo de partir e esquecer para poder retomar um caminho e o longo processo do luto, elaboração e construção da narrativa da vida e história de um sujeito, uma geração ou uma nação, cabem algumas estratégias específicas que envolvem a separação entre os tempos da vida, a busca de novas referências ou um novo nome do Pai, como diria Lacan (1975-1976/2007).

Elementos dessa virada estão presentes nos processos dos refugiados por nós acompanhados. Exemplifico com Ivo (nome fictício) que, de volta ao lar, com o irmão, africanos do Congo, encontraram sua casa, com os pais e outros irmãos, incendiada por rebeldes. Em pânico, os irmãos fogem, cada um em uma direção para garantir chances de sobrevivência para pelo menos um deles. Ivo pega um navio e vem parar no Brasil. Tem insônia e crises de angústia com as imagens da casa incendiada. No contato com os estagiários pode contar a sua história e destacar qual sofrimento é mais perturbador: não saber o destino ou paradeiro do irmão ou não ter como ou onde procurá-lo. Essa localização permite uma ação do sujeito. Outro exemplo é Hassab (nome fictício), que quer morrer e tenta se matar. Depois de assassinados seus pais, por questões políticas em Angola, foge e, ao chegar ao Brasil, tem a notícia que as duas irmãs que ficaram no pai também foram assassinadas. Atormentado pela culpa de ter partido, não vê mais sentido em continuar a vida. Relembrando o ideal dos pais, professores, pode, em conversas, recompor-se e dar um destino para si: almeja retomar os estudos.

Nesses casos, menos do que contar, contar-se e transmitir, testemunhamos a torção da posição de vítimas do Outro, forçadas a uma fuga, torturadas pela culpa e vergonha da escolha para a posição de ter escolhido pela vida com suas responsabilidades e perdas decorrentes da escolha. Algo de separação operou-se para que sua trajetória possa seguir a recomendação e o alerta da música de Caetano e Gil acima citada – partir sem olhar para trás – e o sujeito possa jogar sua partida. Algo partiu-se, pariu-se.

Referências bibliográficas

GAGNEBIN, J. M. (2002). O rastro e a cicatriz: metáforas da memória. *Pro-Posições, 13*(3), 255- 275.

———. (2006). *Lembrar Escrever Esquecer*. São Paulo: Ed. 34.

HASSOUN, J. (1996). *Los contrabandistas de la memoria*. Buenos Aires: Ediciones de la Flor.

LACAN, J. (1964/1988). *O seminário, livro 11: os quatro conceitos fundamentais da psicanálise*. Rio de Janeiro: Jorge Zahar.

———. (1975-1976/2007). *O seminário, livro 23: o sinthoma*. Rio de Janeiro: Jorge Zahar.

PISETTA, M. A. M. & BESSET, V. L. (2011). Alienação e separação: elementos para discussão de um caso clínico. *Psicologia em Estudo, 16*(2), 317-324.

ROSA, J. G. (1956/2001). *Grande Sertão: veredas*. 19ª ed. Rio de Janeiro: Nova Fronteira.

ROSA, M. D. (2012). Psicanálise implicada: vicissitudes das práticas clínico-políticas. *Psicanálise: invenção e intervenção*, Revista da Associação Psicanalítica de Porto Alegre, *41/42*, 29-40.

ROSA, M. D.; BERTA, S. L.; CARIGNATO, T. T. & ALENCAR, S. L. S. (2009). A condição errante do desejo e a prática psicanalítica clínico-política. *Revista Latinoamericana de Psicopatologia Fundamental* (Impresso), *12*, 497-511.

WEDEKIND, F. (1895). *O despertar da primavera*. Lisboa: Editorial Estampa.

Filmografia

FALE COM ELA (2002). Diretor e roteirista: Pedro Almodóvar. Produção: Agustín Almodóvar & Michel Ruben.

INCÊNDIOS (2012). Direção: Denis Villeneuve. Canadá/França.

Fonografia

VELOSO, C. & GIL, G. (1968). No dia em que eu vim-me embora. Caetano Veloso. *Tropicália*. Faixa 3. Universal. 1 CD. Faixa 3.

O CORPO ERÓGENO E AS INSCRIÇÕES DO OUTRO

Sergio Scotti

RESUMO

O texto trata das relações entre o significante e o corpo pulsional através do comentário do filme "O livro de cabeceira", procurando demonstrar que a letra, suporte material do significante, inscreve no corpo do ser falante modos de gozo que recortam esse corpo na forma de zonas pulsionais nas quais está implicado o objeto *a* que determina também um certo estilo.

Palavras-chave: corpo; pulsão; letra.

RÉSUMÉ

LE CORPS EROGÈNE ET LES INSCRIPTIONS DE L'AUTRE

Il s'agit dans ce texte de les rapports entre le signifiant et le corps pullsionnel par le biais d'un comentaire du film *Le livre de têt de lit* pour démontrer que la lettre, support matériel du signifiant, signe dans le corps du parlêtre moyens de jouissance que coupe ce corps en format de zones pullsionnels dans lequels est impliqué l'objet *a* que détermine aussi un certain style.

Mots-clés: corps; pulsion; lettre.

Quando Deus fez o primeiro modelo em barro de um ser humano, Ele pintou os olhos, os lábios... e o sexo. Depois pintou o nome de cada pessoa para que o dono jamais o esquecesse.

Em Kioto, no Japão dos anos setenta, a menina Nagiko Kiyohara no Motosuke Sei Shonagon comemora seu aniversário de quatro anos de idade com um estranho ritual. Seu pai escreve uma benção em seu rosto. Com o mesmo pincel, o pai de Nagiko ainda escrevia em sua nuca: "Se Deus aprovou sua criação, Ele trouxe à vida o modelo de barro pintado assinando Seu próprio nome". Enquanto isso, a tia de Nagiko lia para ela *O livro de cabeceira*, escrito por uma cortesã de mesmo nome, Sei Shonagon, dizendo-lhe que em seu aniversário, quando Nagiko completasse vinte e oito anos, o livro completaria mil anos.

Dessa forma, o pai de Nagiko trouxe à vida um corpo cuja pele, qual a página de um livro, buscaria desde então, em memória de seu pai e de Sei Shonagon, com quem se identifica, o amante calígrafo ideal.

O ritual se repetiria em todos os aniversários de Nagiko e em todas as suas relações amorosas futuras desde seu precoce casamento, fracassado por não por poder reproduzi-lo. Desde então, Nagiko procura amantes que lhe lembrassem do prazer da caligrafia, sem nunca saber o que era mais importante: um bom calígrafo, porém mau amante, ou um bom amante, no entanto mau calígrafo?

Mais tarde, quando já adulta, Nagiko se dá conta do significado das antigas relações de seu pai com o seu editor que o extorquia e sodomizava em troca da publicação de seus livros. Em memória e honra a ele, Nagiko tornar-se-á escritora e, através do corpo de seu amante, Jerome, um tradutor inglês, enviará livros ao editor através da escrita na pele de seu amante que é também amante do editor, repetindo assim as relações de seu pai com este.

Porém, enciumada das relações de seu amante com o editor, Nagiko rejeita Jerome que, desesperado, suicida-se, envenenando-se. Após o enterro de Jerome, o editor profana seu túmulo, sequestrando seu corpo e retalhando sua pele para com ela publicar um livro.

Nagiko continua a enviar outros corpos/livros para o editor que avidamente os manda copiar em papel, até que, no décimo terceiro livro, o livro dos mortos, Nagiko envia-lhe uma mensagem na qual lembra que, no tempo dos samurais, os criminosos tinham seus crimes tatuados em seus corpos e que, por seus crimes, ele não merecia continuar vivendo. No instante em que o editor lê a mensagem, o samurai em cujo corpo Nagiko havia lhe enviado o décimo terceiro livro, com uma navalha, corta-lhe a garganta.

Tendo recuperado o livro feito com a pele de seu amante, Nagiko coloca-o num vaso sob uma árvore regando-a para que dela surjam novos frutos, assim como o filho de Jerome que carrega nos braços, perpetuando assim a vida. Nesse momento, Nagiko completa vinte e oito anos e o livro de Sei Shonagon, mil anos.

Neste filme *O livro de cabeceira*, dirigido por Peter Greenaway, encontramo-nos com a arte ensinando-nos sobre o que a psicanálise nos diz a respeito das relações entre o corpo e a escrita. Tal como em Nagiko, nossos corpos são como que páginas de um livro no qual o Outro inscreve seus significantes delimitando as formas pelas quais vamos buscar reencontrar o gozo perdido, já que, ao inscrever-se, o Outro abre furos no corpo por onde o gozo se esvai sempre retornando à sua própria origem, já que o que poderia tamponá-los sempre nos escapa, tal como no esquema da pulsão de Lacan (1990: 169).

Pelos olhos, pelos lábios, pelo sexo, pelo ânus e pelas orelhas, acrescentaria Lacan, o Outro escava nosso corpo provocando um gozo que, ao se perder, busca-se reencontrar na forma de um objeto. Nas palavras do próprio Lacan:

> Já descortinamos o campo em que inscrever o lugar do A, esse lugar que é o Grande Outro, isto é, aqui, o corpo. Penso que vocês devem estar lembrados de que, ao inscrever dessa maneira tudo o que é significante secundário, só nos é possível, no nível da própria inscrição de S_2, repetir, em relação a tudo o que pode inscrever-se em seguida, a marca do A como lugar de inscrição. Assim, nós o vemos, em suma, ser escavado pelo que chamei, da última vez, de *em-fôrma* do A, ou seja, o *a* que lhe introduz um furo (Lacan, 2008: 301).

Mas, antes de tudo, o Outro inscreve uma marca que é para não se esquecer, um traço que, tal como o objeto, determinará certo estilo, um traço primeiro que, como em Nagiko, determina sua identificação a um nome, Sei Shonagon, e um lugar de sua inscrição que é sua própria pele. E é através de sua pele e da de seus amantes que ela, como escritora, reverenciará o nome de seu pai e o de Sei Shonagon, até que seu livro complete mil anos.

Portanto, não devemos nos esquecer, tal como nos lembra Freud, de que, na verdade, toda nossa pele, como em Nagiko, é uma grande zona erógena que é perfurada, escavada, por um objeto *em-fôrma* de A, o objeto *a* que, no caso de Nagiko, se inscreve através de outro objeto do qual também não podemos nos esquecer, o falo, objeto por excelência e que dá seu valor a todos os outros. Para Sei Shonagon, o falo é o pincel, instrumento de prazer como ela mesma o diz: "E o pincel? Bem, o pincel é como aquele instrumento de prazer cujo objetivo nunca é colocado em dúvida, mas cuja eficiência surpreendente a gente sempre esquece".

Esse falo com o qual o pai de Nagiko lhe proporcionava tanto gozo, ela o toma em suas próprias mãos e, através dele, procurará redimir seu pai da ofensa e da humilhação impostas pelo editor, levando-lhe através dele também, o falo, sua própria morte.

Vemos então que o falo, através do qual o Outro inscreve em nós a vida que se perpetua através do nome, como o de Sei Shonagon por mil anos, ele também inscreve em nós nosso destino mortal, pois, como nos lembra Lacan,

> Se tudo é embrulhado na discussão das pulsões sexuais é porque não se vê que a pulsão sem dúvida representa, mas *apenas* representa, e parcialmente, a curva da terminação da sexualidade no ser vivo. Como espantar-se que seu último termo seja a morte? Pois que a presença do sexo está ligada à morte (Lacan, 1990: 168).

Esse é um sentido em que podemos entender toda pulsão como de morte, pois que a obra final da vida é a morte,

> [...] *ao arco é dado o nome de vida – Bíos*, o acento é na primeira sílaba – *e a sua obra é a morte*. O que a pulsão integra de saída em toda a sua existência é uma dialética do arco, diria mesmo do arco e da flecha. Por aí, podemos situar seu lugar na economia psíquica (Lacan, 1990: 168).

Então, na pulsão há sempre um movimento de retorno à sua própria origem, tal como a vida sempre retorna à morte, já nos dizia Freud. Mas, para além desse movimento que se perpetua no sexo, há uma morte, uma perda que se inscreve no vivo através do Outro, do significante. Lembramo-nos novamente da história de Nagiko, "Se Deus aprovou sua criação, Ele trouxe à vida o modelo de barro pintado assinando Seu próprio nome".

Tal como Nagiko, trazemos em nossa nuca, onde não podemos vê-lo, o nome de Deus, o nome impronunciável do último Outro, a morte, o impossível como nos diz Lacan:

> A pulsão de morte é o real na medida em que ele só pode ser pensado como impossível. Quer dizer que, sempre que ele mostra a ponta do nariz, ele é impensável. Abordar esse impossível não poderia constituir uma esperança, posto que é impensável, é a morte – e o fato de a morte não poder ser pensada – que é o fundamento do real (Lacan, 2007: 121).

Mas, para além do impossível de se dizer, de se ler, que é a morte, a inscrição do Outro do significante em nosso corpo, se nos traz à vida como seres falantes, seres da linguagem, produz também uma perda, uma perda do vivo, do vivo do corpo do qual já não se pode mais gozar sem o significante, sem a palavra que mata a coisa, Coisa que tentamos recuperar através de um pedaço dela que é o objeto. E é nesse trajeto, pelo qual tentamos recuperar esse pedaço do vivo, que sempre reencontramos a morte, nem que seja no gozo da "petit mort".

No entanto, nesse caminho da vida em direção à morte que é também o trajeto da pulsão, já nos lembrava Freud (1920/1973: 2526), o fazemos cada um à nossa maneira, ou seja, com nosso estilo próprio. E o que vemos na história de Nagiko é que esse estilo é marcado por um objeto que se inscreve na própria pele através do significante, na verdade através da letra/marca que, em sua reprodução, torna-se o significante de uma mensagem: "use meu corpo como as páginas de um livro", o livro de Sei Shonagon que a tia de Nagiko lia para ela quando criança, o "Livro de cabeceira" que ela própria se tornou.

Referências bibliográficas

FREUD, S. (1920/1973). Más allá del principio del placer. *Obras completas de Sigmund Freud*, v. 3. Madrid: Biblioteca Nueva.

LACAN, J. (1990). *O seminário, livro 11: os quatro conceitos fundamentais da psicanálise*. Rio de Janeiro: Jorge Zahar Editor.

———. (2007). *O seminário, livro 23: o sinthoma*. Rio de Janeiro: Jorge Zahar Editor.

———. (2008). *O seminário, livro 16: de um Outro ao outro*. Rio de Janeiro: Jorge Zahar Editor.

A VERTIGEM DO ESCREVER: APROXIMAÇÕES ENTRE O OULIPO E A FUNÇÃO DA ESCRITA NA PSICOSE

Marco Antonio Coutinho Jorge
Julia Cristina Tosto Leite

Resumo

O Ateliê ou Oficina de Literatura Potencial, tradução para a língua portuguesa do *OUvroir de LIttérature POtentielle* ou *OULIPO*, foi uma interessante proposta surgida na década de 60 a partir do encontro entre o escritor Raymond Queneau e o matemático François Le Lionnais em torno dos desafios da criação poética. O presente artigo propõe retomar alguns pontos da experiência literária do grupo francês para discutir a dimensão de "empuxo à criação" e a função da escrita em sua referência estrutural à psicose como posição na linguagem e sua importância na clínica.

Palavras-chave: escrita; psicose; OULIPO.

Résumé

Vertiges d'écriture: approchements entre l'OULIPO et la fonction d'écriture dans la psychose

L'atelier ou officine de literature potentielle, traduction de la langue portugaise d'*Ouvroir de Littérature Potentielle* ou *OU-*

LIPO, a été une proposition interessante qui a surgi dans la décade de 60, à partir de la recontre entre l'écrivain Raymond Queneau et le mathématicien François Lionais autour des défis de la création poétique. Cet article propose reprendre quelques points d'expérience littéraire du groupe français pour discuter de la dimension de la poussée de la création et la fonction d'écriture dans la référence structurelle à la psychose et position de la langue, et de son importance dans la clinique.

Mots-clés: écriture; psychose; OULIPO.

Enquanto se joga, o inferno fica esquecido.

Luiz Rezende

O presente artigo propõe retomar alguns pontos da experiência literária do grupo francês OULIPO para considerar clinicamente a função da escrita na psicose. Essa referência à arte, como campo conexo mas distinto da psicanálise, enriquece, de modo fundamental, a discussão da dimensão de "empuxo à escrita" (Maleval, 1993-1994) em sua referência estrutural à psicose como posição na linguagem e sua importância na clínica.

O Ateliê ou Oficina de Literatura Potencial, tradução para a língua portuguesa do *OUvroir de LIttérature POtentielle* ou OULIPO, foi uma interessante proposta surgida na década de 60 a partir do encontro entre o escritor Raymond Queneau e o matemático François Le Lionnais em torno dos desafios da criação poética. Reuniu numerosos participantes, entre literatos, outros artistas e matemáticos, além de ganhar fama junto ao público francês através de publicações e adaptações para o teatro. Não é demais lembrar que a música está na origem dessa ideia: ainda na década de 30, na saída de um concerto que incluía "Arte da fuga", de Bach, um comentário entre o escritor e artistas amigos que o acompanhavam aponta para um projeto de se realizar algo semelhante na literatura (Rezende *apud* Queneau, 1995). Desde o campo da psicanálise, como assinala Azevedo (2009), a música, como composição ou fruição, pode ser pensada como resposta ao impossível real, trazendo ao mesmo tempo alguns de seus vestígios, restos de lalíngua em sua função de litoral, da demarcação primeira que possibilita a emergência do sujeito do campo do Outro.

A formação do grupo OULIPO foi desenvolvida coletivamente, na década de 60, em um evento realizado em Cerisy, na França, em torno da obra de Queneau. A proposta central era de abertura do escritor ao "acontecimento" do material linguístico: "livre da necessidade de significar, de ter algo a dizer, de encontrar algum sentido precedente a seu ato de escrita, o autor concentra-se no fazer do texto" (Alencar & Moraes, 2005: 14-15). O caminho proposto para a criação literária questiona, de saída, o pressuposto romântico do escritor como gênio e a obra como inspiração única, explorando, de maneira mais radical, o potencial de inventar novas formas de utilização da linguagem através de possibilidades combinatórias. Os textos dos oulipianos destacariam, justamente, a dimensão de um fazer com a linguagem, daí a denominação de "ateliê" em sua referência ao trabalho de corte e costura.

Sem a pretensão de constituir um movimento literário, uma escola científica ou uma fábrica de literatura "aleatória", o grupo dos oulipianos coloca em questão a legibilidade possível a partir do simbólico, trazendo para a cena a letra – como dimensão de base do significante – em sua proximidade do real e sua importância na clínica da psicose. Assim, traz elementos interessantes para pensar a função da escrita na psicose e a presença tão marcante das Oficinas de Escrita nos dispositivos clínico-institucionais do campo da saúde mental em seu encaminhamento da abordagem da psicose em sua particularidade estrutural.

Manoel de Barros é exemplar em indicar o solo comum, onde pisam, de forma ao mesmo tempo semelhante e diferenciada, o poeta e o psicótico. O primeiro realiza, na sua relação com as palavras, uma busca deliberada que o poeta indica em "Retrato do artista quando coisa": "Há um cio vegetal na voz do artista. / Ele vai ter que envesgar seu idioma ao ponto / de alcançar o murmúrio das águas nas folhas/ das árvores" (Barros, 2010: 359). Para ele, essa aventura com as palavras não deve ocultar as vicissitudes dessa entrega: a "palavra de um artista [...] tem que chegar enferma de suas dores, de seus limites, de suas derrotas" (Barros, 2010: 359). Poderíamos dizer que, tocando o real, o poeta mantém os pés na terra do significante. No caso da psicose, de forma diferente, as palavras ganham a corporeidade de coisa e, submetidas ao processo primário, como no sonho, têm comprometida sua dimensão significante, como tão bem demonstram as alterações de linguagem delimitadas pela psiquiatria clássica. A carência do limite fálico, ordenador do simbólico e do jogo do desejo como encaminhamento conceitual de Lacan para considerar a linguagem na psicose, também apontou desde o início para uma vertente afeita à criação artística, positivada como expressão da estrutura.

Freud defendeu muito cedo que trabalhar com a palavra "como coisa" constitui um expediente comum entre as experiências do artista, do psicótico e da criança, indicação reiterada ao longo de sua obra. Em 1913, quando trata da origem da lei da castração e do laço social, Freud remonta tanto o tabu – em seu sentido de proibição – como o totem – em sua relação com o pai morto – a esse uso peculiar da linguagem, comum também aos selvagens. A cultura passaria a vigorar quando, legitimada a lei simbólica da castração – através da construção do mito –, se abriria a via do desejo. Ou seja, ordenando a cadeia significante, a castração marcaria o impossível encontro com *das Ding*.

Os oulipianos levam às últimas consequências a potencialidade da linguagem de ser "rica em sua miséria" (Le Lionnais *apud* Alencar & Moraes, 2005: 3). Podemos pensar que o empenho do trabalho desse grupo está na direção de destacar, justamente, a dimensão estrutural da linguagem. Lembramos que, já sob a influência do formalismo russo, a literatura é questionada como discurso ornado e ficcional ou como expressão da vida. Para Vitor Chklovski, um de seus representantes, a arte deveria restaurar a intensidade da descoberta, implicando, portanto, um conjunto de atitudes na direção da produção do insólito, do imprevisto, do estranhamento.

Podemos dizer que a pertinência da inserção de práticas ligadas à criação, a escrita em especial, nas oficinas terapêuticas destinadas ao acolhimento do psicótico tem sua perspectiva enriquecida a partir da potência de troca entre a psicanálise e a literatura e da consideração das relações do sujeito com a linguagem. Diferentemente da fala, a escrita implicaria mais fortemente um duplo movimento de construção e de perda, que desvela o ilegível do gozo, mas também a importância da moldura fálica em sua possibilidade de agenciar a lente da fantasia.

A consideração da escrita a partir da proposta oulipiana remete a uma dimensão conceitual mais ampla e à especificidade das questões da clínica psicanalítica da psicose. Freud e Lacan indicam que na psicose, embora o sujeito fale, está em jogo uma relação diferenciada com o inconsciente que traz consequências para sua posição de sujeito, sua relação com o objeto e, portanto, para a constituição da realidade. Entretanto, essa posição de risco, que compromete a possibilidade de lugar no laço social, é também posição de trabalho, trabalho árduo de construção de uma mediação que na neurose tem seu correlativo na centralidade da fantasia.

Sabemos que, na investigação do enigmático ofício do escritor, a bússola de Freud é a construção de uma hipótese sobre o psiquismo e a relação do sujeito com o mundo. E é no enfoque original dado ao escrito de Schreber que ele convoca à consideração do fino ensinamento clínico que a psicose oferece ao analista. O empuxo à escrita na psicose em particular, implicando uma posição de trabalho, ainda que com efeitos diversos, exigiria uma escuta na qual deve vigorar o desejo do analista como função de produção de diferença na radicalidade que coloca essa estrutura. A escrita, em sua variedade, poderia compor, no caso da psicose, com outros caminhos de sustentação, constituindo um recurso de vigor subjetivo e pulsional. Remetendo à dimensão de encobrimento da palavra no que esta se articula em uma narrativa – delirante ou não –, a escrita também traz sua cicatriz pulsional, retomando o registro da morte, do núcleo de autismo da linguagem.

Com pontos de partida diversos, Freud e Lacan encontram na escrita de Schreber e de Aimée, respectivamente, caminhos cruciais para o redimensionamento da hipótese do inconsciente e para a sustentação do sujeito na psicose. Os elementos conceituais que essa escrita permite evidenciar – em sua referência inicial à metáfora delirante – indicam chaves importantes sobre a relação do sujeito com o simbólico e a dimensão traumática do real. Particularmente, o correlato clínico do real, o gozo, passa a constituir uma dimensão de trabalho central na clínica psicanalítica da psicose.

Considerando as dimensões simbólica e real do inconsciente, situamos a criação na psicose como tributária da retomada da emergência do sujeito em seu enraizamento no campo do Outro. A dimensão real do inconsciente encontraria na escrita um chamado ao trabalho – certamente, acessível a todo sujeito, independente de sua estruturação – de valor especial. Conjugando a possibilidade de um contorno significante e da organização de um campo de significação, a escrita também acolheria uma dimensão originária de enfrentamento do real. O abismo da linguagem, buscado voluntariamente pelo escritor e presente no seio da criação literária, acometeria o psicótico de forma a impor-se. A escrita, com sua natureza anfíbia, promoveria um operador significante, mas de enraizamento no corpo, em uma dimensão de fundamento da linguagem, denominada *lalíngua* por Lacan (Lacan, 1972-1973/2008).

Retomando a postulação do inconsciente a céu aberto na psicose, destacamos, novamente na teorização freudiana e lacaniana, o estabelecimento de uma dimensão de criação na psicose correlativa à abertura de sua perspectiva clínica. A consideração do tema da estabilização em sua referência à estrutura da psicose remete ao enfoque original dos procedimentos que, expondo os efeitos da foraclusão do Nome-do-Pai, também revelariam um esforço de reconstrução no qual é possível circunscrever efeitos de sujeito. A escrita, em particular, teria a peculiaridade de funcionar como sustentação no adiamento do desencadeamento da psicose, constituindo também um recurso de enfrentamento mais radical com a linguagem correlativa à sua eclosão. A produção textual que se associa à psicose desencadeada implicaria em níveis diversos de elaboração do acometimento do real. Segundo Maleval (1993-1994), oscilariam do gozo puro da caligrafia, passando por um trabalho com a letra, em sua dimensão indicativa de trilhamentos possíveis, até um enraizamento significante mais estável.

Para situar o conceito lacaniano de letra na discussão de nosso tema, exploramos algumas relações entre loucura e literatura e os fenômenos de linguagem comuns na psicose. Podemos sublinhar sua importância através da dimensão de rasura que a escrita confere à palavra. Não é à-toa que Lacan a leva em conta na operação da metáfora paterna com seu valor no universo simbólico. Incidindo sobre o significante, a operação de apagamento da letra leva a palavra a encontrar um lugar, uma possibilidade de inscrição, a qual tem uma importância primordial para o sujeito. A escrita em sua dimensão de letra, evidenciada mais do lado do enigma da criação literária, integraria uma perspectiva convergente com a particularidade estrutural da psicose (Leite, 2012).

A oficina de escrita como dispositivo de trabalho clínico referenciado pela psicanálise contemplaria a possibilidade de situar o empuxo à escrita dentro de um trabalho com a dimensão de letra do significante, mas também de endereçamento transferencial que poderia potencializar efeitos de sujeito e de construção de uma hospedagem no laço social. A escrita, diferentemente de outras formas de expressão, teria como particularidade o movimento na direção do objeto, funcionando como proteção frente à dimensão invasiva do Outro, mas também forjando um interlocutor, um leitor possível.

Na redação do laudo do caso Aimée, Lacan menciona a "execução urgente de escritos" (Lacan, 1932/2011: 202), destacando seu valor clínico para a pesquisa dos mecanismos da psicose. Até o fim de seu ensino, ele irá valorizar as virtualidades criativas da psicose como uma questão para o analista em sua experiência de escuta do sujeito na psicose e, de modo mais amplo, na consideração da importância, para a práxis psicanalítica, da letra como litoral entre saber e gozo.

Luiz Rezende, estudioso e tradutor de *Exercícios de estilo* de Raymond Queneau (1995), chega a definir uma ética queneliana do riso ou do jogo, como expressa a epígrafe de sua autoria que abre nosso texto e que tomamos emprestada para considerar, ao modo do que a arte nos ensina, a importância e a fragilidade de nossos recursos para habitar o mundo, a realidade.

Referências bibliográficas

ALENCAR, A. M. & MORAES, A. L. (2005). O OULIPO e as oficinas de escrita. In: *Terceira margem.* Revista do Programa de Pós-Graduação em Ciência da Literatura, Universidade Federal do Rio de Janeiro, Centro de Letras e Artes, Faculdade de Letras, Pós-Graduação, *IX*(13), 9-28.

AZEVEDO, R. M. (2009). O que pode a música dar a ouvir aos sujeitos? In: LIMA, M. M. & JORGE, M. A. C. (Orgs.). *Saber fazer com o real: diálogos entre psicanálise e arte* (pp. 79-86). Rio de Janeiro: Cia. De Freud, PGPSA/IP/UERJ.

BARROS, M de. (2010). *Poesia completa.* São Paulo: Leya.

FREUD, S. (1915/1987). O inconsciente. *Edição standard brasileira das obras psicológicas completas de Sigmund Freud*, v. XIII. Rio de Janeiro: Imago.

JORGE, M. A. C. (2009). Testemunhos do inconsciente. In: LIMA, M. M. & JORGE, M. A. C. (Orgs.). *Saber fazer com o real: diálogos entre psicanálise e arte* (pp. 41-55). Rio de Janeiro: Cia. De Freud, PGPSA/IP/UERJ.

———. (2010). *Fundamentos da psicanálise, de Freud a Lacan, v. 2: a clínica da fantasia.* Rio de Janeiro: Jorge Zahar.

LACAN, J. (1932/2011). *Da psicose paranoica em suas relações com a personalidade; seguido de Primeiros escritos sobre a paranoia.* Rio de Janeiro: Forense Universitária.

———. (1972-1973/2008). *O seminário, livro 20: mais, ainda.* Rio de Janeiro: Zahar.

LEITE, J. C. T. (2012). *Psicose e escrita: ao pé da letra.* Tese de Doutorado, orientada por Marco Antonio Coutinho Jorge, defendida junto ao Programa de Pós-graduação em Psicanálise do Instituto de Psicologia da UERJ.

MALEVAL, J.-C. (1993-1994). Fonction de l'écrit pour le psychotique. *Ligeia Dossiers sur l'art, 13-14*, 117-125.

QUENEAU, R. (1995). *Exercícios de estilo.* Tradução, apresentação e posfácio de Luiz Rezende. Rio de Janeiro: Imago.

FIDELIDADE À LETRA: ESCRITA-CONDUÇÃO PELO ESTREITAMENTO

Beatriz Guimarães

Resumo

Partindo de "Leitura de Stretto", de Peter Szondi (1972/2005), sobre o poema *Engführung* de Paul Celan, o artigo problematiza a composição da poesia em sua materialidade, as vozes e a letra tecidas no poema. Busca refletir sobre a leitura e a tradução literária que privilegia, como a interpretação psicanalítica, a letra, sendo a significação um efeito de leitura. Numa escrita-condução, o poeta, em seu fazer com a letra, toca a dimensão traumática concernente ao real.

Palavras-chave: poesia; letra; psicanálise.

Résumé

La fidélité à la lettre: écrit-conduite par le rétrécissement

D'après le texte de Peter Szondi (1972/2005), "Lecture de Strette", à propos de *Engführung*, poème de Paul Celan, le présent document traite de la composition de la poésie dans sa matérialité, les voix et la lettre tissées dans le poème. Cet article vise à réfléchir sur la lecture et la traduction littéraire qui privilégie, ainsi que l'interprétation psychanalytique, la lettre, où le sens est un effet de la lecture. De son savoir-faire avec la lettre, dans une écriture-conduite, le poète touche la dimension traumatique qui concerne le réel.

Mots-clés: poésie; lettre; psychanalyse.

Em 1958, para o recebimento do Prêmio Literário da Cidade de Bremen, Paul Celan escreveu um discurso no qual levava formalmente ao público a expressão de suas concepções acerca da linguagem e do lugar da poesia, em especial na língua alemã, no cenário de seu tempo, explicitando que a linguagem na lírica tinha que se tornar ainda mais rigorosa e concentrada. Logo após essa ocasião, Celan escreveu o poema *Engführung*.

Na esteira dessas proposições, o poema mostra uma escrita ainda mais concisa e rigorosa. Essa precisão será traçada em cada uma de suas partes. O nome do poema, traduzido para o francês e aprovado pelo poeta como *Strette* (*Stretto* nas traduções brasileiras), indica o termo técnico de uma forma musical, também em alemão – *Engführung*. Cabe ressaltar que a palavra composta (e essa é uma característica da língua alemã) permite-nos ler *Engführung* como um nome, que contribui para a *leitura* do poema. Esse nome designa não apenas a composição musical que se desenrola nas partes que são vozes, como estribilhos, mas também a palavra *Engführung* é um substantivo do sintagma *eng Führung*, que pode ser traduzido por "conduzir estreitando", sendo, portanto, uma "escrita-condução", "condução pelo estreitamento" que "está a serviço da precisão" (Szondi, 1972/2005: 101). Ainda, conforme uma das acepções do *Deutsches Universal Wörterbuch – Duden*: integração íntima, reunificação, estreita relação com o outro (*enge Verschränkung, Zusammenführung; enge Beziehung aufeinander*).

Em 1971, Peter Szondi, crítico literário e escritor judeu, escreveu, respondendo ao pedido do amigo Paul Celan, o artigo "Leitura de Stretto". Nesse texto, o escritor discute alguns aspectos da tradução do poema *Engführung* de Celan, realizada para o francês por Jean Daive (versão lida e autorizada pelo próprio poeta) e faz avançar a compreensão sobre o texto celaniano.

Para Szondi (1972/2005), em seu livro póstumo *Estudos sobre Celan* (*Celan-Studien*), no qual sua leitura do poema encontra-se incluída, abrir o sentido dessa composição em *Stretto* passa por ter compreendido, isto é, *lido* as relações entre as diferentes vozes do poema: "Dizemos 'lido', embora o estabelecimento dessas relações seja concernente à interpretação, tendo em conta que as relações *não são o objeto senão o resultado da leitura*" (Szondi, 1972/2005: 58; grifos nossos).

Interessante observar que a interpretação, nessa proposição de Szondi, busca não acrescentar "nada de estranho ao texto", na medida em que procura "descrever o tecido verbal". Esse tecido, em *Stretto*, é "precisamente a composição das diversas vozes que formam as diferentes partes do poema" (Szondi, 1972/2005: 58). Para Szondi, as relações entre as vozes no texto não se dão de maneira discursiva, mas, sim, musical: sob a forma de *stretto*.

Essa proposição pode ser aproximada do axioma bermaniano, segundo o qual "a tradução é tradução da letra, do texto enquanto letra" (Berman, 2007: 10). Na leitura de texto apresentada por Szondi (1972/2005), se trata precisamente de poder mergulhar no tecido do escrito. Diremos, então, que esse tecido é feito de letra. No caso do poema *Stretto*, é composto por vozes. Vozes que adquirem materialidade na letra. A letra, para Berman (2007:11, grifo nosso), "não é a palavra, mas o lugar habitado onde a palavra perde sua definição e onde *ressoa* o 'ser-em-línguas'".

Berman (2007), em seu livro *A tradução e a letra ou o albergue do longínquo*, para discutir as duas abordagens clássicas da tradução – etnocêntrica e hipertextual – situa em Roma as origens da tradução. Tratava-se de traduzir, absorver, assimilar, para o mundo romano-cristão, o *corpus* de textos gregos. A literatura latina funda-se, então, na tradução; nasce por "pilhagem, empréstimos e anexação". Essa tradução não se efetiva pela tradução de palavra a palavra, visa à *anexação do sentido*.

Para Berman (2007), essa forma de tradução encontra seus fundamentos no corte estabelecido por Platão entre o sensível e o inteligível, entre o corpo e a alma. Mas teria sido nos princípios de tradução de São Paulo que esse corte ganharia expressão nos processos de tradução sustentados na cisão entre o espírito, como o que vivifica, e a letra, como o que mata. Teremos, então, de um lado: sensível - corpo - letra - morte; e de outro: inteligível - alma - espírito - vida - sentido. Disso extraímos que "a tradução não se importa com a *letra morta*: ela vai, para captá-lo, até o espírito, ao *sentido*" (Berman, 2007: 31; grifos nossos).

Muito pertinente é a observação de Berman (2007: 31; grifos nossos) de que "enquanto que a tradição judaica *desconfia da tradução*, é realmente um imperativo categórico do cristianismo a tradução do Livro em todas as línguas, a fim de que o *sopro vivificante do Espírito* atinja todas as nações". Essa ideia busca a unidade das línguas, negando a confusão de Babel, o "fantasma assustador da multiplicidade das línguas". Tudo isso se baseia no grande corte platônico, de onde deriva um ideal, presente nos processos de tradução, de um puro *logos*, que deixa de lado a casca sensível, o corpo, a materialidade da letra.

> Partir do pressuposto que a tradução é a captação do sentido é separá-lo de sua letra, de seu corpo mortal, de sua casca terrestre. É optar pelo universal e deixar o particular. A fidelidade ao sentido [...] opõe-se à fidelidade à letra. Sim, a fidelidade ao sentido é obrigatoriamente infidelidade à letra (Berman, 2007: 32).

No Seminário *De um discurso que não fosse semblante*, na lição 7, intitulada *Lituraterra*, vemos Lacan (1971/2009) debruçar-se sobre a letra, partindo do que lhe suscitou o encontro com a cultura e a escrita japonesa. É no retorno de sua viagem ao Japão, naquilo que ele pôde avistar, por entre as nuvens, no sobrevoo das terras siberianas, que ele irá (re)situar a função da letra. Suas reflexões acerca dessa noção já tinham sido desdobradas desde "A instância da letra no inconsciente ou a razão desde Freud" (1957/1998), bem como em seu "O seminário sobre 'A carta roubada'" (1955/1998), articulando a letra e o registro simbólico.

Mas será depois de ter postulado os quatro discursos, grafados com letras, que Lacan irá avançar sobre um discurso que, precisamente por não fazer semblante do significante, deixa precipitar a letra.

> Será que é possível do litoral constituir tal discurso que se caracteriza por não se emitir do semblante? É evidentemente a questão que só se propõe da literatura dita de vanguarda, que é, ela mesma, um fato de litoral e, portanto, não se sustenta do semblante, mas que por isso não prova nada, a não ser mostrando a quebra que apenas um discurso pode produzir (Lacan, 1971/2009: 116).

Podemos situar precisamente aí a poética de Paul Celan, uma escrita de vanguarda, litoral. Passemos, agora, à leitura-escuta do poema *Engführung*:

STRETTO

*

Trazidos para o
campo
com a marca que não engana:

Grama, escrita espalhada. As pedras, brancas,
com as sombras dos talos:
Não leias mais – vê!
Não vejas mais – vai!

Vai, tua hora
não tem irmãs, estás –
estás em casa. Uma roda, lentamente,
rola para fora dc si mesma, os raios
escalam,
escalam por campo enegrecido, a noite
não precisa de estrelas, em lugar algum
perguntam por ti.

*

Em lugar algum
perguntam por ti –

O local em que estavam, ele tem
um nome – tem
nenhum. Não estavam lá. Algo
havia entre eles. Não
olhavam através.

Não olhavam, não,
falavam de
palavras. Ninguém
despertou, o
sono
veio sobre eles.

*

Veio, veio. Em lugar algum
perguntam –

Sou eu, eu,
estava entre vocês, estava
aberto, estava
audível, fiz sinal, uma respiração

obedeceu, sou
eu ainda, vocês
estão dormindo.

*

Sou eu ainda –

Anos,
Anos, anos, um dedo
tateia, de cima a baixo, tateia
ao redor:
pontos de sutura, palpáveis, aqui
se abre demais, lá
voltou a fechar-se – quem
o cobriu?

*

Cobriu-o
– quem?

Veio, veio.
Veio uma palavra, veio,
veio pela noite,
queria brilhar, queria brilhar.

Cinzas.
Cinzas, cinzas.
Noite.
Noite-e-noite. – Vai
para o olho, para o úmido.

*

Vai
para o olho,
para o úmido –

Furacões.
Furacões, desde sempre,
turbilhão de partículas, o outro,
tu
bem sabes, nós
lemos no livro, era
opinião.

Era, era
opinião. Como
nos tocamos
– tocamos, com
estas
mãos?

Também estava escrito que.
Onde? Nós
fizemos silêncio sobre isso,
silêncio de morte, grande,
um
silêncio
verde, uma sépala, nela
suspenso um pensamento de vegetal –

verde, sim.
suspenso, sim,
sob malicioso
céu.

Nela, sim,
de vegetal.

Sim.
Furacões, tur-
bilhão de partículas, sobrou
tempo, sobrou.
para tentar com a pedra – era
hospitaleira, não
cortava a palavra. Como
estávamos bem:

Granulosos,
granulosos e fibrosos. Hasteados.
densos;
cacheados e irradiantes; nevríticos,
espalmados; soltos, rami-
ficados –: ela, isto
não cortava a palavra, isto
falava,
falava com prazer a olhos secos, antes de fechá-los.

Falava, falava.
Era, era.

Nós
não desistimos, estávamos
no meio, um
monte de poros, e
ele veio.

Veio até nós, veio
através, remendava
invisível, remendava
a última membrana,
e

o mundo, um cristal em mil
irrompeu, irrompeu.

*

Irrompeu, irrompeu.
Então –

noites decompostas. Círculos,
verdes ou azuis, vermelhos
quadrados: o
mundo insere o mais íntimo
no jogo com as novas
horas. – Círculos
vermelhos ou pretos, claros
quadrados nenhuma
sombra voadora,
nenhuma
prancheta, nenhuma
alma de fumaça sobe e acompanha.

*

Sobe e
acompanha –

No abrigo da coruja, na
petrificada lepra,
em
nossas mãos escapulidas, no
mais recente repúdio,
sobre a
barreira de balas junto
ao muro em ruínas:

visível, de
novo: os
sulcos, os

coros, outrora, os
salmos. Ho, ho-
sana.

Mas
ainda há templos. Uma
estrela
ainda tem luz.
Nada,
nada está perdido.

Ho-
sana.

No abrigo da coruja, aqui,
as conversas, cinza-dia,
das marcas d'água subterrânea.

*

(– cinza-dia,
das
marcas d'água subterrâ-
nea –

Trazidos
para o campo
com
a marca
que não engana:

grama,
grama,
escrita-espalhada.)

Celan busca desenhar a realidade diante de si mesmo e dos seus. Aqui a realidade é construída no ato mesmo da escrita, "a poesia deixa de ser *mimesis* [...]: torna-se realidade. Realidade poética, texto que já não segue a uma realidade, senão que projeta a si mesmo, que se constitui como realidade [...]. O que o poeta pede a si próprio e ao leitor é que avance na extensão que é seu texto" (Szondi, 1972/2005: 53). Nesse poema, o leitor não é uma entidade exterior ao escrito, mas situa-se como parte do que se lê.

Celan inicia *Stretto* (*Engführung*) com a palavra *Verbracht*, particípio do verbo *verbringen* que, na segunda acepção do *Deutsches Universal Wörterbuch*, significa: transladar, transportar, levar. O verbo *verbringen* era um dos tantos eufemismos utilizados pelos nazistas para falar do transporte de judeus e dos objetos confiscados. Deportado, transladado para o campo, segundo Szondi (1972/2005: 49), encontra-se também o leitor desse poema, cuja paisagem ali desenhada é a do próprio texto. "O campo / com a marca que não engana" (ou ainda, em outras proposições de tradução para *Gelände / mit der untrüglichen Spur*: "a extensão / de traço infalível"; "o terreno / de rastro inequívoco"), o campo, composto por grama, constitui a própria extensão da escrita, grama como letra: "Grama, escrita-espalhada. As pedras, brancas / com as sombras dos talos". É uma extensão feita de vazio, de branco, de pedras e sombras. "Seriam essas pedras pedras sepulcrais?". Não temos como saber, o que se sabe apenas é a *textualidade* dessa extensão. Assim, "a paisagem-texto é uma extensão fúnebre e funesta. Sentimo-nos dispostos a dizer que o leitor encontra-se deportado a uma paisagem em que reinam a morte e a sombra, os mortos e sua memória" (Szondi, 1972/2005: 52).

"Não leias mais – vê! / Não vejas mais – vai!": o olhar é substituído pelo movimento. Dessa forma, o leitor/autor é convocado a avançar. Mas avançar sobre o quê? Sobre qual realidade a ser constituída? Avançar, na poética celaniana, é ir à origem: é regressar. Regressar fundamentalmente à hora que não tem nenhuma irmã, ou seja, à última hora: a hora da morte. O regresso, como ponto de partida de toda a poesia de Celan, é a memória dos mortos, lembra-nos Szondi (1972/2005: 54).

Mas já que a poesia de Celan não narra mais a realidade, senão que se torna ela mesma realidade, "o *campo enegrecido* não é o que a poesia descreve, senão aquele que a poesia faz existir" (Szondi, 1972/2005: 54). É nesse campo que ela avança, escrevendo-se a si mesma, e onde faz avançar o leitor. A realidade que a poesia põe em movimento tem como motor a si mesma: a roda gira por si mesma, dando a ideia dessa animação incessante da vida e da poesia (que não estão disjuntas). Szondi (1972/2005: 55) destaca que, ao escrever esse movimento da roda, o poeta produz um deslocamento em relação ao sujeito, que, estando *de regresso*, deixa de ser sujeito. Sendo o ser "ser em regresso", sua existência se confunde com a não-existência. Isso faz com que seu avanço se converta em progressão dos raios da roda: o sujeito, portanto, "deixou de ser leitor ou espectador de algo diferente de si mesmo ao ter-se convertido em roda. Portanto, sob a noite, que é o domínio da morte, e que se estivesse iluminada por estrelas já não seria o que é, ocorre que *em lugar algum / perguntam por ti*".

Ao final de cada parte, Celan repete a última frase, como uma voz que faz transbordar e ultrapassar a linha do texto. Essa repetição ganha a dimensão de um dito que, ao insistir, produz-se como uma inscrição de um traço, cujo apagamento introduz uma diferença. A pontuação é diferente, e as frases são alongadas por um sinal gráfico. Para uma aproximação, ainda que parcial, da função dessa repetição e da relação "estrita" entre as nove partes do poema, é necessário refletir sobre o princípio da composição que em música se conhece com o nome de *stretto*.

Qual seria a função dessa escolha pela marcação progressiva do texto, sustentada pelo encadeamento musical? O caminho tomado pelo poeta constitui uma opção pelo esvaziamento do sentido, provavelmente decorrente dos efeitos de leitura do seu conhecido poema de 1944-45, *Todesfuge* ("Fuga sobre a morte"), em especial nos anos 1954-1958. Chegou-se a falar que *Todesfuge* seria uma forma de "perdão e reconciliação". Evidentemente, essa não era a proposição de Celan ao escrever seus poemas. Assim, em sua resposta à enquete da livraria *Flinker* de Paris, em 1958, já postulava o rigor exigido à nova geração de poetas de língua alemã, e precisamente nessa língua, em seu fazer com a escrita. Celan anunciava, então, uma necessária concisão.

Essa concisão ganha corpo na notação musical do poema, com suas vozes, repetições, pausas, silêncios. São emudecimentos atravessados pela grama-letra, escrita-espalhada, com suas sombras de talos: "um / silêncio / verde, uma sépala, nela / suspenso um pensamento de vegetal – / verde, sim. / suspenso". Isso nos remete aos sulcos na terra avistados por Lacan (1971/2009) em seu voo sobre a planície siberiana. Trata-se do ravinamento, dos sulcos escavados pela letra que se precipita do significante. Isso é pensável desde um discurso que, não sendo semblante, deixa cair a letra. Da mesma forma, o texto celaniano conduz pelo estreitamento, vai ao silêncio, um silêncio verde, de vegetal, no qual um pensamento fica suspenso, para, em seguida, precipitar a letra, a escrita, com suas sombras de talos.

Nessa marcação da terra, como rasura, litura terra, a letra traça a inscrição de um gozo que não mais convida ao trabalho de decifração. Por essa via, podemos pensar a poesia – escrita--condução pelo estreitamento – como um trabalho produzido pela letra. Diante de um impossível de representar, no qual uma realidade precisa ser desenhada, justamente no furo do saber no Real, a letra faz borda, litoral. De literal faz litoral. Segundo

Lacan (1971/2009), o que advém da ruptura de um semblante é o gozo com seu componente de (i)mundo. O que temos, então, com a escrita do poema são restos e bordeamento; litoral, encontro de heterogêneos. Nessa direção, a letra na poesia toca o real. Desenha pontas do real.

Conduzidos pelo poeta, vamos até o campo onde sua escrita é grama-letra espalhada. Letra que faz borda, litoral, no furo do saber no Real. A poesia desenha essa borda ali onde o saber sobre o trauma escapa ao sujeito. Na lacuna entre percepção e representação, entre aquilo que se vê e o que se sabe, Lacan situa a letra: "Entre o gozo e o saber a letra constituiria o litoral" (Lacan, 1971/2009: 110). Essa função da letra, Celan (1958/2002: 57) a descreve da seguinte maneira: "Nessa língua busquei, durante aqueles anos e nos anos seguintes, escrever poemas: para falar, para me orientar, para saber onde me situar e aonde sou chamado, para projetar a realidade diante dos meus". Em *Engführung*, a notação musical, com suas vozes, repetições, pausas, emudecimentos atravessados pela grama-letra, constitui esse texto-realidade que se faz ao ser escrito e ao conduzir leitor e autor pelo estreitamento (*Enge*). Lembramos que estreito consiste também numa passagem.

Essa escrita, traçada por Celan, requer do leitor a fidelidade à letra. Para ser lida, precisa ser tomada "ao pé da letra".

Referências bibliográficas

BERMAN, A. (2007). *A tradução e a letra ou o albergue do longínquo.* Tradução de Marie-Hélène Catherine Torres, Mauri Furlan e Andréia Guerini. Rio de Janeiro: 7Letras/PGET.

CELAN, P. (1958/2002). Allocution de Brême. *Le Méridien & Autres Proses.* Édition bilingue. Traduit de l'allemand et annoté par Jean Launay. Paris: Seuil.

———. (2009). Engführung. *Cristal.* Seleção e tradução de Claudia Cavalcanti. 1ª reimpressão. São Paulo: Iluminuras.

DUDEN – *Deutsches Universal Wörterbuch.* Disponível em: <http://www.duden.de>. Acesso em: 19/09/2012.

LACAN, J. (1957/1998). A instância da letra no inconsciente ou a razão desde Freud. *Escritos.* Rio de Janeiro: Jorge Zahar Editor.

———. (1955/1998). O seminário sobre *A carta roubada. Escritos.* Rio de Janeiro: Jorge Zahar Editor.

———. (1971/2009). *O seminário, livro 18: de um discurso que não fosse semblante.* Rio de Janeiro: Jorge Zahar Editor.

———. (1975-1976/2007). *O seminário, livro 23: o sinthoma.* Rio de Janeiro: Jorge Zahar Editor.

SZONDI, P. (1972/2005). *Estudios sobre Celan.* Tradução de Arnau Pons. Madrid: Trotta.

PICHAR, PROSCREVER, DESSUBJETIVIZAR. FOTOGRAFAR, INSCREVER, SUBJETIVAR

Bethania Mariani

Vanise Medeiros

Resumo

Neste trabalho focalizamos dois gestos de interpretação que, inscritos em moradias populares, materializam dois diferentes processos de significação: a escrita de uma sigla em casas de uma favela e fotografias de moradores nas paredes externas às casas marcadas com a referida sigla. Dois gestos antagônicos que decorrem de um programa da prefeitura da Cidade do Rio de Janeiro, "Morar Carioca", programa articulado ao um projeto governamental, o Projeto Porto Maravilha.

Palavras-chave: Pichação; proscrição; dessubjetivação; fotografia; subjetivação.

Abstract

Spraying, proscribing, de-subjectivating. Photographing, inscribing, subjectivating

In this paper we have focused on two gestures of interpretation – both assigned to popular housing units – which materialize two different processes of meaning: the writing of an acronym and photos of home dwellers on the outside walls of slum houses. Those are two opposed gestures that result from a program developed by the municipality of Rio de Janeiro City, "Morar Carioca", articulated with another government project, the Wonder Port Project.

Keywords: scratching; banning; de-subjectivising; photographing; subjectivising.

Não habitamos porque construímos. Ao contrário. Construímos e chegamos a construir à medida que habitamos, ou seja, à medida que somos como aqueles que habitam. Mas em que consiste o vigor essencial do habitar?

Heidegger

1.

Um sintoma social urbano, que é o das formas de resistência à modificação do espaço ocupado por comunidades, é aqui objeto de reflexão.

No Morro da Providência, sem muito aviso prévio por parte da prefeitura, e durante a ausência dos moradores, que em sua maioria havia saído para trabalhar, algumas casas foram pichadas com a sigla SMH – Secretaria Municipal de Habitação –, para serem derrubadas em função de projeto de reurbanização proposto pela prefeitura para o corpo da cidade. Tomamos aqui a cidade como um corpo e as pichações da prefeitura como aquilo que será cortado do corpo da cidade desfazendo laços daquele espaço urbano. Contrapondo-se às pichações da prefeitura, reproduções muito ampliadas de fotos dos moradores – fotos dos rostos e de corpo inteiro – são feitas por um fotógrafo, morador da favela e líder comunitário, como resposta às marcações, como forma de resistência à derrubada das casas.

Neste trabalho propomos uma discussão sobre as formas de escrita do social no corpo da cidade, seja a da escrita institucional da prefeitura que, através de pichações, normatiza, restringe e ordena sem perguntar, proscrevendo os moradores de seu lugar de origem; seja a de outra forma de escrita, feita a partir de imagens de pessoas que, com sua corporalidade, inscrevem um discurso de outra ordem, portando as marcas dos que resistem fora da normatividade urbana.

Falamos do lugar teórico da Análise do Discurso, o que significa dizer que tais *sites e blogs* foram lidos como discurso urbano, ou seja, materializam com palavras e imagens um sintoma social contemporâneo que é o das formas de ocupação do espaço nas cidades e as disputas aí envolvidas entre o poder público e moradores de áreas urbanas a serem modificadas em função de algum tipo de projeto do estado (governo e prefeitura).

Focalizamos, então, dois gestos de interpretação que, inscritos em moradias populares, materializam dois diferentes processos de significação: a inscrição de uma sigla em casas de uma favela e de fotografias de moradores nas paredes externas às casas marcadas com a referida sigla. Dois gestos que decorrem de um programa da prefeitura da Cidade do Rio de Janeiro, "Morar Carioca", programa articulado ao projeto governamental, Projeto Porto Maravilha. Este último se apresenta com o objetivo de recuperação da zona portuária do Rio de Janeiro, articula-se ao "Morar Carioca" e atinge uma favela, Morro da Providência, no centro da cidade do Rio.

Nossa análise incidirá sobre esses dois gestos de interpretação inscritos nas paredes das casas, duas marcações: da sigla SMH e das fotos dos moradores. Duas materialidades distintas, duas posições em confronto: uma que porta uma impessoalidade, uma vontade de política pública e uma ordem jurídica sem margem para questionamentos; outra que confronta o impessoal da política urbana ao explicitar a subjetivação, ou seja, que, dando cara e corpo aos moradores, reivindica uma ética. A análise dessas duas materialidades será entremeada por análises dos relatos dos moradores do Morro da Providência cujas casas foram marcadas.

2.

Um arquivo de imagens está em construção no Laboratório Arquivos do Sujeito (www.uff.br/LAS), visando à captura na mídia de fotografias da violência (seja social, urbana, policial, escolar, territorial, entre outras) na sociedade e de formas de resistência a essas violências. Para analisar o arquivo fotográfico que vem sendo construído pelo Laboratório Arquivos do Sujeito, um desafio transdisciplinar se impõe, o qual conjuga a materialidade da letra à materialidade da fotografia como formas de construção de uma narratividade que se apaga como tal. Um dos tópicos de discussão para o LAS é a compreensão de que a fotorreportagem joga com a ilusão de estar colada a um referente, produzindo o efeito testemunha, de "prova irrefutável" para o relato em questão.

Em trabalho anterior (Mariani & Medeiros, 2011), mostramos como a fotorreportagem acena para o relato, para uma narratividade, rompendo com a objetividade com que se supõe o discurso jornalístico e produz efeitos de sentido variados. Neste artigo, trabalhamos com a imagem de uma adolescente que se deixa fotografar sorrindo e armada com uma pistola em uma das ruas da favela da Rocinha, no Rio de Janeiro. Discutimos essa fotografia colocando-a em confronto com outras imagens e textos jornalísticos publicados na revista *Veja* e no *Jornal do Brasil.*

No processo de construção do arquivo sobre situações de confronto social e urbano, não consideramos apenas a mídia impressa, investigamos também a que circula nas redes internáuticas. *Sites* e *blogs*, embora não tenham assumidamente um caráter jornalístico, funcionam como tal na medida em que, além de colocar em circulação notícias sobre os antagonismos sociais e urbanos, atuam como porta-vozes de minorias que usualmente são "invisíveis" na grande imprensa. Assim, para este artigo, elegemos como material a ser descrito e analisado fotos e textos em *sites* e *blogs* que registram confrontos em torno da questão da moradia popular. São os seguintes sites:

> http://apublica.org/2012/04/rj-casas-vao-cair/providaancia/; http://rioonwatch.org.br/?p=2808; http://www.anf.org.br/2011/07/projeto-sem-teto-carioca-relato-de-uma-moradora-do-morro-da-providencia/; http://www.cultureisyourweapon.com/2011/06/providencia-inside-out/.

> E os dois blogs:

> http://raquelrolnik.wordpress.com/2011/05/23/intervencao-artistica-chama-atencao-para-remocoes-no-morro-da-providencia-no-rio-de-janeiro/; http://saudosamalocamalocaquerida.blogspot.com.br/2012/04/rj-as-casas-vao-cair.html.

Nos relatos, lemos que casas foram marcadas com a sigla SMH com tinta spray e sem esclarecimento ("encontrei uma marcação em minha porta" / "marcou minha casa sem me informar o que isso significa"). Não se trata de uma sigla padronizada e impressa às casas; nas fotos nos sites, vemos que elas foram feitas à mão, algumas letras garrafais, outras menores; caligrafia irregular.

Em que consiste uma sigla? No *Hoauiss* (200), encontramos que são letras de diversas palavras, letras sem formar palavras, abreviação, redução, acrógrafo, rubrica, marca. Em Cabré (*apud* Henriques, 2007: 137), a sigla resulta em palavras por um "processo de truncação", isto é, palavras formadas de letras iniciais de palavras. Se no Houaiss ela é marca, em Cabré já a temos como palavra. Pensando-a discursivamente, diremos que a sigla consiste em uma dobra sobre a palavra cujo funcionamento complexo – de "truncação da palavra" que se transforma em letra, de letra que se transforma em sílaba e de sílaba que se transforma em palavra outra – opacifica a palavra que nela, sigla, resultou. Sua força reside no seu funcionamento: apagamento e esquecimento da palavra outra ao mesmo tempo que se instaura como palavra outra. Diferentemente de outros processos de formação de palavras, em que se acresce ou se subtrai afixos e com eles se deslocam sentidos, na sigla a palavra se apaga para virar letra que vira palavra outra, passível de derivações como qualquer palavra. Palavra sobre palavra cuja ilusão reside na redução à letra. A sigla vale pelas palavras outras e, nesse processo de substituição da palavra pela sigla, inscrevem-se duas posições discursivas: a de quem produz, gesto sobre o dizer; e a do outro, instado a ler a sigla em sua opacidade e a dar sentidos àquilo que a redução apaga. Sem esquecer que, se uma sigla é uma marca, em nossa sociedade uma sigla é também um logotipo e uma assinatura (rubrica). Personaliza um produto, uma empresa, um governo, uma instituição.

"O que isso significa?". A resposta nos *sites* e *blogs* é "Secretaria Municipal de Habitação", uma expressão que, em *blogs* de moradores, comparece com o equívoco "Secretário Municipal da Habitação" em lugar de "Secretaria Municipal da Habitação"; equívoco que retira o gesto do estado da impessoalidade ao dizer "secretário".

SMH, uma sigla pichada, ou seja, uma pichação-sigla-assinatura do Estado sobre a moradia popular: casa marcada para ser demolida. Uma sigla que possui a autoridade do estado sobre a moradia: marca que condena a casa e proscreve o morador.

Poderíamos propor, aqui, que, para os moradores do Morro da Providência, essas siglas, enquanto marcas nas casas, em sua opacidade enigmática para a maioria dos moradores, funcionam com efeito de uma pichação. Pichação que os moradores sabem ter sido feita por um órgão público.

Do ponto de vista do poder instituído, compreende-se a pichação – "com seus estranhos sinais gráficos" (Orlandi, 2004: 110) – como sujeira nas paredes dos muros, dos monumentos e das casas, ou pode ser lida como marcas que delimitam territórios, que escrevem histórias de grupos socialmente discriminados ou que reivindicam um espaço de fala. Das letras inscritas nas pichações se compreende muito pouco, em função de sua indistinção gráfica. Porém podemos nos perguntar: indistinção gráfica para quem? Tal indistinção gráfica, alerta Orlandi (Orlandi, 2004), não é apartada da exclusão social e urbana de muitos dos pichadores e, nesse sentido, no gesto da pichação materializa-se um gesto de luta que torna visível o se significar ao mesmo tempo que significa um modo singular de existência e de resistência. Resistência social e, por que não dizer, resistência frente aos processos que homogeneízam e indistinguem os sujeitos. Pichar – com símbolos e letras em sua maioria indiscerníveis – tem esse aspecto de produzir uma singularidade, ou melhor, uma forma de subjetivação de referências sobre o mundo e, também, de delimitação de territórios e pertencimento a lugares ou grupos.

No caso do Morro da Providência, a pichação é uma sigla do Estado. É uma pichação não passível de criminalização; ao contrário, tem a força da lei que indica casa a ser desocupada. Não se trata de gesto de resistência por parte daquele que picha. Nessas pichações inscreve-se a contradição do Estado: pune aquele que picha muros e monumentos por serem púbicos, ao mesmo tempo que picha moradias privadas. Se privilégio advém de lei (*legis*) do privado (*privi*) (Elia, 2010), a pichação pelo Estado retira o privilégio do privado.

O conjunto e siglas SMH vem acompanhado de uma numeração inscrita nas casas de modo bastante legível e discernível, mas isso não era garantia de sua interpretabilidade *a priori* da parte dos moradores. No entanto, uma vez que ganha em compreensão, a sigla SMH, ao mesmo tempo que delimita um grupo – as casas que devem ser demolidas em nome da revitalização do espaço urbano –, proscreve esse mesmo grupo ao marcar suas casas para excluí-los do espaço que habitam. Em outras palavras, a sigla-pichação se impõe como história que passará a ser contada em função da reforma urbana e, simultaneamente, determina o apagamento do que é singular, da memória histórica que os moradores representam.

3.

O corpo urbano é marcado por inscrições desde sempre. São marcas que delimitam espaços e produzem sentidos sobretudo para os que são letrados naquele "código" em uma determinada época histórica. O que não impede, contudo, que seja lido e significado pelo outro que não pertence àquele "código". O que estamos salientando é que faz parte da cidade a marcação do espaço como escrita própria de um certo pertencimento. As marcações nas cidades são inscrições das alteridades no urbano. São marcações com valor de nomeações que escrevem e inscrevem, histórica e socialmente no urbano, processos de identificação, contraidentificação e desidentificação (Pêcheux, 1975/1988).

Assim, disposição e número de tijolos (ou ladrilhos) na fachada de uma casa em Paraty, por exemplo, era compreensível para membros da maçonaria. Ou ainda, o número de beirais em casas dos séculos XVIII e XIX, em Ouro Preto e Olinda, era indicativo do poder aquisitivo de seu dono. Antigas igrejas romanas, por sua vez, eram construídas e ostentavam as armas do papa eleito na ocasião, registrando em suas fachadas os movimentos da história do cristianismo. Entretanto, é importante dizer que essas variadas formas de escrita e inscrição não têm o mesmo valor e nem devem ser compreendidas da mesma forma.

Com a crescente urbanização, todo um aparato de painéis, *outdoors* e placas surge e é imposto pelo Estado conforme as cidades se ampliam e vão necessitando de regulamentações propostas por uns poucos, mas valendo e normatizando a vida de todos. Pichações e grafites, por sua vez, guardadas as diferenças entre ambos, e o alegado valor artístico atual conferido apenas ao segundo, são manifestações contemporâneas de desenhos, letras, siglas que colocam em circulação uma resistência e um enigma aos poderes que organizam os sentidos do urbano. Siglas enigmáticas, palavras e frases – moradores do Rio de Janeiro na faixa dos 50 a 60 anos devem se lembrar da frase "Celacanto provoca maremoto", pichada em muros da cidade no final dos anos 70, assim como pichações políticas durante a ditadura militar, e siglas, como CV (Comando Vermelho), ou outras, ainda –, mostram que o espaço arquitetônico urbano pode ser lido como um texto. Nossa proposta aqui é ler esse texto discursivamente, considerando a cidade como um corpo habitado, "habitado", aqui, no sentido que lhe dá Heidegger: "[...] habitar é o traço fundamental do ser-homem".

Minimamente, pode-se afirmar que as inscrições nas casas, que são nosso objeto de estudo, colocam em jogo relações de força antagônicas no que diz respeito ao espaço urbano da cidade do Rio de Janeiro. Pode-se filiar essas marcas, inscritas sem a autorização dos moradores, às marcas do "bota abaixo" da reforma Pereira Passos, ou, se recuarmos ainda mais no tempo, às marcas que apontavam quais moradores deveriam deixar suas casas para a coroa portuguesa que vinha para o Brasil em 1808.

Há uma escritura social inscrita no corpo urbano. Ou, dito de outra maneira, há inscrições no urbano que decorrem de uma escritura do social: seja de uma escrita institucional normativa, restritiva e ordenadora, seja de uma escrita que porta as marcas dos que resistem ou formam lugares sociais fora da normatividade urbana.

Se fazem parte da cidade mudanças, reformas, derrubadas e marcações delimitando espaços, nos relatos dos *sites* e dos *blogs*, duas memórias são retomadas para as marcações advindas pelo estado: uma que diz do Brasil ("D. João vai chegar e precisa de casas para sua corte"); outra que remete à condição dos judeus na segunda grade guerra ("voltamos ao Nazismo, onde as casas dos judeus eram pintadas com suásticas"). Ambas recuperam as marcações que excluem: em um caso, um povo; em outro, aqueles que aqui habitavam e que tiveram de ceder suas casas à corte. Em um, o gesto totalitário do nazismo; em outro, o gesto autoritário do Estado.

4.

Ao lado da opacidade visível da sigla – que se mostra e, ao mesmo tempo, que vela aquele que ali assina –, pintada em azul em tamanhos variados e à mão, outra materialidade a ladeia: a foto do morador. Fotos enormes expõem rostos em preto e branco dos moradores – crianças, velhos, adultos – cujo suporte é a parede externa da casa, ocupada em sua quase totalidade. Não há intervenção de legenda, não há escritura em volta que as identifique, explique ou narrativize. Assim, as fotos propõem um enigma e uma abertura nas interpretações para aqueles que desconhecem a memória de sua inscrição nas paredes das casas. Mas também, ao mesmo tempo, postas em silêncio nas paredes, elas narrativizam pelo simples fato de estarem ali: produzem gritos de protesto e trazem para o exterior aqueles que estão no interior dando-lhes visibilidade. Sua força é dar a conhecer aqueles que lá habitam no movimento inverso da sigla e do número que dessubjetiva. As fotos singularizam aqueles que lá habitam no movimento inverso da sigla que mortifica; em seu suporte parede-externa-da-casa produzem ainda outro efeito: se personalizam com os *closes* dos rostos, a ausência do nome mantém, contudo, o anonimato que protege. Não se trata um morador identificado, mas de qualquer um, integrante ou não daquela comunidade que poderia ocupar aquela posição social.

A sigla vem ao lado de um número (indicativo de quantas casas foram marcadas para serem derrubadas. Mais de mil). Com a foto, as casas se singularizam em relação à ordem e à ordenação imposta com os números que compõem a sigla pela prefeitura da cidade: número que identifica ao mesmo tempo que dessubjetiva os moradores.

Um álbum de família é, seguindo Sontag (2004), uma crônica visual da família. Os rostos expostos nas fotos, colados nos muros das casas do Morro da Providência, funcionam, diremos, como a escrita de uma crônica social atravessada pela memória dos moradores tecendo o complexo laço entre o singular de um rosto familiar – morador de uma casa – e o social – morador de uma casa que será demolida.

Ainda conforme Sontag, "desde quando as câmeras foram inventadas, em 1839, a fotografia flertou com a morte" (2003: 24); isto é, desde o início a fotografia produziu imagens para a guerra, para o choque, para a morte. Horror, exaltação ou denúncia sempre fizeram parte de sua prática. Embora tal prática inscreva-se numa suposta perseguição de uma objetividade da realidade, sabemos que não são quaisquer corpos que são fotografados (eles têm nacionalidade e classe social, por exemplo) tampouco qualquer guerra ou qualquer horror. A foto enquadra, como lembra Sontag, e, ao enquadrar, exclui, inclui, produz imagens, que se inscrevem em redes de memória. Do ponto de vista discursivo, diremos que as fotografias (se) inscrevem em redes de memória discursiva, em que o lembrar se faz na tensão com o esquecer.

Com as fotos, os moradores se inscrevem no corpo da cidade ao mesmo tempo que escrevem uma denúncia e produzem um movimento de resistência – no caso resistência à demolição das casas – que se faz pela intervenção artística. Fotos que escrevem imagens de rostos de cidadãos simples e comuns, despercebidos por serem cidadãos do nosso cotidiano, mas que, nelas, ganham contornos outros por serem objeto de intervenção artística. Expõem seu desamparo e sua fragilidade no corpo social-urbano; suas imagens promovem (ou podem promover) o efeito de solidariedade diante da perda da casa, de vergonha diante da impotência de sua condição social.

A concepção moderna de resistência, segundo Birman (2006: 323), em sentido amplo, é "uma força que se opõe a outra que ataca do exterior a um certo território", ou seja, resistência é aí significada como reação. O que Birman irá destacar é que a oposição ação *versus* reação começa a se configurar nos tempos modernos – até a alta Idade Média a oposição à ação era paixão (adoecer) –, o que o leva a observar, então, que a "problemática da resistência é moderna e se articula intimamente à ideia de reação como oposto e simétrica à ação nesse contexto histórico" (Birman, 2006: 330).

Se o Estado tem o poder de intervir sobre a cidade demolindo casas para poder abrir novas ruas ou realizar obras de metrô, para recuperar dois exemplos, o que se destaca com a sigla é a forma com que tal poder comparece: como pichação na moradia privada, mancha na parede externa da casa, que não pode, no entanto, ser retirada (limpa?) por ter sido feita pelo Estado. A foto, ao lado da pichação pelo Estado, produz outros efeitos: da força estética da arte em oposição à mancha pelo Estado.

Com as fotos nas paredes das casas tem-se a resistência como reação à ação do Estado. A questão que fica para outra reflexão é quanto à simetria: até que ponto à força do Estado se opõe a outra força – simétrica – da estética da arte?

Referências bibliográficas

BARTHES, R. (2009). *A câmara clara.* Lisboa: Edições 70.

BIRMAN, J. (2006). *Arquivos do mal-estar e da resistência.* Rio de Janeiro: Civilização Brasileira.

CAMPOS, A. (2007). *Do quilombo à favela: a produção do "espaço criminalizado" no Rio de Janeiro,* 2ª ed. Rio de Janeiro: Bertrand Brasil.

DAVIS, M. (2006). *Planeta favela*. São Paulo: Boitempo.

DINIZ, A. & HORA, M. (2011). *Morro da favela*. São Paulo: Leya.

ELIA, L. (2010). O inconsciente público e coletivo e a estrutura da experiência psicanalítica. Trabalho apresentado no IV congresso de Psicopatologia Fundamental, organizado pela Associação Universitária de Pesquisa em Psicopatologia Fundamental. Curitiba.

FLUSSER, V. (2011). *Filosofia da caixa preta*. São Paulo: Annablume.

GINSBURG, C. (1989). *Mitos, emblemas, sinais: morfologia e história*. São Paulo: Companhia das Letras.

HEIDEGGER, M [s.d.]. *Construir, habitar, pensar*. Tradução por Marcia Sá Cavalcante Schuback. In: <http://www.prourb.fau.ufrj.br/jkos/p2/heidegger_construir,%20habitar,%20pensar.pdf>.

HOUAISS. (2003). *Dicionário eletrônico Houaiss da língua portuguesa*. Versão eletrônica.

HENRIQUES, C. (2007). *Morfologia*. Rio de Janeiro: Elsevier.

MARIANI, B. & MEDEIROS, V. (2011). MULHER na FAVELA e CONFRONTO POLICIAL: por um arquivo de imagens. In: MARIANI, B.; MEDEIROS, V. & SILVA, S. D. (Orgs.). *Discurso, arquivo e...* (pp. 67-93). Rio de Janeiro: 7LETRAS.

MULTITUDES, *Inculte Revue*, no. 49, été (2012), pp. 114-131. Revista impressa e em site: <www.revuemultitude.net>.

ORLANDI, E. (2004). *Cidade dos sentidos*. Campinas, SP: Pontes.

———. (2008). Violência e processos de individualização dos sujeitos na contemporaneidade. In: SARGENTINI, V. & GREGOLIN, M. S. (Orgs.) *Análise do discurso: heranças, métodos e objetos* (pp. 117-131). São Carlos: Claraluz.

———. (2010). Formas de individuação do sujeito feminino e sociedade contemporânea: o caso da delinqüência. In: ORLANDI, E. (Org.). *Discurso e políticas públicas urbanas; a fabricação do consenso* (pp. 28-47). Campinas: RG Editora.

PÊCHEUX, M. (1975/1988). *Semântica e discurso*. Campinas: Ed. da UNICAMP.

RISÉRIO, A. (2012). *A cidade no Brasil*. São Paulo: 34 ed.

SONTAG, S. (2003). *Diante da dor dos outros*. São Paulo: Companhia das Letras.

———. (2004). *Sobre a fotografia*. São Paulo: Companhia das Letras.

SILVA, L. A. M. (2009). Quarenta anos de sociologia das classes populares urbanas. In: CARNEIRO, S. de S. & SANT'ANNA, M. J. G. (Orgs.). *Cidades, olhares, trajetórias*. Rio de Janeiro: Garamond, FAPERJ.

Parte IV

Escritas da clínica

A ESCRITA E A INVENÇÃO DO AFAZER CLÍNICO

Luciano Elia

RESUMO

Neste trabalho, o autor percorre o ensino de Lacan, nele assinalando pontos de inflexão, marcos, reviravoltas, enfim, balizas que são comumente utilizadas por aqueles que consideram importante introduzir neste ensino da dimensão da periodização como forma de lê-lo e interpretá-lo. A direção tomada pelo traçado percorrido é a escrita, operador articulado à noção de letra que vai pouco a pouco assumindo um lugar de primazia tanto nas elaborações teóricas como na direção tomada pela práxis psicanalítica, no nível do afazer clínico, convocando o sujeito a assumir uma posição cada vez mais ativa e inventiva na sua experiência de análise.

Palavras-chave: ensino; periodização; letra; escrita; invenção.

RÉSUMÉ

L'ÉCRITURE ET L'INVENTION DE L'AFFAIRE CLINIQUE

Dans le présent travail, l'auteur entreprend un parcours dans le cadre de l'enseignement de Lacan, tout en y signalant des points d'infléxion, repères, revirements, enfin, des éléments souvent employés dans le but d'introduire la dimension de la périodisation dans cet enseignement comme une façon de le lire et l'interpréter. La direction prise par le parcours de l'auteur est celle de l'écriture, opérateur articulé à la notion de lettre, qui prend de plus en plus une place de primauté et dans les élaborations théoriques et dans la direction prise par la praxis psychanalytique au niveau de l'affaire clinique, convoquant le sujet à prendre une position de plus en plus active et inventive dans son expérience analytique.

Mots-clés: enseignement; périodisation; lettre; écriture; invention.

Na psicanálise, não se trata de moda. Os modismos não têm, nela, muito sucesso, e não encontram terreno fértil para proliferarem. De certo modo, somos sempre clássicos, trabalhamos com o que se repete, com o que é sempre do mesmo jeito, com o antigo tomado não em termos meramente cronológicos, biográficos, mas na densidade histórica que lhes confere uma consistência de presente contínuo, permanente, que não passa e não fica velho, embora e mesmo que ninguém mais o aguente.

No plano teórico, esse ainda remete ao fato de que não existe refutação em psicanálise. A psicanálise não respeita o lema de Popper, a que toda ciência deve se submeter, do princípio da refutabilidade. Um avanço teórico não vem dizer que a teoria anterior caducou, que é falsa. E isso porque o critério de verdade não é aplicável a uma teoria, uma formulação teórica determinada, e retirado de outra anterior, o que significaria, entre outras coisas, que se acredita que a verdade, ainda que transitoriamente, possa habitar uma teoria, possa existir temporariamente nela – até que seja refutada por outra, e outra depois, e assim sucessivamente, como na ciência. Na psicanálise, a verdade não recobre o saber, nem serve de atributo a ele – saber verdadeiro ou falso. Assim, não é por ser excessivamente verdadeiro (como na crença) que o saber teórico em psicanálise não é refutável, mas exatamente pela razão contrária: é por nunca poder receber o atributo da verdade que o saber não pode ser refutado.

Essas considerações sobre verdade e refutabilidade foram aqui convocadas por causa da questão das reviravoltas pelas quais o ensino de Lacan passou ao longo do tempo – que não é um tempo que simplesmente passa, mas um tempo de elaboração, de trabalho do e com o inconsciente, um tempo de análise. Essas viradas nos obrigam a um esforço rigoroso para estabelecer balizas, demarcações, tempos no ensino de Lacan, que alguns denominam de periodização desse ensino.

Assim, verdadeiros eixos da psicanálise freudiana, como tais retomados por Lacan, como o pai, o Édipo, a metáfora paterna, o nome-do-pai, o falo, a castração, permanecem, atravessam todo esse ensino, não são refutados, destituídos, não se tornaram inválidos ou obsoletos. Mas isso não significa que não tenham mudado de lugar, de importância, e que não tenham deixado de constituir um eixo primordial ou exclusivo de referência na constituição do sujeito e na sua posição em relação às diferentes estruturas clínicas. Por isso considero curioso que alguns psicanalistas insistam em uma polarização do ensino de Lacan que opõe o que chamam de "último Lacan" (forma curiosa de designá-lo, já que, se é o último, não haverá mais Lacan depois disso, acabou) ao "primeiro Lacan", como se eles fossem antinômicos. Isso deixa de lado toda a dimensão analítica que acompanha o ensino de Lacan de ponta a ponta e que vai produzindo deslocamentos, guinadas, mudanças de eixo, destituições pontuais, extremamente importantes exatamente porque são fruto, efeito, produto do trabalho de análise pelo qual a psicanálise e seu ensino passam permanentemente sob a direção que lhes dá Lacan. Na polarização a que me referi, isso se perde, e a psicanálise acaba sendo apresentada como um saber universitário ou meramente científico, no qual o que veio depois refuta o que viera antes, sem estabelecer o fio de ligação que o inconsciente tece entre eles e sobre o qual a análise incidirá fazendo suas inelutáveis e irreversíveis inflexões.

Dado que este é um trabalho sobre a escrita, que se inscreve em um simpósio sobre a escrita, digamos logo que a grande guinada que as principais categorias conceituais sofrem na psicanálise é justamente a sua escrita. O pai, como função simbólica, por exemplo, pertencia à ordem da linguagem, da fala, da invocação do significante, e ele passa a ser da ordem da letra, do escrito e da lógica. Na verdade, não são determinadas categorias e não outras que sofrem essa guinada, mas o próprio ensino de Lacan que faz essa inflexão inflexível rumo à escrita. Levado por essa onda, o pai torna-se um pai letra. E um pai-letra, um pai escrito, é um *pai-lógico.*

Nos anos 50, época de “A instância da letra no inconsciente ou a razão desde Freud”, que é de dezembro de 1957, podemos dizer que a ordem primordial, o eixo conceitual e que inclusive define um horizonte ético e uma direção clínica para a experiência analítica é indiscutivelmente o Outro como lugar do significante, e o modo de acessá-lo, como discurso inconsciente (lembremo-nos do lema “o inconsciente é o discurso do Outro”) é a fala, a palavra. Há o campo da linguagem e a função da fala, assim formulados desde 1953 no chamado “Discurso de Roma”, mas não há, ainda, a função do escrito como prevalente na conceituação lacaniana. E, entre a linguagem (noção que para Lacan é homóloga à de estrutura) e a fala, a primazia é da fala, porque, das duas, é a fala que é ato do sujeito, e a linguagem é o campo do Outro.

Entretanto, não é verdade que Lacan não tenha distinguido letra e significante em 1957. No Seminário *Ou pior*, ele diz que, se fez uso da noção de letra como diferenciável do significante na Instância da letra, foi porque ela tinha para ele um sentido muito próprio, o de ser o significante que retorna do recalcado.

De certo modo, os eixos, o embrião de tudo ou de quase tudo que será depois desenvolvido e ganhará lugar preponderante no ensino de Lacan já se encontra presente desde o início. Na psicanálise, assim como na análise, as coisas estão lá, inscritas, marcadas, mas isso não nos dispensa – muito antes pelo contrário, é isso mesmo que no-lo exige – do trabalho de fazê-las existirem, produzirem seus efeitos e serem finalmente destituídas.

O que se passa no ensino de Lacan a partir do *seminário 11*, momento de corte que introduz uma longa elaboração? Que direção toma seu ensino? Os seminários que sucedem ao *11* iniciam uma série que culmina na proposta de um discurso sem palavras, a partir do *seminário 16*, cujo título já faz declinar o Outro em objeto *a* (De um Outro – venerável e simbólico, ao objeto *a* na função operatória que esse objeto passa a ter no discurso. Ora, sem palavras, é uma escrita que opera antes mesmo das enunciações efetivas da fala, como diz Lacan. A primazia passa da função da fala à função do escrito. Resumi em 8 itens alguns pontos que foram literalmente revirados, colocando a própria psicanálise pelo avesso, ponto por ponto, que listo a seguir:

a) inicia o tão lamentado declínio do Pai, deslocando o Édipo da condição freudiana de núcleo das neuroses e da própria psicanálise, substituindo-o pela castração, elevada à condição de eixo da estrutura;

b) pluraliza os nomes-do-pai nos três registros real, simbólico e imaginário, que passam a ser designados pelas letras RSI e se tornam equivalentes, desentronizando o nome-do-pai de sua exclusividade simbólica, o que implica que do pai só haja versões, *du père, versions*, o que insere o pai na perversão de um desejo de homem e exige nodulações entre os três registros que os excedem a cada um e situa as versões do pai como quarto elo para todas as estruturas clínicas e impõe um afazer clínico a elas;

c) prescinde da palavra e do significante na fala – ou pelo menos inscreve algo além dela, como um *Além do princípio da palavra*;

d) transmuta o Outro em Outro Sexo (sexua o Outro);

e) promove o gozo à condição de campo, categoria antes reservada à linguagem como sua prerrogativa;

f) abre as vias de possibilidade de destruir o desejo indestrutível que desde a “Interpretação de sonhos” reina no inconsciente freudiano;

g) traça, enfim, as bases estritamente lógicas da análise, através da lógica da sexuação – ser homem ou mulher é uma questão eminentemente lógica;

h) e estabelece um entendimento lógico do fim da análise e da formação do psicanalista em escola de psicanálise.

Não é pouco, como se vê, o reboliço que Lacan produz a partir de 1964. Os *Escritos*, de 1966, ano da Lógica da fantasia, que ele assinala como um marco na terceira lição desse seminário – sucesso de vendas, o livro estourou em Paris naquele ano e nos seguintes, esgotando-se pouco depois de a primeira edição ser publicada –, mas não da obra, como ele mesmo se exprime. Reunir todos os escritos feitos ao longo dos anos, tendo sido primeiramente elaborados como escritos ou como intervenções faladas e que tornam-se escritas, não foi um ato anódino nem inócuo: foi um ato que inaugura o campo da escrita – quem não reconhece a diferença radical de estatuto entre os escritos de Lacan e seus seminários, diferença levada até mesmo ao plano conceitual por Milner?

O *seminário 18 – De um discurso que não fosse semblante* é todo ele devotado a três frentes: o homem e a mulher (a sexuação) e sua lógica, a escrita e o gozo, o falo em sua condição de verdade. No *19*, é a lógica que predomina, trazendo as condições para que, no seminário que justamente é intitulado *Ainda, Encore*, no ano seguinte, ele empreenda uma rigorosa escrita da sexuação, que escreve a impossibilidade de escrever a relação sexual e leve a pleno efeito a constituição do campo do gozo e do Outro sexo, o sexo d’A Mulher, que não existe, mas cuja não-

-existência é o que torna possível a aproximação do que seja uma mulher, e do feminino como uma posição sexual perfeitamente distinta da posição masculina, implicando um gozo situado além do falo, mas não sem ele.

Na verdade, ou seja, o falo em sua condição de verdade, é o próprio gozo feminino: a mulher, desde que em uma posição radicalmente desabitada do falo, tem como seu desejo próprio, para além da mascarada fálica na qual ela rejeita uma parte extremamente importante de sua feminilidade, como assinalava Lacan já em 1958, n'"A significação do falo", o órgão que simboliza o falo no corpo do homem que (por isso) ela ama. Seu acesso ao homem só lhe é aberto pela castração dele, que se formula no falo. Seu gozo, como mulher, ou seja, o gozo propriamente feminino, só pode ser, portanto, o falo, e isso requer a escrita que confere ao falo sua condição de verdade, a de constituir o gozo feminino como tal.

O Pai da horda é o nome freudiano do próprio gozo pleno, impossível, assassinado. Mas não inexistente, e é nesse ponto que está o pulo do gato. Impossível, o pai precisa ser escrito na lógica, e ele o é, escrito, através da letra $\exists$, dito *quantor existencial* que designa "existe". Existe um, ao menos um, para o qual a castração é nula, não funciona, a função Φ não se aplica. Esse um, esse elemento x, é o pai. Essa exceção é a notação do existente lógico que escreve o impossível, é impossível, nesse elemento, verificar a função Φ. Nele, portanto, a função é real, dado que o real é, por definição, o impossível. Esse real da impossibilidade da castração do pai é, por essa mesma razão e sem a aparente contradição que se poderia supor desenhar-se aqui, a condição lógica da operatividade da castração para todo x. A castração nula, como impossível da castração, que a situa no nível do real (por isso o pai real é seu agente), é o que permite escrever o para todo da castração simbólica.

E o lado MULHER é, de algum modo, o que faz a confirmação disso, pois a escrita do quantor existencial negado, o "não existe" nenhuma exceção, nenhum agente equivalente ao pai para o qual a função Φ não opere, o que se escreve ∃ (com uma barra em cima), torna o *para todo* impossível de escrever. Do lado mulher não há para toda, mas apenas o para não-toda. Mas a negação do *existe ao menos um* do lado da mulher reitera a função do pai, que, não como exceção que transmite a perda, como no lado homem, mas como inexistência de exceção, ainda referida, portanto, à função do pai como não operando no lugar da exceção - e só por isso não produzindo, no lado mulher, o mesmo efeito de castração que produz do lado homem, o que evidentemente produziria dois lados HOMEM e nenhum lado MULHER - faz com que a mulher se inscreva como não-toda na função: F. Isso, contudo, não quer dizer que ela seria não-toda inscrita na castração. Da castração a mulher não tem nenhum efeito, nenhuma notícia - *Se não todas as mulheres não tem a ver com a função fálica, implicaria isso que haja mulheres que tenham alguma coisa a ver com a castração?* - pergunta Lacan na página 47 do *seminário 19*, e é essa a única condição que permite ao homem abordá-la.

Essa pergunta impactante de Lacan - teria a mulher alguma coisa a ver com castração? - prossegue em uma frase que trazemos aqui:

> Digo isso para todos os analistas, para aqueles que vagueiam, que giram empedernidos nas relações edipianas do lado do Pai. Quando eles não saem disso, do que se passa do lado do Pai, é por uma razão muito precisa, é que seria preciso que o sujeito admita que a essência da mulher não seja a castração.

É preciso pois sair disso, dessa coisa de pai, de Édipo, e os analistas que "não saem disso, do que se passa do lado do pai", não puderam, por suas análises e portanto sua formação de analistas, ver que *a essência da mulher não é a castração.* É preciso largar o pai e perguntar *Ainda nisso?* a muitos analistas saudosos, nostálgicos do que supõem que seja um pai que retornará, que nos abandonou nesta modernidade insuportavelmente repleta de todos os gozos, mas que já, já estará de volta para colocar ordem na casa, no mundo. A eles dirigimos o nosso *Ainda* – mas agora no sentido oposto, no sentido do *encore* que se transmuta em *en corps*: o "ainda o pai" só pode então significar um pai-em-corpo, de letras, de lógica, de escrita de letras de gozo no corpo de letras.

Para a clínica, as consequências são enormes: o sujeito ganha um lugar cada vez mais ativo, não no sentido banal e positivo de fazer coisas, o que o lançaria no campo da atuação, do *agieren* freudiano, mas de fazer uso da análise, do analista, do pai, do gozo, da letra, do corpo. O sujeito – e talvez aí o nome sujeito comece a não mais lhe cair tão bem – não é mais o mero lugar dos efeitos do ato analítico, mas um lugar de ato, de afazer. A clínica das psicoses, como sempre, ensina muito nesse ponto. Nela, vemos o sujeito em trabalho, criando no real modos de operar que o estabilizam, que o mantêm no laço social, que dão suporte a que ele suporte esse laço, de outro modo tão insuportável para ele. A clínica com os autistas em dispositivo psicanalítico ampliado, tal como a praticamos em CAPSis orientados pela psicanálise e que adotam essa direção de trabalho, está coalhada de exemplos em que o sujeito fez uso do que lhe foi colocado à mão para operar nodulações, suplências, seja pela escrita propriamente dita, pela música, pelo jogo, pelo corpo ou por meio de objetos que se lhe tornaram absolutamente fundamentais.

O *encore* vira então *em corpo*, e não ainda. Curiosamente, o pai lógico que propomos neste trabalho como o nome do pai escrito pela lógica é o pai-corpo, o pai em corpo, em corpo de letras, o pai do qual podemos nos servir.

E concluo esta intervenção com uma interpretação que faço da famosa frase de Lacan: ir além do pai, ou prescindir do pai, à condição de dele se *servir* – há as duas formulações em Lacan.

Até hoje eu interpretava a frase da seguinte maneira: podemos ir além do pai, e prescindir dele, desde que nos tenhamos servido dele, entendendo esse servir-se como referido ao Nome-do--pai, ao Pai do Édipo. Se fizemos bom uso do Édipo, se usamos bem a metáfora paterna, o nome-do-pai nos serviu bem para barrar o desejo da mãe e introduzir a significação fálica, então estamos prontos para dispensar o pai. Como alguém que já não precisa mais do instrutor já faz seu voo sozinho. Mas hoje leio de outro modo a frase, e proponho-o a vocês, para que se sirvam dela nesta conclusão: podemos ir além do pai, prescindir dele, desde que o tratemos como um corpo do qual podemos nos servir, um corpo escrito que tem serventia, que é útil, utensílio, como nas invenções clínicas que a partir desse momento a psicanálise começou a oferecer aos sujeitos, dos mais remediados neuróticos aos mais destroçados esquizofrênicos, levando-os à invenção ativa do pai, das versões do pai que pudessem lhes ser úteis na existência, reduzindo-lhes a imensa dor ao invés de mantê-los à espera dos efeitos metafóricos de um pai que jamais retornará, provavelmente porque nunca existiu.

ESCRITA, INSCRIÇÕES E PSICOSE

Sonia Leite

RESUMO

O trabalho tem como referência uma pesquisa sobre as psicoses e discute a temática da escrita no campo das soluções psicóticas. Destaca-se a importância da inscrição do corpo, como forma primária de estabilização, principalmente nas esquizofrenias, e a importância das práticas institucionais na delimitação de um território capaz de abrigar essas tentativas de solução.

Palavras-chave: psicose; corpo; escrita.

RÉSUMÉ

DE L'ÉCRITURE, DES INSCRIPTIONS ET DE LA PSYCHOSE

L'ouvrage de référence est une enquête sur les psychoses et aborde le sujet de l'écriture dans le domaine des solutions psychotiques. Nous soulignons l'importance de l'inscription du corps comme une forme primaire de stabilisation, en particulier dans la schizophrénie, et l'importance des pratiques institutionnelles dans la délimitation d'un territoire capable de loger ces tentatives de solution.

Mots-clés: psychose; corps; écriture.

> *[...] Não é a letra propriamente o litoral?A borda do furo no saber que a psicanálise designa justamente ao abordá-lo, não é isso que a letra desenha?*
>
> Lacan. *O seminário. Livro 18.*

Lacan, em fins da década de 40, retoma o termo freudiano *Verwerfung* para progressivamente afiná-lo num sentido conceitual mais preciso. Propõe a tradução do vocábulo *forclusion* (foraclusão), na lição de 04 de julho de 1956 do seminário dedicado ao estudo das psicoses, articulando-o, a seguir, ao significante Nome do Pai.

A delimitação do mecanismo específico das psicoses vai permitir um avanço das pesquisas numa tradição efetivamente freudiana, como até então não havia ocorrido na história da psicanálise.

É possível verificar, ao longo do percurso lacaniano, dois momentos precisos no estudo das psicoses, que, na realidade, não se superam. Como indica Rabinovich (2005), há uma tendência a se tomar os últimos seminários de Lacan como se fossem uma "culminação" de sua obra e cujo significado seria a efetivação de um "progresso". Em contraposição a tal perspectiva, ela cita Lacan, no *Seminário 7*: *a ética da psicanálise*, no ponto em que este critica a ideia de um Freud progressista, qualificando essa formulação de uma ideologia pequeno-burguesa.

Na verdade, mais do que uma revolução, no sentido de progresso, o que é possível identificar ao longo dos percursos freudiano e lacaniano são momentos de subversão discursiva, quando, então, outro ponto de vista teórico é privilegiado. Nesse sentido, a primeira perspectiva em torno da temática das psicoses pode ser localizada na década de 50, quando é priorizada a noção de cadeia significante vinculada ao campo simbólico. Aqui, os três registros (Simbólico, Real e Imaginário) são articulados entre si, apresentando uma espécie de hierarquia na qual o registro simbólico é aquele que comanda. Nesse momento o que se destaca é a função do significante Nome do Pai, da metáfora paterna, e as consequências da ausência de um "ponto de basta" capaz de estabilizar a cadeia, ou seja, dos efeitos da foraclusão do Nome do Pai.

Já a segunda perspectiva, introduzida em torno da década de 70, destaca a noção de autonomia e equivalência dos três registros (RSI), pelas quais as três dimensões não são solidárias, pois têm cada qual sua própria consistência.

O que ganha relevo nesse momento é a questão do gozo e da letra, priorizando-se o real que está em jogo. A noção de cadeia significante também muda, distinguindo-se do simbólico, caracterizando-se como um dos estados possíveis do simbólico. Pode-se considerar que, apesar da introdução de questões novas, o elemento de continuidade entre uma perspectiva e outra se situa na importância da incidência do Nome do Pai no gozo, na sua delimitação, ponto de barra fundamental e constituinte da entrada do sujeito na cultura. Por outro lado, a diferença principal entre um momento e o outro é que a função do Nome do Pai, inicialmente pensada como faltosa na psicose, é vista agora como um acréscimo, um suplemento, presente na neurose.

Nesse último período, o que também emerge é uma passagem que vai do Nome do Pai, no singular, para os Nomes do Pai, no plural. O pai enquanto nomeante (Pai do Nome) designa que esse acréscimo pode assumir diferentes escritas, diferentes nominações (RSI), promovendo a estabilização do sujeito psicótico e alguma modalidade de inscrição no laço social. O que se radicaliza, enfim, é a aposta na invenção (Miller, 2003) de soluções por parte do sujeito.

Seguindo uma tradição freudiana que toma o inconsciente como um sistema de inscrições, Lacan desde o começo de sua obra se interessa pela questão da letra. Inicialmente pensada a partir da linguística, suporte material do significante, a letra se confunde com a ideia de significante puro. A partir da década de 70 e, mais especificamente, no seminário *De um discurso que não fosse semblante* (1971), define a letra como litoral, limite entre o saber e o gozo. Considera, aqui, que nada permite confundir a letra com o significante e nem, por outro lado, estabelecer uma primazia da letra em relação ao significante. O que se impõe é considerar "aquilo que, pela linguagem, convoca o litoral para o literal" (Lacan, 1971: 110), sendo a função da escrita abordar o que é da ordem do impossível, permitindo uma reinvenção da realidade. A escrita, tomada como representação de palavras, é, portanto, *segunda*, cerzida de letras, bordejando o furo no saber, o impossível de escrever. Se o traço apaga a Coisa (*das Ding*), é pelo apagamento do traço que o sujeito é designado.

Como indica Lacan: "Entre centro e ausência, entre saber e gozo, há litoral que só vira literal, quando essa virada, vocês podem tomá-la, a mesma, a todo instante. É somente a partir daí que vocês podem tomar-se pelo agente que a sustenta" (Lacan, 1971: 113).

Grafias e geografias: ou como *fazer* um corpo?

Tais questões conduzem ao tema da *realidade* que, conforme indica Lacan (1959-1960), é o ponto fundamental onde se situam a força e a novidade da psicanálise em comparação com as chamadas ciências humanas, na medida em que introduz a necessária distinção entre a realidade psíquica e o real.

Seguindo a tradição freudiana (1924/1977), que considera a questão da perda da realidade não só na psicose, mas também na neurose, o que aqui se destaca é que a realidade é em si mesma incognoscível. O trabalho psíquico, que se efetiva a partir do desejo do Outro, encobre a impossibilidade de satisfação absoluta, permitindo alguma consistência para o ser. Desse ponto de vista, a crise psicótica revela, dentre outras coisas, a falência do eu e a impossibilidade de reconstrução da realidade psíquica a partir das representações existentes. O que falha aqui são as funções de atenção e inibição oriundas do processo secundário, cuja consequência é o *transbordamento* do inconsciente, que passa, então, a se apresentar *a céu aberto* (Soler, 2007). Ocorre, como indica Freud, um fracasso em observar os signos da realidade, com os quais o sujeito poderia se identificar e cuja apropriação permitiria um posicionamento no mundo. Tal fracasso tem como causa a ausência do significante Nome do Pai (Lacan, 1957-1958), que introduz a falta enquanto constitutiva da realidade psíquica.

Lacan (1949) já havia chamado a atenção, a partir da análise do artigo freudiano "A negativa" (Freud, 1925/2007), para a distinção entre o juízo de atribuição e o juízo de existência na constituição do sujeito. É este último que possibilita o reencontro do objeto que fundamenta o princípio de realidade.

Em síntese, o texto freudiano de 1925 descreve o nascimento da atividade do pensar sublinhando o fato de que todas as representações (*Vorstellung*) derivam de percepções, havendo, portanto, um vínculo entre elas, a representação-coisa e a prova de realidade. Considera duas decisões fundamentais ou dois pontos ligados à função do julgamento: afirmar ou não a posse de um atributo particular (julgamento de atribuição) e asseverar ou discutir se uma representação tem ou não existência na realidade (julgamento de existência). A primeira forma de julgamento está ligada ao eu-prazer e a segunda ao eu-realidade. Neste último caso, não se trata de saber apenas se algo será integrado ou não ao eu em função do atributo bom ou mau, "mas se algo que já está representado no eu pode ser redescoberto também na percepção (realidade)" (Freud, 1925/2007: 298).

Esta última forma de julgamento é fundamental para considerarmos a questão das psicoses, pois, como indica Freud, "[...] o objetivo primeiro e imediato do teste de realidade não é encontrar na percepção real um objeto que corresponda ao representado, mas *reencontrar* tal objeto, convencer-se de que ele está ali" (Freud, 1925/2007: 298).

Para que o juízo desempenhe a função que lhe é própria, é preciso, portanto, uma independência em relação à coação do princípio de prazer e é isso que o símbolo da negação permite. Outro ponto importante do texto diz respeito à diferença entre denegar, enquanto atividade intelectual, e o negativismo típico de algumas psicoses.

Na medida em que não é possível a representação simbólica de uma quantidade intolerável de estímulos que alcançam o sujeito, o recurso ao recalque, enquanto defesa, também se inviabiliza. Nesse sentido, no caso das psicoses, pode-se considerar que o princípio de prazer é vencido (Freud, 1940a [1938]/1977; 1940b [1938]/2007), ou seja, como indica Freud, tal quantidade prejudica o eu de maneira semelhante a um estímulo excessivo, vindo do mundo externo. O que se destaca é que a ocasião para o desencadeamento de uma psicose é quando a realidade externa se tenha tornado insuportavelmente dolorosa, ou ainda, quando as pulsões tenham cobrado um reforço extraordinário, caracterizando-se as duas situações como idênticas do ponto de vista econômico. Nesses casos a única defesa possível seria um "cancelamento" da relação do eu com a realidade (Freud, 1940a [1938]/1977: 231), que a expressão lacaniana *foraclusão* vem expressar.

Lacan, ao indicar a precariedade do eu enquanto uma construção imaginária, sublinha a importância de o sujeito se apropriar do campo simbólico, encontrando uma posição no mundo. Afirma que o louco (psicótico) é aquele que *adere* a esse imaginário devido a uma impossibilidade de fazer uso pleno da linguagem e do significante da falta. Tal aderência pode funcionar durante algum tempo, até o momento em que um acontecimento inesperado faz eclodir a psicose. Com o esfacelamento do eu, que é um eu-corporal, o sujeito se vê atravessado pelo que lhe é exterior, reduzindo-se a ser objeto do Outro. Como indica Lacan (1955-1956), o maior ensino da clínica das psicoses é demonstrar a anterioridade lógica da estrutura do significante, sua total exterioridade em relação ao sujeito em sua especificidade.

Essa onipresença do Outro absoluto é o que revela A., uma adolescente esquizofrênica que se encontra em uma posição impossível: *eu não posso pensar em coisas de sexo, porque eles viram meus olhos. Eu não posso ver, não posso pensar. Não tenho saída: ou morro ou fico louca.* De modo semelhante à paciente de Tausk, citada por Freud, é através da "fala de órgão", ou "fala hipocondríaca" que ela expressa seu sofrimento e a tentativa de recuperação ou cura (Freud, 1915/2007: 232).

Na esquizofrenia, diferentemente da paranoia, é necessário inventar soluções que tracem uma ligação com o corpo, construindo, assim, alguma barreira ao Outro invasor. É o que revela o caso de J., que só consegue trabalhar em locais onde é exigido o uso do uniforme: macacão, boné e óculos. Estar *uniformizado* também exemplifica, aqui, a ideia freudiana de que na esquizofrenia as palavras são tratadas como coisas. Ou seja, usar um uniforme não apenas *representa* algo, como, por exemplo, pertencer a uma empresa ou organização de trabalho, mas produz, de fato, uma forma unificada do corpo – (um) *ser uni-forme* – pela utilização de elementos reais que viabilizam algum enlaçamento das partes do corpo.

Enquanto o macacão lhe *duplica* a própria pele, digamos, reforçando essa linha divisória entre um dentro e um fora, o boné constrói uma ligação com a cabeça. Por sua vez, os óculos o protegem do olhar do outro que invade a sua mente. Ocorre aqui uma solução mínima (Miller, 2003), um ponto de estabilização a partir da construção de uma re-ligação com as partes disjuntas do corpo. A grande ameaça é sentida no momento em que J. é promovido no emprego, o que significa que ele não irá precisar mais do uso do uniforme. Surpreendendo os colegas, J.

pede demissão e se recolhe em casa, sem condições de procurar um novo trabalho.

Do ponto de vista da psicanálise, o corpo próprio não se reduz ao organismo real, mas se estende para além e para fora do corpo do sujeito, a partir da articulação dos registros imaginário e simbólico. Trata-se aqui da perspectiva freudiana de um eu corporal como projeção de uma superfície e que depende do que Lacan denomina linguagem-órgão (1975-1976). O corpo, de um modo ou de outro, está sempre ligado a algo que *ex-siste* para além do envoltório corporal. Verifica-se tal perspectiva na noção de território do reino animal (Lacan, 1955-1956). A delimitação do território cria um limite para além do corpo próprio, *geografia* que tem a função de proteção, de barreira expandida para aquilo que é ameaçador e externo.

Como indica Lacan (1972-1973) no seminário *Mais, ainda*, o espaço não é de origem empírica não porque ele corresponderia a uma intuição pura *a priori*, como indica Kant, mas porque ele é estruturado como uma linguagem. O sujeito é constituído por uma exterioridade íntima, que envolve algo para além dele mesmo: lugar que expande seus limites, incluindo uma heterogeneidade.

Como efeito da crise psicótica, é comum verificar a necessidade de recolhimento por parte do sujeito a uma espécie de território originário, que delimita uma área primária de proteção. Pode-se considerar que a duplicação do corpo e a delimitação de um território são, em certas psicoses, as formas de solução e de escrita mínima.

Heidegger (1951/2008), em diversas ocasiões citado por Lacan, aponta a articulação entre *habitar*, *construir* e *pensar*. *Habitar* indica tanto *viver*, *existir*, assim como *estar presente em*, apontando para um traço essencial do ser. O homem *é* na medida em que *habita*. Afirma que apenas quando somos capazes de habitar é que podemos construir, edificando lugares e articulando espaços. E, conforme indica Lacan, habitar é habitar a linguagem. Além disso, originariamente, a palavra construir é o mesmo que habitar, de forma que: "Habitar é permanecer pacificado na liberdade de um pertencimento" (Heidegger, 1951/2008: 129). Resguardar-se, abrigar-se. Isso aponta para a temática das estabilizações nas psicoses e para a função de uma clínica institucional.

A palavra estabilização diz respeito a manter algo estável, fixo e mesmo imóvel. É uma palavra bastante utilizada na psiquiatria. Para melhor caracterizar o termo, é preciso recorrer aos significantes psicanalíticos, tais como: *reconstrução*, *metáfora delirante*, *suplência*, *nominação*, porque, de um modo geral, pode haver estabilidade em alguém *confinado ao leito*, ou, até, internado em instituição psiquiátrica.

Tal fato introduz, por si só, um paradoxo para as lutas antimanicomiais: os pacientes com histórico de longa internação apresentam uma grande resistência em sair das instituições fechadas para se beneficiarem de outras formas de tratamento. São chamados, pelos psiquiatras, de cronificados. Tal cronificação não é outra coisa senão um modo de aderência ao instituído, indicada por Lacan (1946) como identificação imediata, que caracteriza a prevalência do imaginário nas psicoses. Este processo permite alguma consistência, pontos de ancoramento para o sujeito. A instituição oferece signos para o sujeito. Assim, do ponto de vista da clínica, é necessário pensar a questão da *desinstitucionalização*, levando-se em conta que as instituições e os grupos desempenham uma função psíquica (Freud, 1921/1977) para o sujeito humano.

É o que revela o caso do paciente A., que viveu mais de vinte e cinco anos entre os muros do manicômio, até ser transferido para um CAPS (Centro de Atendimento Psicossocial), passando então a ser acompanhado por uma colega do nosso grupo de pesquisa.

Dentro da proposta da Reforma, o que se visa é ampliar o contato do paciente com o mundo externo, além de convocá-

-lo para as diversas atividades nas quais ele possa se situar como cidadão. O que chama a atenção da equipe do CAPS é o desarvoramento que, daí por diante, passa a atravessar A., que solicita, constantemente, o retorno ao manicômio. Em outras palavras, ele demanda "muros" que lhe assegurem outra vez alguma estabilidade. O trabalho da equipe, orientado pela ética da psicanálise, visou auxiliá-lo na construção de uma reinscrição própria nesse novo território.

Para Lacan (1956-1957), o significante fálico primordial é como uma avenida numa grande cidade, que risca uma linha, possibilitando a todas as outras vias assumirem um sentido. É isso que permite a cada um se posicionar e conduzir-se em uma dada direção. A ausência de uma via principal coloca, para o psicótico, a questão de "como habitar o *socius*", construindo uma geografia própria.

Outro exemplo clínico, que aponta para as possibilidades de escrita na psicose, nos reporta à paciente G., que participava das atividades de uma Oficina de Artes cuja visada era criar novas condições de laço social para pacientes cronificados num ambulatório público. A referida experiência revelou em toda a sua dimensão o quanto é importante que a instituição se constitua, antes de qualquer coisa, num abrigo onde o sujeito psicótico possa construir o seu *habitat*, que, no sentido heideggeriano, como já indicado, se confunde com o próprio *existir*.

G. começa a frequentar a Oficina aos 12 anos. Segundo sua mãe, aos seis anos de idade, depois do nascimento de um irmão, apresenta uma parada total do desenvolvimento, sendo diagnosticada como esquizofrênica. Apresenta movimentos e frases repetitivas, permanecendo por períodos ininterruptos perguntando a mesma coisa: "*Quantos anos você tem*? *Qual o seu nome*?". Repetição que exclui o sujeito, compulsão que aponta para o gozo.

Suas perguntas não se dirigem propriamente para alguém, no sentido em que Lacan indica que "falar é falar com e para um outro", mas trata-se da *palavra-coisa* (Freud, 1915/2007) fixada no gozo.

Em contrapartida, na Oficina a palavra circula, deslocando--se através dos sujeitos psicóticos, ou pela intervenção dos profissionais que estão presentes. G. continua a repetir as mesmas perguntas até que um dia começa a pintar. Repete, agora, formas arredondadas, coloridas, que parecem conter algo (Figuras 1 e 2). Aos poucos essa escrita se modifica. As formas se desdobram em outras que se duplicam, quadruplicam, etc (Figuras 3, 4 e 5).

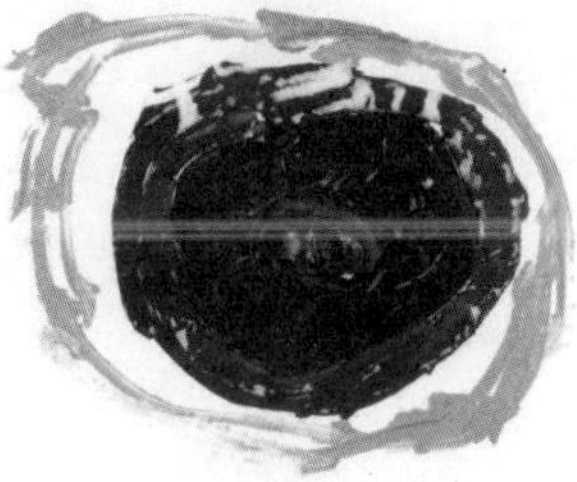

Figura 1

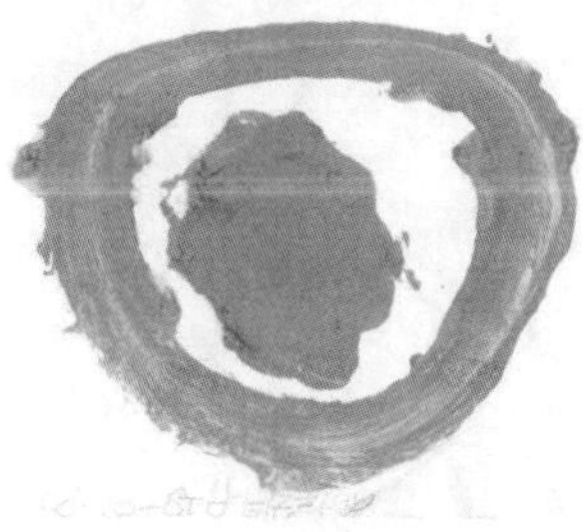

Figura 2

Figura 3

Figura 4

Figura 5

Essa experiência produz algumas interrogações: passagem do *um* da repetição, do idêntico, para sua sucessão ordenada? Inscrição do ser falante no real? G. se inscreve na Oficina e nos inscreve também?

Ao final de um desses encontros, ao invés de um *Até a próxima semana*, uma questão é dirigida para ela: *Você quer vir para a Oficina*? G. não responde. De cabeça baixa sorri. No encontro seguinte, surpreendendo todos, oferece um bilhete cujas letras se juntam como pictogramas que indicam a tomada de uma posição de sujeito: *Querida [...] vou na Oficina de arte quarta feira todo ano SIM* (Figura 6).

Figura 6

Concluindo, como indica Lacan, não existe metalinguagem (alguma) no sentido de que nunca falamos senão a partir da escrita, e a *representação de palavra* quer dizer alguma coisa, quer dizer que a palavra já está aí *antes* que vocês façam sua representação escrita, com tudo que ela comporta (Lacan, 1971: 80-1). Tal proposição nos leva a interrogar a cada encontro clínico com as psicoses: *o que pode aí um psicanalista?*

Referências bibliográficas

FREUD, S. (1911/1977). Notas psicanalíticas sobre um relato autobiográfico de um caso de paranoia (*dementia paranoides*). *Edição standard brasileira das obras psicológicas completas de Sigmund Freud*, v. XII. Rio de Janeiro: Imago.

———. (1915/2007). Lo inconsciente. *Obras completas*, v. XIV. Buenos Aires & Madrid: Amorrortu Editores.

———. (1921/1977). Psicologia de massa e análise do eu. *Edição standard brasileira das obras psicológicas completas de Sigmund Freud*, v. XVIII. Rio de Janeiro: Imago.

———. (1924/1977). A perda da realidade na neurose e na psicose. *Edição standard brasileira das obras psicológicas completas de Sigmund Freud*, v. XIX. Rio de Janeiro: Imago.

———. (1925/2007). La negación. *Obras completas*, v. XIX. Buenos Aires & Madrid: Amorrortu Editores.

———. (1940a [1938]/1977). Esboço de psicanálise. *Edição standard brasileira das obras psicológicas completas de Sigmund Freud*, (parte III), v. XXIII. Rio de Janeiro: Imago.

———. (1940b [1938]/2007). La escisión del yo en el proceso defensivo. *Obras completas*, v. XXIII. Buenos Aires & Madrid: Amorrortu Editores.

HEIDEGGER, M. (1951/2008). *Ensaios e conferências*. Rio de Janeiro: Editora Vozes.

LACAN, J. (1946/1998). Formulações sobre a realidade psíquica. *Escritos*. Rio de Janeiro: Jorge Zahar.

———. (1954/1998). Resposta ao comentário de Jean Hyppolite sobre a "Verneinung" de Freud. *Escritos*. Rio de Janeiro: Jorge Zahar Ed.

———. (1955-1956/1997). *O seminário, livro 3: as psicoses*. Rio de Janeiro: Jorge Zahar Ed.

———. (1957-1958/1999). *O seminário, livro 5: as formações do inconsciente*. Rio de Janeiro: Jorge Zahar Ed.

———. (1959-1960/1988). *O seminário, livro 7: a ética da psicanálise*. Rio de Janeiro: Jorge Zahar Ed.

———. (1971/2009). *O seminário, livro 18: de um discurso que não fosse semblante*. Rio de Janeiro: Jorge Zahar Ed.

———. (1972-1973/1985). *O seminário, livro 20: mais, ainda*. Rio de Janeiro: Jorge Zahar Ed.

———. (1975-76/2007). *O seminário, livro 23: o sintoma*. Rio de Janeiro: Jorge Zahar Ed.

MILLER, J.-A. A invenção psicótica. *Opção Lacaniana, 36*, maio 2003.

RABINOVICH, D. (2005). *La angustia y el deseo del otro*. Buenos Aires: Manantial.

SOLER, C. (2007). Estabilização da psicose. *O inconsciente a céu aberto da psicose*. Rio de Janeiro: Jorge Zahar Ed.

A ESCRITA DO CORPO NA PSICOSE: EM BUSCA DO TRAÇO?

Claudia Escórcio do Amaral Pitanga

Resumo

Neste texto são discutidas as práticas corporais na psicose e levantadas as seguintes questões: primeiramente qual é o estatuto do corpo na psicose e, em segundo lugar, qual poderia ser a função de práticas corporais na psicose que evidenciariam uma lógica presente na relação particular do sujeito psicótico com o seu corpo.

Palavras-chave: psicose; corpo; estabilização.

Résumé

L'écriture du corps dans la psychose: à la recherche du trait?

Dans ce texte on discute les pratiques corporelles dans la psychose, et l'on soulève les questions suivantes: premièrement quel est le statut du corps dans la psychose et, deuxièmement, quelle pourrait être la fonction des pratiques corporelles dans la psychose qui mettraient en évidence une logique présente dans la relation particulière du sujet psychotique avec son corps.

Mots-clés: corps; psychose; stabilisation.

Este trabalho parte da constatação clínica de que os psicóticos têm uma relação muito peculiar com o corpo, representada por um leque de possibilidades que varia da total indiferença pelo fato de existir um corpo a uma preocupação de natureza hipocondríaca. Por outro lado no surto verificamos que o corpo é palco de experiências extremamente angustiantes de natureza bizarra. Sendo assim, o corpo na psicose, mais do que em qualquer outra forma de organização psíquica, é fonte de estranhamento para o sujeito.

Porém podemos recolher na clínica de psicóticos alguns exemplos observados pelo que podemos chamar de *práticas corporais*, entendendo esse termo como atividades efetuadas pelo sujeito no seu corpo que exigem uma manutenção, ou mesmo precisam ser atualizadas por ele, e parecem produzir algum apaziguamento ou uma momentânea estabilização. Como a jovem que ao sair de sua cidade natal para casar e trabalhar desenvolve o hábito de, quando está sob grande angústia, cortar-se. Essa prática tem a função de devolver-lhe a sensação de estar habitada por ela mesma. Também uma paciente psiquiátrica identificada pelo setor de Saúde Mental de um Hospital Geral que constantemente se dirige à emergência sob grande confusão mental fazendo uma demanda à enfermagem e que só após ser alvo de algum procedimento médico como a injeção faz alguma organização no seu discurso. Ainda um sujeito que, quando impedido de fazer seus exercícios físicos, realizados até a exaustão, tem sensações angustiantes de anamorfia, pois seu corpo se torna obeso.

Diante dessa constatação, levantamos as questões que movem este trabalho: primeiramente, qual é o estatuto do corpo na psicose e, em segundo lugar, qual poderia ser a função de práticas corporais encontradas na psicose. Ou ainda, qual a lógica que poderia estar presente nessa relação particular do sujeito com o seu corpo?

Pode-se dizer que há para o sujeito falante uma descontinuidade entre ele e o seu corpo próprio. O saber do sujeito com relação ao seu corpo é sempre da ordem da suposição, que no caso da neurose se mantém relativamente firme pela sustentação dada pelo significante primário. Porém na psicose a falta desse significante fragiliza ainda mais a relação disjunta entre o sujeito e o seu corpo, que conta com bengalas imaginárias e suplências para dar conta do gozo do corpo que se apresenta em certas vivências corporais. Desse modo, ainda que encontremos na neurose fragilizações corporais e sintomas que se manifestam no corpo, na psicose, por não contar com o suporte do simbólico, as experiências corporais se apresentam de forma mais radical e contundente. A foraclusão do Nome-do-Pai apresenta-se, assim, com seus efeitos no que diz respeito à consistência relativa que o corpo ganha para o sujeito.

Encontramos em Freud uma preocupação de distinguir formas clínicas como modos particulares de funcionamento do inconsciente, que têm também diferentes consequências para o estabelecimento de um corpo próprio para o sujeito e para a relação deste com o corpo. As neuroses, como as psicoses – esquizofrenia, paranoia e melancolia – e as neuroses atuais, entre as quais destacamos a hipocondria, são diferentes estatutos para os sintomas e fenômenos no corpo sobre os quais precisamos nos debruçar.

A neurose funciona sob a égide de uma lógica fálica exemplificada pelas conversões de natureza histérica. Esses sintomas teriam origem em determinantes infantis na vida do sujeito, forjando representações imaginárias e simbólicas do corpo. Por outro lado, as neuroses atuais, compostas pela neurastenia, pela neurose de angústia e pela hipocondria, são definidas como núcleos de submissão somática. Teriam como característica comum não ser possível rastrear nenhuma origem psíquica, mas apenas fontes comuns na vida sexual do sujeito. Essa característica parece se assemelhar às somatizações como são tratadas atualmente. Dessa forma, há uma diferença entre a conversão e a somatização também enfatizada por Freud em 1894 (Freud, 1894a/1976).

Nas psicoses, nas quais particularmente nos detemos, não há uma lógica tão claramente estabelecida como na neurose, porém Freud se sustenta na sua teoria da libido e no conceito de narcisismo para elucidar a natureza do que se passa nos sintomas e fenômenos no corpo do sujeito psicótico. Mas encontramos aí, com Lacan, as consequências da foraclusão do Nome-do-Pai nas dificuldades do estabelecimento de um corpo próprio para o sujeito. Verificamos, sobretudo, uma relação fundamental entre o significante primário e a constituição de um corpo que, na ausência desse significante, traz uma série de efeitos que se manifestam sob a forma da paranoia, da esquizofrenia e da melancolia.

A esquizofrenia se apresenta como uma consequência da foraclusão: a libido se volta para o corpo e as catexias objetais são abandonadas. Há uma regressão a um estado não objetal, ao autoerotismo. São comuns os sintomas relacionados à fala, mais comumente uma desorganização na construção das frases. São frequentes também os sintomas hipocondríacos, nos quais os órgãos internos e partes do corpo são a grande referência. Freud (1915/1976) utiliza a expressão "fala de órgão" ou linguagem de órgão. Esse estado pode ser exemplificado pelos momentos iniciais da enfermidade de Schreber que eram caracterizados por crises hipocondríacas extremamente angustiantes, quando tinha sensações relacionadas aos seus órgãos internos (Freud, 1915/1976).

Na esquizofrenia, como efeito da não-inscrição das representações simbólicas no inconsciente, há um superinvestimento nas palavras como tentativa de cura. A libido que retorna para o eu não está apoiada em uma matriz simbólica de um corpo imaginário, o que provoca a experiência de um corpo despedaçado. Segundo Soler (2007), a natureza da esquizofrenia está ligada à não-simbolização da mãe e, por isso, seria uma foraclusão mais primária do que a que ocorre na paranoia.

Na paranoia a libido também faz uma regressão, mas há também uma fixação à fase do narcisismo. Nesse estado da libido o eu é tomado como objeto de investimento e o sujeito fica aprisionado em uma relação especular entre o eu e o outro. Como assinala Lacan, o Outro, por não estar constituído em seu campo, ganha contornos tirânicos. Lacan mantém essa diferença entre a esquizofrenia e a paranoia, considerando que a esquizofrenia é correlata ao autoerotismo, ao corpo despedaçado, ao passo que a paranoia é referida ao estádio do espelho, no qual há uma alienação entre a e a'.

Tomando novamente a análise do caso Schreber verifica-se uma passagem do estado esquizofrênico para uma paranoia propriamente dita. Nesse processo os sintomas hipocondríacos passaram a ser explicados pelo sujeito por uma metáfora delirante, que consistia em tornar-se mulher para copular com Deus (Freud, 1911/1976), amenizando, assim, o seu sofrimento. Vemos aí uma "paranoidização" que caminha no sentido de dar a Schreber um lugar: o de mulher de Deus. Destacam-se também em Schreber, além dos sintomas hipocondríacos, os adornos no corpo como parte de suas práticas delirantes. Freud trouxe a concepção de que o delírio seria uma tentativa de cura como suplência frente ao significante foracluído. O corpo então, na paranoia, torna-se objeto para o delírio, palco e cenário da metáfora delirante, como indica Lacan.

Freud (1895b/1976) reconhece também a melancolia como uma forma de efeito da foraclusão, porém ela não é equivalente à esquizofrenia ou à paranoia, uma vez que há a noção de unidade corporal. Mas essa representação corporal não se sustenta no tempo e, em algum momento, ela falha, emergindo uma grande angústia. O ponto diferencial com relação às outras psicoses diz respeito ao desencadeamento, que se dá através de uma perda da ordem de um ideal, provocando um furo no psiquismo como também um represamento da libido no eu de tal monta que não há lugar para o trabalho do simbólico. Em termos corporais, o que se tem como efeito é um corpo fragilizado com um espectro de variedades sintomáticas que englobam os distúrbios alimentares e algumas formas de compulsões, por exemplo. Segundo Pinheiro (1999), seriam tipos clínicos de uma "representação corporal em falência" que exibem práticas corporais na tentativa de restauração dos contornos do corpo.

O que fica indicado em Freud (1911/1976) é que as práticas corporais na psicose são vistas como tentativas de uma restauração, porém o mais contundente é que o corpo na psicose, especialmente na paranoia, fica entregue ao registro imaginário, enquanto, na esquizofrenia, ao corpo real na sua crueza, o que resulta em uma relação muito particular com a linguagem. Constatamos também que o corpo tem para o sujeito uma condição de estranhamento, de *Unheimlich* como fonte permanente de mal-estar.

Lacan indica que é por meio do significante primário que se introduz o traço primeiro, o traço unário. No encontro traumático da linguagem no ser vivente é impressa uma marca, um traço, que Lacan recolheu em Freud e nomeou de *traço unário* por ter o efeito significante de subverter o corpo quanto à sua natureza anatômica, retirando assim o vivente de uma plena identificação com a materialidade de seu corpo. Em termos freudianos o corpo ganha representações, para Lacan o corpo é mortificado pelo significante. A entrada dessa marca separa corpo e gozo. A entrada do Nome-do-Pai faz uma normatização de gozo, um apaziguamento por meio de uma organização.

Recorrendo aos últimos seminários de Lacan, verificamos que o Nome-do-Pai é trabalhado por uma perspectiva da topologia do nó borromeano, na qual ele tem a função de fazer uma amarração dos registros real, simbólico e imaginário. Há também uma mudança com relação ao modo de conceber a psicose frente à neurose, pois inicialmente a psicose era concebida como uma organização psíquica em que falta algo que há na segunda, a metáfora paterna. A psicose era vista como insuficiente com relação à neurose. No entanto, a organização que tem o Nome-do-Pai enlaçando os registros passa a ser vista como uma organização entre outras, uma vez que outros significantes poderiam tomar essa função de nó por um quarto elo que Lacan nomeou de *sinthoma* (Lacan, 1975-1976/ 2007). É a pluralização dos Nomes-do-Pai.

Nessa direção, tendo feito este percurso em algumas elaborações de Freud e de Lacan, poderíamos dizer que "as práticas corporais na psicose" podem representar suplências imaginárias mínimas pouco eficazes para a estabilização, mas podem também vir alçar a função de suplências a uma dimensão simbólica e, por isso, ir em direção ao laço social. Desse modo, algo do traço pode ser inserido na cadeia significante produzindo alguma estabilização. Como apresentado por Lacan no *Seminário 23*, o sujeito na psicose poderá inventar algo que faça a função de *sinthoma*, produzindo assim uma amarração dos registros RSI, o que, consequentemente, dá maior consistência ao corpo e proporciona um apaziguamento de gozo. Poderíamos também dizer que o corpo para o sujeito psicótico é um campo de realidade equivalente a um deserto o qual ele precisará habitar.

Referências bibliográficas

ALVARENGA, E. (2000). Psicoses freudianas e lacanianas. *Opção Lacaniana*, Revista Brasileira Internacional de Psicanálise, *28*, 40-43. São Paulo: Ed. Eólia.

FREUD, S. (1893/1976). Alguns pontos para o estudo comparativo das paralisias orgânicas e histéricas. *Edição standard brasileira das obras psicológicas completas de Sigmund Freud*, v. I. Rio de Janeiro: Imago.

———. (1893a/1976). Estudos sobre a histeria: sobre o mecanismo psíquico dos fenômenos histéricos; comunicação preliminar. *Edição standard brasileira das obras psicológicas completas de Sigmund Freud*, v. II. Rio de Janeiro: Imago.

———. (1893b/1976). Casos clínicos (Breuer e Freud). Caso 5: Elisabeth Von R. (Freud). *Edição standard brasileira das obras psicológicas completas de Sigmund Freud*, v. II. Rio de Janeiro: Imago.

———. (1894a/1976). As neuropsicoses de defesa. *Edição standard brasileira das obras psicológicas completas de Sigmund Freud*, v. III. Rio de Janeiro: Imago.

———. (1894b/1976). Rascunho H – A paranoia. *Edição standard brasileira das obras psicológicas completas de Sigmund Freud*, v. I. Rio de Janeiro: Imago.

———. (1895a/1976). Sobre os critérios para destacar da neurastenia uma síndrome particular intitulada "neurose de angústia". *Edição standard brasileira das obras psicológicas completas de Sigmund Freud*, v. III. Rio de Janeiro: Imago.

———. (1895b/1976). Rascunho G – Melancolia. *Edição standard brasileira das obras psicológicas completas de Sigmund Freud*, v. I. Rio de Janeiro: Imago.

———. (1896/1976). Novos comentários sobre as neuropsicoses de defesa. *Edição standard brasileira das obras psicológicas completas de Sigmund Freud*, v. III. Rio de Janeiro: Imago.

———. (1899/1976). Carta 125. *Edição standard brasileira das obras psicológicas completas de Sigmund Freud*, v. I. Rio de Janeiro: Imago.

———. (1905/1976). Os três ensaios sobre a teoria da sexualidade. *Edição standard brasileira das obras psicológicas completas de Sigmund Freud*, v. VII. Rio de Janeiro: Imago.

———. (1910/1976). Contribuições para uma discussão acerca do suicídio. *Edição standard brasileira das obras psicológicas completas de Sigmund Freud*, v. XI. Rio de Janeiro: Imago.

———. (1911/1976). Notas psicanalíticas sobre um relato autobiográfico de um caso de paranoia *(dementia paranoides)*. *Edição standard brasileira das obras psicológicas completas de Sigmund Freud*, v. XII. Rio de Janeiro: Imago.

———. (1914/1976). O narcisismo: uma introdução. *Edição standard brasileira das obras psicológicas completas de Sigmund Freud*, v. XIV. Rio de Janeiro: Imago.

———. (1915/1976). O inconsciente. *Edição standard brasileira das obras psicológicas completas de Sigmund Freud*, v. XIV. Rio de Janeiro: Imago.

———. (1917 [1915]/1976). Luto e melancolia. *Edição standard brasileira das obras psicológicas completas de Sigmund Freud*, v. XIV. Rio de Janeiro: Imago.

———. (1917 [1916-1917]/1976). Conferência XXVI. A teoria da libido e o narcisismo. In: Conferências introdutórias sobre psicanálise. Parte III. Teoria Geral das neuroses. *Edição standard brasileira das obras psicológicas completas de Sigmund Freud*, v. XVI. Rio de Janeiro: Imago.

———. (1917/1976). Conferência XXVII. Transferência. *Edição standard brasileira das obras psicológicas completas de Sigmund Freud*, v. XVI. Rio de Janeiro: Imago.

———. (1918 [1914]/1976). História de uma neurose infantil. *Edição standard brasileira das obras psicológicas completas de Sigmund Freud*, v. XVII. Rio de Janeiro: Imago.

———. (1919/1976). O estranho. *Edição standard brasileira das obras psicológicas completas de Sigmund Freud*, v. XVII. Rio de Janeiro: Imago.

———. (1923/1976). O ego e o id. *Edição standard brasileira das obras psicológicas completas de Sigmund Freud*, v. XIX. Rio de Janeiro: Imago.

———. (1924/1976). A perda da realidade na neurose e na psicose. *Edição standard brasileira das obras psicológicas completas de Sigmund Freud*, v. XIX. Rio de Janeiro: Imago.

———. (1930 [1929]/1976). O mal-estar na civilização. *Edição standard brasileira das obras psicológicas completas de Sigmund Freud*, v. XXI. Rio de Janeiro: Imago.

———. (1933 [1932]/1976). Novas conferências introdutórias sobre psicanálise, conferência XXXI. A dissecção da personalidade psíquica. *Edição standard brasileira das obras psicológicas completas de Sigmund Freud*, v. XXII. Rio de Janeiro: Imago.

———. (1950 [1892-1899]/1976]. Extratos dos documentos dirigidos a Fliess. *Edição standard brasileira das obras psicológicas completas de Sigmund Freud*, v. I. Rio de Janeiro: Imago.

LACAN, J. (1955-1956/1985). *O seminário, livro 3: as psicoses.* Rio de Janeiro: Jorge Zahar.

———. (1975-1976/2007). *O seminário, livro 23: o sinthoma.* Rio de Janeiro: Jorge Zahar.

PINHEIRO, T. (1999). Em busca de uma metapsicologia da melancolia. In: BIRMAN, J. (Org.). *Sobre a psicose* (pp. 29-44). Rio de janeiro: Editora Contra-capa.

SOLER, C. (2007). *O inconsciente a céu aberto da psicose.* Rio de Janeiro: Jorge Zahar.

A ESCRITA NO CORPO NOS FENÔMENOS PSICOSSOMÁTICOS: A PSICANÁLISE EXISTE PARA OS FENÔMENOS PSICOSSOMÁTICOS?

Denise Maria Lopes Dal-Cól

Maria Cristina Poli

Resumo

Este trabalho aborda uma pesquisa que busca tratar do estatuto do corpo e da escrita na psicanálise com a finalidade de avaliar sua implicação na doença psicossomática, uma vez que ela é um fenômeno que tem seu fundamento em "uma escrita no corpo que não se pode ler" (Lacan, 1975), à diferença do sintoma como escrita no corpo suposto legível. Esses fenômenos psicossomáticos (FPSS) seriam tratáveis pela psicanálise?

Palavras-chave: corpo; escrita; psicanálise.

Résumé

L'ÉCRITURE DANS LE CORPS AUX PHÉNOMÈNES PSYCHOSOMATIQUES: LA PSYCHANALYSE EXISTE-T-ELLE POUR CES PHÉNOMÈNES?

Ce travail présente ma recherche qui traite du statut du corps et de l'écriture en psychanalyse, afin d'évaluer son implication dans la maladie psychosomatique, sachant qu'il s'agit d'un phénomène dont le fondement est "une écriture dans le corps qui ne peut pas se lire" (Lacan, 1975), à la différence du symptôme comme écriture dans le corps supposé lisible. Ces phénomènes psychosomatiques (FPSS) seraient possibles d'être traités par la psychanalyse?

Mots-clés: corps; écriture; psychanalyse.

Este trabalho de pesquisa busca tratar do corpo e do escrito em psicanálise. A preocupação que o fundamenta envolve as estruturas clínicas (ou psicopatologias) e o tratamento em psicanálise. Procuramos discernir que a noção de corpo e a noção de escrita na psicanálise dependem da estrutura de linguagem no que ela produz no humano outra dimensão para além do biológico, orgânico ou fisiológico – a pulsão e sua representação no inconsciente. Isso com a finalidade, mais especificamente, de relacionar a ideia de sintoma em psicanálise para interrogar a doença dita psicossomática que em seu estatuto lacaniano recebe a nomeação de fenômeno – fenômeno psicossomático (FPS) (Guir, 1992; Miller, 1990; Sagna, 1996; Valas, 1990). Esses FPSs têm um lugar de exceção nas psicopatologias. Seriam tratáveis pela psicanálise? A psicanálise existe para os fenômenos psicossomáticos?

A escrita no sintoma

O sintoma tem uma função para o sujeito que é de significar o insignificável – o que aparece como problemático – e, também, um meio de gozo ou forma de satisfação. Portanto, tem uma vertente que se apoia na estrutura da linguagem com sua determinação significante e a vertente da satisfação onde se localiza a escrita (Thá *et al.*, 1992). É essa relação que Lacan (1972-1973/1995) desenvolve no Seminário *Mais, ainda*, ao identificar que as letras do alfabeto fenício se encontravam antes, em vasos egípcios, onde elas serviam de marcas de fábrica, sendo da marca que saíram a letra e os números pela via da contagem. Ele afirma que o sintoma pode ser considerado uma marca dessa espécie, através da qual as marcas de satisfação da pulsão – o real que concerne à psicanálise – aparecem cifradas numa escrita enigmática.

Diferente de outras formações do inconsciente, cuja característica é a fugacidade, o sintoma pode afirmar (para quem se pergunta) a existência do inconsciente, pois mostra uma permanência e uma fixidez resultantes da satisfação nele implicada, o que demonstra que, embora se suporte na estrutura de linguagem, está inscrito num processo de escritura (Thá *et al.*, 1992: 117) – inscrição no corpo –, gozo cifrado na letra do sintoma por onde também se desloca o desejo.

A possibilidade de decifração se assenta na suposição de sentido (transferência suposto saber) que incide sobre ele, pois, conforme aponta Miller (*apud* Thá *et al.*, 1992: 117), "[...] em si o sintoma não diz nada a ninguém: é cifragem, e é gozo, é gozo puro de uma escritura". Se numa análise decifrar é ler o que está escrito no sintoma, essa leitura se faz com o que se escuta como efeito do significante, isto é, para que haja um deciframento da escrita, é necessário que haja uma passagem ao significante que só pode ser feita na medida em que o sujeito falar de seu sintoma. Não somente falar do sintoma, mas fazer o sintoma falar – "suspensão do mutismo" (Lacan, 1964/1985: 18) –, isto é, entrar na simbolização (no seu suporte na estrutura de linguagem), possibilitando que esse gozo seja extraído pelo significante a partir de uma transferência.

A escrita no fenômeno psicossomático (FPS)

Se nos perguntarmos como trabalhar com esse real – a pulsão, o gozo (mais-de-gozar, o objeto) que questiona o que é o corpo, o orgânico, essa pergunta se redobra nos casos de doenças ditas psicossomáticas, uma vez que elas mal se inscrevem no campo da medicina que trata o corpo como organismo, tanto quanto mal se inscrevem no campo da psicanálise, que aborda o corpo em sua dimensão pulsional – corpo erógeno, escrita de gozo.

Que lugar, então, para a psicanálise nas afecções psicossomáticas – ou o inverso, que lugar para as afecções psicossomáticas na psicanálise?

No campo médico, as afecções psicossomáticas "têm uma etiopatogenia imprecisa e, do ponto de vista histológico, as lesões são múltiplas" (Guir, 1992: 25); respondem mal aos critérios exigidos para a constituição de uma doença: causa, sintomas, tratamento e prognóstico.

Embora perfeitamente orgânicas, pois há sempre um dano histológico objetivável, as características das afecções somáticas não correspondem às lesões de causa puramente orgânica tais como sintomas de gradação variável, evolução imprevisível, aparecendo em surtos sucessivos, podendo se mobilizar, se alternar, se conjugar, se agravar ou simplesmente desaparecer (Sagna, 1996). Algumas dessas afecções são descritas como manifestações alérgicas, psoríase, vitiligo, eczemas, asma, glaucoma, enxaquecas, herpes, peladas ou alopecias, doenças neoplásicas, lúpus eritematoso, esclerose sistêmica progressiva, hipertireoidismo, colite ulcerativa e outras. Raramente existe um tratamento específico.

No campo da psicanálise, há uma multiplicidade de divergências não só conceituais, mas, sobretudo em relação ao tratamento. Alguns autores (*apud* Valas, 1990) como Groddeck e Alexander consideram viável uma interpretação dos FPSs como decifração de um sentido latente, outros como Marty, M'Uzan e David admitem uma ausência de simbolização em jogo, o que exigiria que se mobilizasse a construção de um sentido para o doente. Qual é a orientação lacaniana a esse respeito?

Os fenômenos psicossomáticos assim como os sintomas são "da ordem do escrito", conforme os últimos apontamentos de

Lacan a esse respeito, feitos na "Conferência de Genebra sobre o sintoma" (1975). Entretanto, no caso dos FPSs, seria como se algo escrito no corpo nos fosse dado como um enigma do qual nada entendemos, como um enigma indecifrável.

Há semelhança entre o sintoma e o FPS no que se refere a seu estatuto de escrita – do real ou pulsão em Freud. Entretanto, se essa afirmação for correta, temos que nos ocupar com aquilo que no FPS se diferencia. Os fenômenos psicossomáticos têm um lugar de exceção, de diferença com o sintoma porque eles não são, como ele, mensagem cifrada, retorno do recalcado que pode ser objeto de uma queixa no discurso do paciente.

O sintoma analítico é estruturado pelas leis de linguagem denominadas condensação e deslocamento por Freud e metáfora e metonímia por Lacan, sendo a substituição seu modo de formação necessário. Sua natureza é de mudar de sentido para o sujeito pela colocação em palavras, assim como pela interpretação, existindo, porém, no próprio sintoma, uma satisfação que coloca obstáculo à sua mobilização. Já a lesão psicossomática não obedece às leis da linguagem, não responde a uma estrutura metafórica, mas a uma alternância de presença e ausência. "Ele se desenvolve *ao lado* [grifo meu] da estrutura do sujeito da qual ele não é o produto, mas também não é absolutamente sem ligação com ela" (Sagna, 1996: 60).

Se as fixações libidinais contam uma história que se registra no inconsciente – fixa e esquece –, nos FPSs parece ocorrer uma fixação que não conta uma história, pois a pulsão não se amarra a um representante para entrar no inconsciente. Ocorre algo aí que não interfere na estruturação, mas fixa no corpo e produz efeitos. E, se a escrita é feita para não esquecer – é um registro mnemônico –, o FPS é uma escrita no corpo que talvez tenha justamente essa finalidade – não esquecer. Mas esse registro está no real do corpo como lesão, sendo assim algo que parece intraduzível porque não se engataria na cadeia significante, não se dialetizando.

Os fenômenos psicossomáticos mostram no corpo algo que parece um escrito apenas como marcas registradas que não se inserem numa história, numa escrita de uma história libidinal capaz de ser contada, reconstruída, como nos sintomas neuróticos.

Em outras palavras, nos FPSs, há um registro de gozo que causa efeitos, mas não se inscreve na dimensão significante. Por isso, Lacan na Conferência de Genebra chama o gozo nesses casos, de "um modo específico de gozo".

Lacan, neste trecho extraído de *O sinthoma* (1975-1976/2007: 145), diz do corpo:

> [...] a relação com o corpo, relação tão imperfeita em todos os seres humanos. Quem sabe o que se passa no seu corpo? [...] se há alguma coisa que tenho articulado desde o princípio e com cuidado, é que o inconsciente nada tem a ver com o fato de um monte de coisas ser ignorado quanto a seu próprio corpo. Quanto ao que se sabe ele é de uma natureza bem diferente mesmo. Sabe-se de um monte de coisas provenientes do significante.

Do significante – o que produz o Ser de Gozo (pulsional) – sabe-se que o sujeito é corpo (erógeno); o sujeito é, por exemplo, "o tique", "o vômito", "a merda".

Lacan (1975-1976/2007: 144) observa ainda que é preciso tentar se desprender da ideia de eternidade porque assim escuta-se a outra vida – a outra vida é a vida da linguagem, onde é preciso encontrar os furos, furos abstratos no corpo concernentes à enunciação do que quer que seja.

Uma vez que o FPS não se inscreve na dimensão significante, ou seja, na dimensão do inconsciente, os fenômenos como tais não são interpretáveis no sentido psicanalítico: a lesão É... escrita de gozo, marca no corpo que não entra na dialética da palavra, holofraseado, "gelificado", não historicizável –, a não ser que haja possibilidade de um laço com o Outro, isto é, o inconsciente daí advir para o porvir de um trabalho analítico. Como diz Lacan na "Conferência em Genebra sobre o sintoma" (1975):

> É por esse viés, pela revelação do gozo específico que há na sua fixação, que é preciso sempre visar abordar o psicossomático. Nisso podemos esperar que o inconsciente, a invenção do inconsciente possa servir para alguma coisa.

Para reiterar que a psicanálise considera o corpo a partir de sua dimensão significante e necessita da aposta no inconsciente frente a qualquer demanda àquele que se coloca na função de analista, tomo emprestadas as palavras de Guy Clastres (texto não publicado) para concluir:

O corpo permanece estranho e imaginar que a psicanálise pode manter o funcionamento harmonioso em direção à vida é propriamente delirante, mas se na psicanálise o sintoma se cristaliza a partir de um encontro com o real que pode ser contingente, para elevar esse encontro ao título de sintoma para a psicanálise é necessário crença; há de crer no inconsciente, quer dizer, é necessário que o sujeito ponha de si.

[Apostar em uma] viragem possível do sujeito no discurso existente, e [estar advertido] de como a falta a ser do sujeito não encontra para sustentar-se, dependendo do momento, nada mais que a tomada da palavra.

Referências bibliográficas

GUIR, J. (1992). *Psicossomática na clínica lacaniana.* Rio de Janeiro: Zahar.

LACAN, J. (1964/1986). *O seminário, livro 11: os quatro conceitos fundamentais da psicanálise.* Rio de Janeiro: Zahar.

———. (1972-1973/1985). *O seminário, livro 20: mais, ainda.* Rio de Janeiro: Jorge Zahar Ed.

———. (1975). Conferência em Genebra sobre o sintoma. Edição eletrônica.

———. (1975-1976/2007). *O seminário, livro 23: o sinthoma.* Rio de Janeiro: Zahar.

MILLER, J.-A. Algumas reflexões sobre o fenômeno psicossomático. In: WARTEL, R. *Psicossomática e psicanálise* (pp. 87-97). Trad. Luiz Forbes. Rio de Janeiro: Jorge Zahar.

SAGNA, C. D. (1996). Lesões sensíveis à palavra. *Opção lacaniana: Rev. Bras. Int. de Psicanálise, 17*, 60-62.

THÁ, F.; FONSECA, G. R.; ANGULO, N. S.; PEÑA, J. F. & PEREZ, S. (1992). A função do escrito. *Letras da Coisa: Associação Coisa Freudiana – Transmissão em Psicanálise, 12*, 112-133.

VALAS, P. Horizontes da psicossomática. In: WARTEL, R. *Psicossomática e psicanálise* (pp. 69-86). Trad. Luiz Forbes. Rio de Janeiro: Jorge Zahar.

A ESCRITA NO OSSO E A FANTASIA FUNDAMENTAL

Rita Maria Manso de Barros
Marlise Eugenie D'Icarahy

Resumo

O artigo apresenta, através de um fragmento clínico, articulações entre um sintoma e a escrita psíquica. Trata-se de pensar a fantasia fundamental como um traço ou letra que abre sulcos na carne e determina a formação inconsciente do sujeito. Destaca a particularidade desse fenômeno em algumas mulheres em suas relações com o Outro arcaico que originam a particular forma de amor erotomaníaca de quem vive a devastação em suas parcerias amorosas. Discute-se também o final da análise nesses casos.

Palavras-chave: escrita; fantasia fundamental; devastação.

Résumé

L'écriture sur l'os et le fantasme fondamental

Grâce à un fragment clinique, cet article présente articulations cliniques entre un symptôme et l'écriture. Il faut penser que le fantasme fondamental comme un trace ou une lettre qui ouvre des sillons dans la chair et détermine la formation de l'inconscient. Souligne la particularité de ce phénomène chez quelles femmes dans leurs relations avec l'Autre archaïque, provoquant la forme particulière de l'amour qui vit la dévastation érotomaniaque d'avec leurs partenaires d'amour. Nous discutons également la fin de l'analyse de ces cas.

Mots-clés: écrit; fantasme fondamental; dévastation.

Palavras quebram ossos, sustentam fantasias. Sabemos que o discurso está inserido numa cadeia significante e que o sujeito é produzido por ela. Ele é efeito de um deslizamento que possibilita ao sujeito surgir. Entre as formações do inconsciente, Freud enumera o sintoma, os sonhos, os atos falhos e chistes, todos correspondendo a realizações de desejos. Comumente um sujeito chega à análise por sofrer com o que ele próprio chama de "sintoma", e que gostaria que fosse eliminado. Como psicanalistas, sabemos que o sintoma se refere a um mal-estar que a história singular daquele sujeito engendrou e pode ser uma forma de fala ou escrita quando o bem-dizer é impossível por outra via.

A frase que intitula este artigo corresponde à lembrança da ameaça paterna de uma jovem que sofreu múltiplas fraturas entre sua adolescência e o primeiro ano de sua análise. "Se você perder a virgindade, eu te quebro toda" era o grito do pai, tanto para a jovem em análise como para suas três irmãs que cresciam e cujos corpos transformavam-se. Na passagem de meninas a mulheres, quanto mais suas formas arredondavam-se, mais o pai esbravejava e deixava claro que ele deveria ser o dono do desejo de qualquer uma delas.

Assim, pretendemos trazer fragmentos de uma história clínica cujo sujeito, a mais velha das filhas desse homem, chega à psicanálise impulsionada pelo desabafo de seu ortopedista, desanimado com a quantidade de fraturas que a jovem sofrera nos últimos cinco ou seis anos. Abordaremos também o tema da escrita como letra, que finca suas raízes na carne e a modela.

A jovem, que não apresentava osteoporose, nem osteopenia, ao contrário, tinha os ossos bem formados, era bonita. Tinha um semblante etéreo que pouco deixava transmitir suas emoções, fazendo lembrar a *belle indifférence* histérica. Contava rindo como se quebrava à-toa: batia a mão na quina de um móvel e lá ia um dedo quebrado. O sintoma respondia ao desejo do pai ao mesmo tempo que realizava seu próprio desejo de ser a preferida. Contudo, a questão que intrigava essa mulher era por que apenas ela se quebrava e não suas irmãs. O efeito da frase paterna nela "tomava corpo" (*sic*), mas não em suas irmãs. Nela havia gozo. Ela se recorda do olhar da mãe diante da ira do marido, seu pai, sempre acompanhado de um sorriso irônico, que a jovem entendia como de deboche. Não é difícil acompanhar a sua decepção com a pouca ajuda que a mãe lhe prestava nesses momentos. Dizia que tinha crescido vendo a mãe cuidar de suas irmãs deixando-a de lado já que o intervalo entre ela e a irmã que se seguia era de quase cinco anos e entre as seguintes não passava de dois anos.

Em "Pegan a un niño", Freud (1919/2006) aponta um tipo de fantasia, recorrente em mulheres e em homens neuróticos e perversos, que está associada ao gozo sexual e que produz culpa, sendo um resto deixado pelo complexo de Édipo. Freud descobre que nessa fantasia a posição da criança no lugar de objeto espancado equivale inconscientemente à de ser amado. A contabilidade entre realização de desejo e punição por esse mesmo desejo imprime a tônica masoquista, cerne dessa fantasia. O segredo do masoquismo feminino é a erotomania: que o parceiro bata não é o que conta, sobretudo porque, como bem enfatizou Freud (1919), é a *fantasia* que é determinante, e não a efetivação da cena capaz de trazer graves danos permanentes. Com Lacan, podemos dizer, o que conta é ser seu objeto, seu parceiro-sintoma. "A fantasia em que o sujeito figura como criança espancada torna-se a relação com o Outro por quem se trata de ser amado [...]. Essa fantasia situa-se em algum lugar da dimensão simbólica entre o pai e a mãe, entre os quais ela efetivamente oscila" (Lacan, 1957-1958/1999: 256).

Freud (1919) observa que, nas meninas, a estrutura da fantasia se desdobra em três fases. A primeira não é propriamente sexual. Freud a descreve como expressão da seguinte ideia: "meu pai bate na criança que eu odeio", que se refere a uma criança com quem ela rivaliza. Quem bate é o pai da criança que fantasia. Trata-se, portanto, de uma fase da fantasia que satisfaz o ciúme da criança que imagina a cena e já indica que a castração simbólica começou a operar, pois a criança já se deu conta de que o amor daqueles que exercem a função materna se dirigem também para alhures, o que provoca seus ciúmes.

No decorrer da análise de alguns pacientes, Freud (1919/2006) toma conhecimento de outra fase dessa fantasia, na qual um prazer sexual passa a estar ligado a uma nova versão dessa mesma fantasia. Os analisandos confessam com culpa que uma satisfação sexual lhes aparece associada à fantasia em que uma criança qualquer é batida por um adulto que substitui a autoridade paterna. Como essa fase, conscientemente narrada, estava impregnada de *culpa* e, segundo os analisandos, a culpa estava mais ligada ao *conteúdo da fantasia* – uma criança é espancada – do que com a masturbação a ela ligada, Freud deduz, então, que haveria uma fase intermediária entre as duas, com um conteúdo recalcado responsável pela culpa. Essa fase intermediária não é nunca lembrada, diz Freud, só pode ser construída em análise. Ele constrói a hipótese de que essa fase recalcada da fantasia feminina retrataria uma cena entre a menina e seu pai na qual bater equivale a amar. Assim, o amor que a menina deseja receber é interpretado por ela, inconscientemente, com uma conotação sexual na equivalência entre ser espancada e ser amada. Isso permite a equivalência também entre realização de desejo e punição por esse mesmo desejo, imprimindo a tônica masoquista, que é o cerne dessa fantasia. De acordo com o pensamento freudiano, a fantasia não é apenas o castigo pela relação genital proibida, mas é também o próprio substituto dessa relação. O desejo inconsciente de ser amada fica sob a barra do recalque e a criança só se recorda da terceira fase, na qual ela é espectadora de uma cena que não lhe diz respeito, na qual um adulto qualquer bate numa criança outra. Freud pode concluir que lhe diz respeito precisamente porque a satisfação sexual está ai conectada. Essa terceira fase introduz o que, com Lacan, podemos chamar de objeto *a* olhar, componente estrutural da fantasia.

Mas é a segunda fase, a que não é lembrada, que Freud considera a mais importante. Apenas a partir de 1925 (2007), e sobretudo nos textos de 1931 (1996) e 1932 (1996), Freud passa a destacar o quanto a sexualidade da mulher está impregnada da relação mãe- filha anterior ao complexo e denomina essa fase de pré-edípica, fazendo correspondência com a civilização minoico-micênica, anterior à grega clássica.

Bom, diante destas últimas descobertas que indicam que a poderosa ligação arcaica da menina com a mãe continua a produzir efeito na sexualidade feminina, mesmo depois da entrada em cena da função paterna, consideramos importante retornar ao texto de 1919 (2006), "Pegan a un niño", no qual Freud havia formulado a hipótese de que a fase recalcada da fantasia feminina retrataria a relação com o pai. Nosso intento era interrogar se a fase recalcada incluiria também o amor da menina pelo Outro materno.

Lacan tomou a fantasia "Pegan a un niño" como o paradigma da *fantasia fundamental.* Essa fantasia é fundamental porque é a fantasia inconsciente através da qual um sujeito de desejo, pontual e evanescente, emerge na criança, indicando que a separação psíquica entre o Eu e o Outro ocorreu. Ela é fundamental também por ser a síntese da relação de gozo mais particular daquele sujeito, na neurose e na perversão. E ela tem a estrutura gramatical da fantasia "bate-se numa criança", na qual, "o Eu da criança ocupa a posição de objeto batido" (D'Icarahy, 2010), e é claro que o verbo, os significantes envolvidos na fantasia variam de sujeito a sujeito, retratando a sua maneira particular de gozar. Lacan dá alguns exemplos dessa fantasia inconsciente, que ele chama também de terminal, fantasia última, nos quais o período de fixação libidinal mais marcante, oral, anal, genital, ajuda a determinar o significante nela envolvido: ele dá alguns exemplos como come-se uma criança, caga-se numa criança, possui-se uma criança... De qualquer forma, trata-se de uma fantasia absolutamente particular daquele sujeito, inconsciente, mas o que Freud e Lacan ressaltam é que ela mantém sempre uma estrutura gramatical – Lacan lembra que o inconsciente é estruturado como uma linguagem – e, nessa estrutura gramatical, "o Eu da criança ocupa a posição de objeto e extrai dessa posição um gozo masoquista" (D'Icarahy, 2010).

Lacan aponta também que não se trata da relação com o pai imaginário, mas da relação com um significante, o Nome-do-Pai que, como um chicote, "risca o sujeito", indicando que a castração simbólica se deu. A fantasia é, segundo ele, um "um ato simbólico" que permite ao sujeito "entrar no mundo do desejo" (Lacan, 1957-1958/1999: 250-252).

Então, formulamos agora com citações freudianas de 1931 (2007) uma questão para respondê-la com a ajuda de Lacan: a relação mãe-filha, "tão difícil de apreender nas análises – tão esmaecida pelo tempo e tão obscura", "quase impossível de revivificar" "como se houvesse sucumbido a um recalque especialmente inexorável", comparece na fantasia que estrutura o sujeito no campo da neurose, ou seja, no campo do desejo?

Insistimos na resposta de Lacan: "A fantasia em que o sujeito figura como criança espancada torna-se a relação com o Outro por quem se trata de ser amado [...]. Essa fantasia situa-se em algum lugar da dimensão simbólica entre o pai e a mãe, entre os quais ela efetivamente oscila" (Lacan, 1957-1958/1999: 256).

Trabalhamos com uma expressão utilizada por Lacan, no *Seminário 5* e ressaltada por Geneviève Morel (2007), de "lei da mãe", que indica uma primeira lei, anterior à Lei imposta pelo Nome-do-pai, que diz respeito ao gozo materno, que tem para o bebê "a força de uma lei, louca porque dependente de alguma outra coisa do bem-querer ou malquerer da mãe [...]. Desse primeiro assujeitamento absoluto à lei da mãe, ao gozo materno, traços [seriam] guardados por toda a vida" (Morel, 2007) nas pessoas de estrutura neurótica, psicótica ou perversa.

Morel (2007) observa que para se separar da lei da mãe, lei que submete à criança ao gozo do Outro materno, materno no sentido de que é arcaico, anterior ao Édipo (e não da mãe imaginária), faz-se necessário criar um sintoma separador que permita à criança criar um espaço entre ela própria e esse Outro arcaico. No caso da neurose, Morel considera o sintoma separador paradigmático a fantasia fundamental. Consideramos procedente essa afirmação de Morel porque a fantasia constrói, bem no espaço vazio em que se situa o enigma do desejo do Outro, "uma interpretação inconsciente do que seria o desejo do Outro, do que seria o gozo do Outro" (D'Icarahy, 2010). O que Morel sustenta é que na estrutura significante da fantasia fundamental de um sujeito – e cada sujeito tem uma forma particular de se colocar como objeto do Outro e extrair daí um gozo – estão incluídos traços da lei da mãe, do gozo materno, daquilo que Lacan chamou de período de fixação, pois ela sustenta que esse gozo arcaico, da lei da mãe, ajuda a determinar a rede significante daquela fantasia específica. Essa constatação nos ajudou a confirmar que o Outro materno, o gozo do Outro arcaico comparece na estrutura da fantasia fundamental.

Então, a fantasia, além de incorporar a função paterna, porque afinal ela é resíduo do complexo de Édipo, diz Freud, incorpora também traços do Outro arcaico que se imiscuem na estrutura gramatical determinando os significantes que estão nela envolvidos.

Reforçamos nossa hipótese de que a relação mãe-filha também comparece na fase recalcada da fantasia utilizando. Sustentamos nossa hipótese apoiando-nos na análise feita por Freud, em 1923, sobre o *Édipo invertido* e o *Édipo positivo*, nos textos sobre a *sexualidade feminina e a feminilidade* de 1931 e 1933 [1932], e em múltiplas contribuições de Lacan. Em *O eu e o isso* (1923/1996) Freud descobre que as duas formas de Édipo – positivo e invertido – coexistem no sujeito, fazendo com que a criança deseje ser tomada como objeto de amor também pela figura parental a quem dirige aparentemente só hostilidade. Freud reconhece que se enganara ao valorizar unicamente a relação da menina com o pai. Pensa que essa impressão durou porque as mulheres que analisava acabavam por estabelecer com ele a mesma ligação que cada uma tinha com seu pai, na qual se haviam refugiado ao sair da pré-história com suas mães (Freud, 1931/2007: 228).

Destacamos, então, que a fase inconsciente da fantasia "bate-se numa criança", na menina, está referida também ao primeiro sedutor – a mãe, primeiro objeto de amor e desejo, substituído no complexo de Édipo pelo pai. Acreditamos que a fase inconsciente da fantasia esteja referida também ao gozo do Outro materno, que se imiscui na estrutura da gramática, na rede significante particular daquele sujeito.

Retomando o caso citado, é importante destacar que havia uma relação de amor e ódio entre a jovem e sua mãe, do deslumbramento à devastação: ela tanto era um modelo do feminino como também fonte de toda a ideia de rejeição, que alimentava nela um profundo ódio pela mãe. O amor que a menina dirige à mãe, raptado pela força pulsional e marcado pela estrutura do não todo feminino, retorna à mulher sob a forma de devastação. Para o próprio bem ou para o pior.

Mas que caminhos seguir na direção de uma análise até que cheguemos ao mínimo ser? Jacques-Alain Miller (1998), em *O osso de uma análise*, indica uma dupla via. Na primeira vai do imaginário ao simbólico, quando se ultrapassa o eu e seus conflitos identificatórios, a caminho do sujeito do desejo inconsciente. Na segunda via, aponta uma análise do simbólico ao real, atravessando a fantasia para alcançar o núcleo do real, a verdade do desejo que o gozo tamponava (ou que o gozo evidencia?).

A finalidade de uma análise é fazer o sujeito produzir a sua verdade (S1). Sabemos que o discurso psicanalítico só se instala quando o objeto *a*, causa de desejo, estiver no lugar de agente, o contrário do discurso do mestre. Por isso Freud afirma que não cabe ao analista ficar no lugar nem de confessor, de educador ou de juiz. Ao não dirigir o paciente ele propicia que a única norma da psicanálise se efetue: dizer o que lhe vier à cabeça sem que qualquer censura o impeça.

Miller (1998) afirma que há algo nos versos de Drummond, como a pedra no meio do caminho, equivalente ao "osso" de um tratamento analítico, sobretudo pela insistente repetição: "Um obstáculo intransponível, que obriga o sujeito da enunciação a repetir, de maneira inconsolável, que há essa pedra, a repetir a evidência dessa presença, contra a qual nada pode fazer". O mal-estar no sintoma pode ser entendido como um modo de falar quando o sujeito é incapaz de bem dizer. O sintoma seria assim uma palavra que não encontrou na fala a expressão adequada. Quando o sujeito se mostra incapaz de bem dizer, o corpo pode desatar a falar no seu lugar e à sua maneira, como na conversão histérica ou nos fenômenos do corpo. Miller chama a atenção para a função do objeto para o homem e a função da fala para a mulher, assinalando que o homem goza sem amar, enquanto que a mulher ama para gozar. A fórmula das mulheres é: falar-amar-gozar. Mas é claro que há sujeitos, homens biológicos e identificados ao gênero masculino, que também amam para gozar! Como há mulheres que gozam para amar, ao modelo fálico. Um homem escolhe uma mulher pelo que ela lhe dá noticias do objeto que causa seu desejo. Para a maioria das mulheres, o desejo e o amor têm o mesmo objeto. O amor da mulher feminiza o homem que ela ama.

O Outro do parceiro-sintoma é um corpo vivo, não mortificado, sexuado, tal como o falasser. Há uma mudança de perspectiva: a relação falasser ◊ parceiro-sintoma passa pelo gozo do corpo, d'alíngua, do sintoma, o Outro é o sintoma do falasser – seu meio de gozo, ele goza do corpo do Outro. O estatuto do sinthoma, não é possível fazê-lo cair – é o osso de uma análise, com ele há que se conviver, viver com, fazer algo, algo de novo com esse gozo que resta. O parceiro-sintoma do homem é o objeto fetiche e o do falasser feminino se dá na forma erotomaníaca.

De todas as modalidades psicoterapêuticas que o século XX viu surgir apenas a psicanálise fará do fenômeno denominado transferência a principal ferramenta para a mudança do sujeito. Como não se pode realizar uma psicanálise *in absentia et in effigie*, isso é, sem que o analisando viva seus afetos e ideias no processo analítico – o que inclui os dirigidos à pessoa do analista –, é o estabelecimento da transferência analítica o que proporcionará à psicanálise sua eficácia ímpar no tratamento das neuroses inicialmente. E isso inclui também o afeto do analista através do que Lacan denominou o *desejo do analista*. A figura do analista impessoal, asséptico, sem memória e sem desejo que os pós-freudianos criaram acabaria por afastar-se radicalmente da proposta freudiana em que sujeito e psicanalista estão implicados na transferência. Lacan denuncia esse engodo resgatando a transferência como um fenômeno essencialmente ligado ao desejo e, como tal, incluindo necessariamente o par (ainda que dissimétrico) envolvido (Manso de Barros, 1999).

O final da análise, mais do que atravessar a fantasia e redimensionar as identificações, possibilita saber fazer com o real, fazendo o sujeito identificar-se com o sinthoma, ser tal como a sua forma de gozo, e ainda assim tendo alguma margem de escolha. No caso utilizado como exemplo, pudemos entender, mais ainda, o quanto há na carne uma escrita que determina a trajetória da pulsão levando ao gozo caracterizado pela repetição que fincou suas raízes no osso e modelou um sujeito.

Referências bibliográficas

D'ICARAHY, M. E. (2010). *Um estudo sobre a fantasia fundamental.* Dissertação de Mestrado orientada pela Profa. Dra. Rita Maria Manso de Barros. Programa de Pós-graduação em Psicanálise da Universidade Estadual do Rio de Janeiro. Rio de Janeiro: UERJ.

FREUD, S. (1894/1996). As neuropsicoses de defesa. *Edição standard brasileira das obras psicológicas completas de Sigmund Freud*, v. III. Rio de Janeiro: Imago.

———. (1911/1976). Notas psicanalíticas sobre um relato autobiográfico de um caso de paranoia (*dementia paranoides*). *Edição standard brasileira das obras psicológicas completas de Sigmund Freud*, v. XII. Rio de Janeiro: Imago.

———. (1915/1976). O inconsciente. *Edição standard brasileira das obras psicológicas completas de Sigmund Freud*, v. XIV. Rio de Janeiro: Imago.

———. (1919/1996). Uma criança é espancada (Bate-se numa criança). *Edição standard brasileira das obras psicológicas completas de Sigmund Freud*, v. XVII. Rio de Janeiro: Imago.

———. (1919/2006). Pegan a un niño. *Obras completas*, v. XVII. Buenos Aires: Amorrortu.

———. (1923/1996). O eu e o id. *Edição standard brasileira das obras psicológicas completas de Sigmund Freud*, v. XIX. Rio de Janeiro: Imago.

———. (1925/2007). El yo y el ello. *Obras completas*, v. XIX. Buenos Aires: Amorrortu.

———. (1931/1996). Sexualidade feminina. *Edição standard brasileira das obras psicológicas completas de Sigmund Freud*, v. XXI. Rio de Janeiro: Imago.

———. (1931/2007). Sobre la sexualidad femenina. *Obras completas*, v. XXI. Buenos Aires: Amorrortu.

———. (1933 [1932]/1996). Feminilidade. *Edição standard brasileira das obras psicológicas completas de Sigmund Freud*, v. XX. Rio de Janeiro: Imago.

LACAN, J. (1957-1958/1999). *O seminário, livro 5: as formações do inconsciente*. Rio de Janeiro: Jorge Zahar.

———. (1975-1976/2007). *O seminário, livro 23: o sinthoma*. Rio de Janeiro: Jorge Zahar.

MANSO DE BARROS, R. M. (1999). *A promessa analítica e o mal-estar na cultura*. Tese de doutorado em Teoria Psicanalítica. Orientada por Tânia Coelho dos Santos. Rio de Janeiro: UFRJ.

MILLER, J.-A. (1998). O osso de uma análise. Salvador: Biblioteca – Agente – Edição Especial, *Revista da Escola Brasileira de Psicanálise, 91*.

MOREL, G. (1995). La différence des sexes. In: *Seminaire théorique* (pp. 118-180). Lille: Association de la Cause Freudienne.

———. (2007). *La loi de la mère et le symptôme séparateur*. Palestra proferida no Seminário de Geneviève Morel. Rio de Janeiro: UERJ. (Curso Avançado/ Evento: O sujeito e a sexualidade na aurora do século XXI, Programa de Pós-graduação em Psicanálise. Inédito, transcrito em documento de circulação interna da biblioteca do Programa).

———. (2008). Introduction. In: *La loi de la mère. Essai sur le sinthome sexuel* (pp. 1-8). Paris: Economica Antropos.

———. (2008). Crítica da fantasia fundamental. In: ALBERTI, S. (Org.). *A sexualidade na aurora do século XXI* (pp. 133-148). Rio de Janeiro: Cia de Freud/CAPs.

SOLER, C. (2007). *O inconsciente a céu aberto da psicose*. Rio de Janeiro: Jorge Zahar.

PINHEIRO, T. (1999). Em busca de uma metapsicologia da melancolia. In: BIRMAN, J. (Org.). *Sobre a psicose*. Rio de janeiro: Editora Contracapa.

ESCRITA SAGRADA – CASO SRA. ROSA

Manuela Lanius

Resumo

O presente artigo aborda um caso clínico de análise tomado em dois tempos: um tempo posterior a uma passagem ao ato e um tempo anterior a este episódio. Mostra também uma passagem lógica do tempo, marcada por um sonho trazido pela paciente em sua forma escrita, cuja leitura e releitura faz com que a paciente possa retomar sua vida a partir de um outro lugar.

Palavras-chave: passagem ao ato; escrita; psicose.

Résumé

Écriture Sacrée – Case Mme. Rosa

Cet article présente une analyse du cas de prises à deux fois : une fois après un passage à l'acte et un temps pour agir avant cet épisode. Il montre, également, un passage logique du temps, marqué par un rêve amené par le patient sous forme écrite, dont la lecture et relecture des causes, le patient peut reprendre sa vie d'un autre endroit.

Mots-clés: action; écriture; psychose.

Tempo posterior

Sonho relatado:

Lembro estar numa sala onde parecia que estava tendo um curso para ajudar crianças já grandinhas com problemas de saúde. Mas no final da aula eu percebi que também tinha o mesmo problema. Olhava para o dedão da minha mão e ele estava enorme, superinchado e eu pensava: nossa, mas eu também tenho isso, eu também tenho essa doença. Essas aulas são pra ajudar pessoas com mais ou menos 8 anos que tinham a doença e eram carentes de dinheiro, como uma instituição de ajuda. O pessoal foi saindo e eu olhando para o meu dedo, quando me dei conta que todos já estavam saindo, fui para a porta e vi que o pessoal estava deixando seus endereços. Achei legal: ah que bom, eu também vou assinar, quem sabe a gente se combina um dia! Só que aí eu não conseguia assinar. Era pra escrever em cima de um plástico e mesmo assim a minha letra saiu toda tremida, então molhei em alguma coisa, mas aí foi pior ainda, a letra saía com espuma, não dava nem pra ler, tentei e tentei e comecei a chamar a atenção do cara que recolhia as assinaturas e do outro que estava do meu lado. Este então começou a olhar fotos antigas que eu tinha comigo. Na primeira estava meu vô e minha vó e mais pessoas da família. Mas eu não conseguia "salvar" a foto toda, então recortei só a parte do vô e da vó e comecei a prestar atenção que ao fundo dava pra ver outras pessoas que deveriam ser parentes "velhos". Ele queria ver todas as fotos, a próxima era uma moça muito bonita, numa pose bonita. Mas eu desisti das fotos porque tínhamos que sair dali. Então estava na frente de um riozinho que tinha uma ponte. Eu me preparei e pulei tão forte que consegui pular para a outra margem. Fiquei muito feliz, pasma por ter conseguido. Eu não sabia que poderia conseguir. Então quis pular ao contrário e um cara me indicou um caminho que poderia ser perigoso. Resolvi fazer movimentos bem rápidos – vi Bruce Lee – e me abobei que eu estava conseguindo. Consegui chegar na outra margem. Mas aí eu olhei e o rapaz que estava comigo vinha vindo pra dentro d'água atrás de mim. Só que aí ele não era mais um rapaz e sim um menininho de também uns 8 a 10 anos. Pensei: puxa, ele está vindo para a margem errada, e agora? Não sei como eu tirei ele da água e não me molhei. E comecei a conduzi-lo como se fosse uma criança carente de afeto, peguei na mão dele – outras pessoas também ficaram olhando pra ele dentro d'água – ele estava tipo com fralda – eu observei isto – parecia triste e desolado por eu ter deixado ele sozinho. Então, levei ele, pra voltarmos para margem certa, de mão com ele por uma escadaria para dentro de um prédio. E fui pensando: nossa, ele parece uma criança, porque ele foi atrás de mim? Ele parecia muito triste por eu tê-lo "abandonado". E enquanto andávamos pelo prédio, eu ia me sentindo culpada por ter sido tão afoita e esqueci que ele estava comigo, acho que terminou o sonho, ou melhor, eu acordei. Dessas crianças todas eu não lembro de ter reparado se alguma era menina.

Tempo anterior

O sonho trazido à análise pela Sra. Rosa vem algumas sessões após uma tentativa de suicídio na qual ela fez uso de um arsenal de medicamentos que havia armazenado para o dia em que decidisse se matar. Na madrugada de domingo para segunda-feira, Sra. Rosa engoliu quase cem comprimidos de barbitúricos, antidepressivos e benzodiazepínicos. O motivo: naquele dia descobre que o marido havia alugado e mobiliado "com apenas uma cama" um apartamento no centro da cidade. Esta mínima referência a remete à dedução de que seu marido mantém relações sexuais homoafetivas, como já havia feito anteriormente, das quais ela não participa. No início da noite, em meio às brigas do casal em decorrência desta descoberta, sua filha adolescente sai para uma festa na casa do namorado, dizendo à mãe que não voltaria para casa. No meio da noite, os pais recebem uma ligação dos amigos da filha, que lhes dizem que na festa houve uma briga e que a filha foi levada ao HPS – Hospital de Pronto Socorro. O marido impede que a Sra. Rosa o acompanhe ao hospital, justificando que esta ficaria muito nervosa e atrapalharia. Após uma hora da saída de seu marido de casa, a Sra. Rosa liga para o celular dele e pergunta sobre a filha. Ele lhe responde que está indo com a filha ao IML – Instituto Médico Legal. O marido retorna para casa sem a filha e diz que ela está bem, mas não quis voltar para casa. Sra. Rosa tem certeza de que ele está mentindo e crê que a filha está morta. Ela toma os comprimidos.

Escrita do caso

Esta narrativa dos fatos que se seguiram como justificativa da sua tentativa de suicídio foi realizada nas sessões logo após o episódio. Ainda neste momento a Sra. Rosa não usava o termo tentativa para falar de sua passagem ao ato, mas dizia: "o dia que eu me matei"; lapso que denuncia o que rateou em ato.

Sabemos, desde Freud (1900-1901/1994: 508), que nosso trabalho de interpretação dos sonhos compreende ler o "texto sagrado" que nossos pacientes escrevem ao narrar seus sonhos. Tal qual, a narrativa analítica que é enviada em transferência também compõe um texto que deve ser lido pelo analista como uma carta endereçada ao Outro. Assim, trabalhamos com dois tempos, o tempo de escrita e composição do texto narrado e o tempo de leitura. Conforme Lacan (1975-1976: 93):

> Sem dúvida, há aí uma reflexão no nível da escrita. É por intermédio da escrita que a fala se decompõe ao se impor como tal, a saber, em uma deformação acerca da qual permanece ambíguo saber se é caso de se livrar do parasita falador de que lhes falei há pouco

ou, ao contrário, de se deixar invadir por propriedades de ordem essencialmente fonêmica da fala, pela polifonia da fala.

O sonho desta paciente tem a particularidade de ter sido trazido em forma de carta escrita. Este recurso foi adotado pela paciente para, como ela mesma diz, dar ordem às suas ideias. Certamente, a carta/letra[1] vem a fazer uma função de ordenador, de referência que toma o lugar do significante Nome-do-Pai faltoso na estruturação da psicose. Também auxiliou a paciente na retomada da vida, "uma outra", fazendo luto àquela que havia sido abandonada. Lembramos do que foi escrito por Sousa (Costa, A. & Rinaldi, D. (Orgs.), 2007), referido a Lacan em Lituraterra (1971/2003), de que a partir da escrita da letra torna-se possível uma organização de um litoral/lutoral que fará divisa entre dois campos heterogêneos, o Simbólico e o Real, entre o delírio e a narrativa.

Quando a carta/letra encontra no analista um leitor, visto que Isso se lê, é possível que objeto se destaque, separando do sujeito o seu objeto que se torna lixo/ *litter*. Nesta separação um sujeito barrado advém escrevendo seu fantasma *a posteriori*. Tem função, então, de criação, invenção de uma história de si enquanto sujeito que pode ser contada em transferência. Neste sentido o destaque do *objeto a* proporcionado pela escrita e leitura monta uma barreira ao gozo Outro que consome o corpo até a morte.

Lacan nos ensina (1971/2003: 24):

> Em outras palavras, o sujeito é dividido pela linguagem como em toda parte, mas um de seus registros pode satisfazer-se com a referência à escrita, e o outro, com a fala.

---

[1] Em Lituraterra (1971/2003), Lacan brinca com a dupla significação do termo em francês *lettre*, que significa tanto carta quanto letra, e seu deslocamento para o inglês de *letter* a *litter*, cuja tradução é, consecutivamente, carta e lixo. Ver N. E. da página 15, edição de 2003.

Leitura

A passagem ao ato da Sra. Rosa se deu num momento no qual ela se viu só no mundo. Viveu uma situação de desamparo uma vez que entendeu, ao pé da letra, que jamais veria novamente sua filha e seu marido. Acreditou, com toda a certeza, que seu marido havia mentido que a filha estava bem, pois não conseguiu mais vê-la e tampouco falar com ela naquela noite. Para a paciente, a filha havia morrido, crença fundamentada nas palavras ditas pela filha antes de partir e pelas de seu marido que tomaram valor taxativo ao obedecer à sequência: nunca mais voltar, briga, hospital, IML. Para a Sra. Rosa não havia espaço para a dúvida, uma palavra se ligava a outra na construção de um sentido único – morte, abandono. O motivo para sua passagem ao ato lhe veio a todo o vapor como uma locomotiva. O que lhe foi falado retornava em seus pensamentos obsessivamente de uma maneira que lhe impunha um único ato.

A morte da filha significava para ela a própria morte, não poderia existir uma sem a outra – "para falar de mim preciso falar dela" (*sic*). Assim, a suposta morte da filha, que para a Sra. Rosa não era suposta, mas certa, foi paga com a mesma moeda.

Na clínica com a psicose lidamos sempre com um tratamento possível, como já escreveu Lacan. Trabalhar na direção da cura por meio da escrita torna-se um modo possível. Assim, passei a receber as cartas remetidas pela Sra. Rosa, que com o tempo passaram a ser reescritas e apresentadas com borrões e rasuras em cima do que havia sido escrito "errado". Parece-nos interessante este ravinamento da letra, por onde o significante passar a tomar lugar, quando se escuta o que se lê.

Da rasura, do apagamento do traço, virá um traço inscritível no simbólico como significante. Assim as certezas se apagam, fazendo com que o *falasser* abandone o que o traça, deslizando da tentativa de fazer Um para ser único e reeditado a cada vez que um significante retorna a outro para representar um sujeito.

Nós nos sustentamos em Lacan (1971/2003: 21-22):

> O escoamento é o remate do traço primário e daquilo que o apaga. Eu o disse: é pela conjunção deles que ele se faz sujeito, mas por aí se marquem dois tempos. É preciso, pois, que se distinga nisso a rasura.
>
> É pelo mesmo efeito que a escrita [*écriture*] é, no real, o ravinamento do significado, aquilo que choveu do semblante como aquilo que constitui o significante.

O escrito tem como função uma passagem do gozo do corpo para um modo de gozo castrado pela palavra. A rasura é a tentativa de adequar-se a um sentido que será encontrado no Outro e que por esta via poderá fazer algum laço social. Segundo Braunstein (2007: 183): “Esta rasura do sentido aponta para a recuperação do gozo perdido pelo único meio de alcance do falante, o gozo do deciframento”.

No trabalho de deciframento do sonho trazido pela Sra. Rosa, foi possível recuperar sua identidade, sua assinatura que no sonho se esvaía com a espuma, mostrava-se inconsistente, como um corpo sem delineamento. A moça bonita retoma seu lugar, quando antes não pode ser salva junto à família. Encontra meios e forças para chegar à outra margem, à outra vida, que imaginava que não poderia conseguir. Revisa o sentimento de abandono e, apesar de denegar que era a menina, a criança do sonho, carente de afeto, arrepende-se de ter sido tão afoita na sua tomada de decisão diante do suposto abandono.

Referências bibliográficas

ALLOUCH, J. (2007). *A clínica do escrito.* Rio de Janeiro: Companhia de Freud.

BRAUNSTEIN, N. (2007). *Gozo*. São Paulo: Escuta.

FREUD, S. (1900-1901/1994). La interpretación de los sueños. *Obras completas*, v. VI-VII. Buenos Aires: Amorrortu Editores.

LACAN, J. (1971/2009). *O seminário, livro 18: de um discurso que não fosse semblante*. Rio de Janeiro: Jorge Zahar.

———. (1975-1976/2007). *O seminário, livro 23: o sinthoma*. Rio de Janeiro: Jorge Zahar.

———. (1998). De uma questão preliminar a todo tratamento possível da psicose. *Escritos*. Rio de Janeiro: Jorge Zahar.

———. (1971/2003). Lituraterra. *Outros escritos*. Rio de Janeiro: Jorge Zahar.

SOUSA, E. L. A. de. (2007). Escrita das utopias: litoral, literal, lutoral. In: COSTA, A. & RINALDI, D. (Orgs.). *Escrita e psicanálise* (pp. 239-254). Rio de Janeiro: Companhia de Freud, 2007.

(TRANS) FORMAR: ARTE, PSICANÁLISE E SAÚDE COLETIVA

Ana Lúcia Mandelli de Marsillac

Resumo

Este artigo aborda a experiência de um grupo composto por uma psicanalista e quatro artistas, vinculadas à Escola de Saúde Pública do Rio Grande do Sul, inseridas no campo da saúde mental coletiva. Traz o relato de uma experiência vivenciada por esse grupo e a reflexão teórica transdisciplinar entre saúde, arte e psicanálise, que dá sustentação a essa ação.

Palavras-chave: saúde; arte; psicanálise.

Résumé

(Trans)former: art, psychanalyse et santé collective

Cet article traite de l'expérience d'un groupe de quatre artistes et un psychanalyste, liée à l'École de santé publique de Rio Grande do Sul, dans le domaine de la conférence sur la santé mentale. Apporte l'histoire d'une expérience de ce groupe et la réflexion théorique transdisciplinaire entre la santé, l'art et la psychanalyse, qui apporte son soutien à cette action.

Mots-clés: santé; art; psychanalyse.

Imagem 1: ArteRISapucaia, 2012

Introdução

No despertar de 2012, sou convidada a uma instigante experiência: ser tutora do núcleo de artes, da Residência Integrada em Saúde1, da Escola de Saúde Pública (RIS/ESP/RS). O trabalho consiste em acompanhar um pequeno grupo de artistas2 que fazem sua formação na área da saúde mental coletiva. A proposta pedagógica da tutoria de núcleo3 centra-se na troca de experiências de profissionais de uma mesma área, que atuam em diferentes serviços de saúde. No que tange ao núcleo das artes, além da complexidade inerente à proposta, acresce-se o desafio da ainda recente inserção das artes no campo da saúde

[1] Modalidade de pós-graduação que conjuga a inserção de diversos profissionais nos serviços de saúde pública e de assistência social, com a formação teórica no campo da saúde coletiva. Está organizada em quatro ênfases: Atenção Básica, Dermatologia Sanitária, Pneumologia Sanitária e Saúde Mental Coletiva, além de um programa de R3 em Gestão e Educação em Saúde.

[2] Em 2012, o grupo era composto pelas artistas Maira Pinto Rodrigues, Maria Albers, Sheila Staudt, Tânia M. Rosseto.

[3] Na RIS/ESP encontram-se 12 núcleos profissionais, eles compreendem diferentes profissões que compõem o campo da saúde coletiva: psicologia, serviço social, educação física, nutrição, medicina, terapia ocupacional, artes, fonoaudiologia, fisioterapia, farmácia, enfermagem e odontologia.

pública. Se por um lado é preciso sustentar a contribuição diferencial desse saber no campo da saúde, por outro é indispensável manter esse olhar estrangeiro ao campo e sua constante interface com o campo da cultura. Escrever essa experiência é uma forma de inscrição desse núcleo no campo da saúde, mas também uma forma de refletir sobre as relações entre o núcleo das artes e os saberes/fazeres da psicanálise. A arte, no encontro com a psicanálise, sublinha o desejo e a incompletude na promoção e recuperação da saúde.

A tutoria de núcleo se propõe a ser um espaço de supervisão coletiva, seminários teóricos, espaço de troca de experiências de um grupo que se une pela arte, mas que atua em diferentes serviços da rede de saúde pública no município de Porto Alegre e Sapucaia do Sul. Nossos encontros debruçam-se sobre as potencialidades e dificuldades de inserção desse núcleo no campo ampliado da saúde, bem como sobre o estranhamento das artes em um espaço estrangeiro ao seu campo específico. Esses encontros instigaram um fazer coletivo que envolvesse o grupo, dando forma e corpo a um núcleo que se permite aberto aos demais saberes, ao contexto, mas que, paradoxalmente, precisa dar a ver sua consistência diferencial.

As artes visuais e cênicas na saúde não podem ser reduzidas a mero entretenimento, tampouco propostas para conferir "glamour" à loucura. Pensamos a inserção da arte na saúde em sua radicalidade criativa, buscando trabalhar com a multiplicidade do corpo, trabalhar com o ato de criação como possibilidade de encontro de novas formas, como possibilidade de desconstrução de formas cristalizadas. A arte (trans)forma saberes e singularidades, sublinha o valor do ficcional e do desejo, possibilitando novas leituras sobre a vida, sobre os sintomas, que adoecem.

Sendo assim, este artigo, para além de refletir sobre uma experiência proposta pelo núcleo de artes da RIS/ESP, debruça-se sobre as interfaces entre arte, psicanálise e saúde coletiva, que sustentam e dão consistência teórica a essa proposta.

O corpo e a forma: nós da transdisciplinaridade

Dispor-se a trabalhar no campo da saúde pública no Brasil exige do profissional, de qualquer núcleo de saber, conhecimento e implicação com as diretrizes e ideais do Sistema Único de Saúde (SUS). Esses princípios orientam o fazer dos mais diversos profissionais que atuam nesse campo e criam objetivos comuns. O SUS preconiza a integralidade do cuidado, a preservação da autonomia na defesa da integridade física e mental, a igualdade da assistência sem preconceitos ou privilégios, o direito à informação e a regionalização das ações. O arcabouço político que institui o SUS revela um refinamento da concepção de saúde e de corpo.

Influenciado, desde os anos 1970, pelo Movimento Sanitário Brasileiro, o SUS é pautado sob um olhar singular aos sujeitos e sob uma concepção ampliada e complexa de saúde. Pressupõe corpos complexos, que adoecem não apenas por disfunções orgânicas, mas também por situações de vulnerabilidade psíquicas e sociais. Preconiza não apenas a recuperação da saúde, mas a promoção e a proteção da saúde, pois desloca o foco da doença para o da saúde. Sustenta o cuidado em liberdade, atrelado às questões culturais e regionais. Sublinha que a participação social é peça chave nas condições de saúde. Cabe destacar que o corpo que participa e se envolve no seu processo e no processo social de saúde-doença não é o corpo a ser domado por determinado saber técnico. Trata-se de um corpo que carrega sua história e, dessa forma, seu processo de saúde e doença está diretamente imbricado com seu contexto.

O corpo é um dos mais precisos pontos de encontro entre os campos da saúde, das artes e da psicanálise. É sobre ele que as relações e as lutas sócio-históricas se depositam e ganham formas, é sobre ele que a saúde e a doença se debruçam. Do corpo cerceado pelo regime ditatorial, vislumbrava-se, em outra via, um olhar integral sobre o corpo/sujeito, sobre sua singularidade e liberdade. De um contexto adverso afloram os campos críticos e utópicos da saúde coletiva e da arte contemporânea.

A concepção complexa do corpo permite trabalhar com a integralidade da saúde, mas também com a transdisciplinaridade entre os campos de saberes. O corpo suposto pela psicanálise, pela saúde coletiva e pela arte contemporânea inclui, mas transcende sua materialidade, comporta aspectos históricos4, relacionais, desejos e ideais. Esses campos aproximam-se em suas vertentes críticas, buscando romper com o discurso dominante que segrega individual e coletivo, bem como normal e patológico e que tende a reduzir o corpo a máquina.

Trabalhar no ponto de encontro entre saúde coletiva, psicanálise e arte requer que se coloque em cena saberes específicos, mas também a porosidade indispensável a cada um desses campos. Trata-se de campos híbridos por excelência e, justamente por essa característica, são eminentemente políticos, atentos aos seus contextos. Saberes e fazeres que buscam colocar em ato um corpo que não se deixa anestesiar pela força do hábito e pela ideologia dominante. Atos que restituem a porosidade do corpo, em um tempo que crê dominar seus males pela via da medicalização e do condicionamento.

Nesse sentido, debruçar-se sobre o corpo, mas também sobre as formas de encontro entre saberes e fazeres no campo da saúde coletiva, através do conceito de transdisciplinaridade, fortalece o discurso crítico sobre as concepções de corpo e saúde na contemporaneidade. As reflexões do sociólogo Pierre Bourdieu (2004) corroboram essa escolha conceitual, na medida em que afirma que o grau de politização de um campo vincula-se diretamente à abertura que ele tem para seu contexto e inversamente à autonomia que esse campo tem com relação aos demais. Tan-

[4] Quando faço referência aos aspectos históricos, necessariamente contemplo as dimensões econômicas, sociais, políticas e culturais.

to a saúde coletiva, a psicanálise, quanto a arte contemporânea são campos extremamente politizados e impuros.

O corpo, por definição, é um volume que comporta fronteiras, definindo determinada unidade, entretanto não temos como delimitá-lo precisamente, ainda que a ciência não cesse sua busca por essa suposta verdade. Tanto a arte, quanto a psicanálise e a saúde coletiva sustentam, a seus modos, que as fronteiras do corpo são permeáveis5. Abordam o corpo, enquanto unidade material e subjetiva, marcada, porosa, permeada por imagens, discursos e experiências. Se existem fronteiras no corpo, elas paradoxalmente estão em constante transformação, como em uma fita de Moebius transforma-se o fora e necessária e contiguamente transforma-se o dentro.

A arte contemporânea leva a fundo a ampliação do campo, sustentando o valor da arte, enquanto ato e discurso crítico do seu tempo. A obra sempre dialoga com seu contexto, entretanto nem sempre é analisada desde essa perspectiva. Muitas teorias preocupadas com a pureza do campo tendem a ler e avaliar a arte restrita ao universo das formas e das regras do campo. Entretanto, toda arte é política, na medida em que há o posicionamento de um ou mais sujeitos no espaço publico. O ato criativo sempre dialoga com seu tempo, interpretando-o, mas também o constituindo.

Deter-se no corpo, desde a perspectiva da arte, faz resistência aos ideais de nossa época que procuram determinar o lugar do corpo, como se este pudesse constituir-se à revelia da singularidade que o habita. Atualmente, os discursos organicistas pré-definem sua ação; por outro lado, os discursos pluralistas, atrelados aos interesses de mercado, incentivam-no a uma fluidez ininterrupta, onde tudo é possível. Conforme o sociólogo Zygmunt Bauman (2001), a velocidade do movimento, a liber-

[5] Temática de pesquisa que foi abordada na Dissertação: Marsillac, A. L. M. *Fronteiras do Corpo: paradoxos na construção da singularidade*, PPGPSICO/UFRGS, 2006, 102p.

dade sem precedentes funcionam como principal ferramenta de dominação, gerando uma impotência sem precedentes. Se por um lado há uma desconstrução que liberta, por outro vemos uma desconstrução que aliena.

O ato criativo, ao debruçar-se sobre a temática do corpo, tende a revelar sua singularidade, suas marcas, detalhes e, por vezes, seus restos, suas secreções. A arte dá a ver a importância da forma e, ao mesmo tempo, nos apresenta a capacidade de abertura que pode ter um corpo. Sendo assim, o ato criativo é um ato utópico, que busca fazer um contraponto às formas instituídas, resgatando a inconsistência das imagens, a multiplicidade que nelas habitam e que estão anestesiadas pelo senso comum, pela força dos hábitos.

O ato analítico também é um ato utópico, pois busca possibilitar a constituição de um corpo através do resgate do seu desejo, da sua história, de um novo lugar de enunciação, indo no contrafluxo de uma práxis que se vale do poder para adestrar o outro. A psicanálise, ao colocar em análise o lugar de enunciação dos sujeitos, necessariamente coloca em análise o Inconsciente, o contexto, a história, a precariedade e os ideais da cultura em que este sujeito se insere e incide. "A função do ato analítico é de abrir espaço para o detalhe que introduza o tempo da dúvida e o espaço da interrogação" (Sousa, 2002: 42).

Enfatizar a singularidade do corpo, através dos saberes da arte contemporânea e da psicanálise, pode contribuir para questionar a lógica da homogeneização das diferenças tão presente na atualidade. Além disso, esse encontro possibilita destacarmos o valor da enunciação, sublinhando a dimensão Inconsciente que constitui o sujeito e seu corpo.

Até hoje, sentimos o peso da moral sexual civilizada sobre nossos corpos, dividindo o sujeito e alienando-o daquilo que o anima. Vivemos guiados pelos "Guias do bem viver", viajamos por estradas já marcadas, crendo que somos livres para experimentar nossos corpos. Nossos guias atuais são sutis, porém muito cruéis, já que agora não é mais o inferno, a polícia, a escola que nos vigiam, é o próprio sujeito que passa a vigiar seu corpo permanentemente.

Nossas fronteiras já não se misturam, delimitamos até onde vai nosso corpo individual e procuramos, na medida do possível, manter essa distância do que é estranho a ele. Criamos categorias para os corpos, hierarquizamos e delimitamos lugares sociais: o corpo do pobre, sujo, promíscuo, aberto às intempéries do mundo; os corpos dos doentes e dos loucos, dos quais devemos manter distância. Perdemos em grande parte nossa capacidade olfativa, já que os odores marcam a presença do outro; resguardamos os mortos às suas covas devidamente fechadas, para que não nos lembrem da nossa finitude. A beleza e a higiene tornaram-se nossos pontos de referência e, certamente, nossas grandes defesas ante o contato com o outro e à terrível ameaça que nos provoca. A moral civilizada domou nossos corpos e, cada vez mais, tem nos afastado de nós mesmos e do contato com os demais.

Este é o lugar paradoxal da estética para a psicanálise que, para além do encontro com o belo, é o lugar da inquietante estranheza, lugar que suscita a angústia, "lugar onde o que vemos aponta para além do princípio de prazer; é o lugar onde ver é perder, e onde o objeto da perda sem recurso, nos olha" (Benjamin, *apud* Didi-Huberman, 1998: 227) e, assim, nos interroga. O encontro entre arte e psicanálise nos faz avançar no que convém chamar políticas do corpo, pois nos possibilita olhar para nosso tempo, pela via da forma e da crítica ao que assujeita o corpo a uma determinada fôrma. Esse encontro temático e metodológico possibilita resgatar "o efeito de mestiçagem de substâncias tão heterogêneas quanto são a materialidade do corpo, a imagem do corpo e o verbo enxertado neste corpo" (Didier-Weill, 1997: 19).

Escritas e tramas do corpo

Imagem 2: ArteRISapucaia, 2012

Cabe destacar um projeto de trabalho desse coletivo que envolveu arte, saúde, psicanálise e, principalmente, o desejo. Nosso desejo de dar forma a esse núcleo, mas também o desejo de cada um dos participantes, que integraram de alguma forma a proposta de trabalho.

O projeto partiu de um convite dirigido ao núcleo de artes para pintar as paredes da secretaria de saúde do município de Sapucaia do Sul. Tratava-se de dar forma a essa demanda ou de primeiramente trabalhar com ela? O que nos foi pedido? Por onde passava o desejo desses trabalhadores na modificação do seu espaço de trabalho?

Sentamos juntos e colocamos a demanda em análise. Encontramo-nos com a história daquele lugar, os ideais ali colocados, as finalidades, os desejos de transformação daqueles trabalhadores e, até mesmo, com os temores da implicação e das possíveis mudanças. A um ideal asilar e higienista, que marcava a história daquele prédio6, sobrepunha-se a vontade de trabalhar junto, de acolher aqueles que ali trabalham e que frequentam o local, desejo de vida, de encontros, de movimento e cor. A proposta foi se adensando também na viabilidade de sua operacionalização, não bastava termos excelentes idéias, era preciso encontrar formas de colocá-las em prática, o que necessariamente foi transformando esse processo de construção. Esses foram os primeiros passos do ato criativo que visava transformar o local, mas, nesse mesmo gesto, transformava sujeitos e suas relações com aquele espaço. Tal como a artista Edith Derdyk analisa, trata-se de um outro lugar subjetivo, de um outro corpo, que deseja a experiência criadora.

Por detrás da figura do criador existe um corpo: campo de batalha em incessante balanço. E quando se escapa da figura histórica que trata de definir lugares para um modo de produção de sentidos para a vida, liberam-se mananciais que o corpo desconhece. Um *outro lugar* urge para aquele que deseja a experiência criadora, para todos que experimentam em si a imensidão do singular, para este em que o olhar atento atende aos movimentos milimétricos intensificando e acelerando a grandeza da mínima diferença! (Derdyk, 2001: 37).

[6] O prédio que abriga, atualmente, a secretaria de saúde do município foi projetado para ser um asilo, em uma região distante do centro da cidade.

Imagens 3 e 4: ArteRISapucaia, 2012

Nossa proposta necessariamente deveria incluir o fazer do núcleo de artes, mas também dos trabalhadores. Tínhamos um ideal em mente, mas conduzimos a proposta em etapas, deixando que os participantes pudessem lidar com a experiência do fazer em cada etapa, mas em um certo caminho desconhecido. Propusemos um trabalho inicial com o movimento e percepção do corpo, o qual se transmitiu ao gesto e se inscreveu na parede. Confronto do corpo com a fronteira que uma parede impõe. Abertura de brechas, construção de formas aleatórias que imprimiram o movimento do corpo no espaço de trabalho. Primeiro, desenhar linhas, muitas linhas de uma mesma cor; em um tempo posterior, sugerimos que se pudesse encontrar formas nos encontros entre as linhas. A proposta conjugava marcas diversas na parede, jogo de cores, movimento e inscrição do corpo no local. Buscávamos colocar em imagem as redes e os encontros produzidos. Redes de uma mesma cor, estrutura mínima; encontros multicores, que dizem da interdisciplinaridade; transformação de cores, novas cores, pequenos deslocamentos, transdisciplinaridade. O resultado foi surpreendente e encantador. Para alguns, confronto com o estranho das formas abstratas e coloridas; para outros, encantamento na descoberta de formas imprevisíveis.

Essa proposta buscou conjugar os saberes de quem nos demandava e os saberes do grupo que compõe esse núcleo. Inspiramo-nos nas obras de artistas como Jackson Pollock e sua *action painting*, que conjugava o movimento do corpo e a *performance*; e a brasileira Lygia Clark e seus objetos relacionais, que congregam fantasias e as desconstruções dos objetos. O gênero da *performance* coloca em cena o corpo do artista, mas paradoxalmente também o corpo social, questiona o lugar do artista e do receptor, por sua mobilidade e interação, mas também a própria concepção de obra, por sua efemeridade. Nesse projeto, a efemeridade da *performance* associa-se às relações que se estabelece com o espaço e às inscrições materializadas pela pintura.

Buscamos tecer redes, criar uma obra coletiva e transdisciplinar. Nossa ação diz sobre o conceito de saúde, ao valorizar a singularidade, o trabalho com o corpo, a reflexão sobre o trabalho; mas também produz saúde, ao debruçar-se sobre nossos atos, nossa história e ideais, ao movimentar o corpo e o lúdico que nos habita. A arte cria novas formas, instiga nossos sonhos e transforma nossa realidade. A psicanálise e sua ética trilham conosco os caminhos percorridos. Entre nossos achados e nossas perdas, seu método nos permite revisitar o passado, analisar o presente e construir futuros coerentes com nossos desejos.

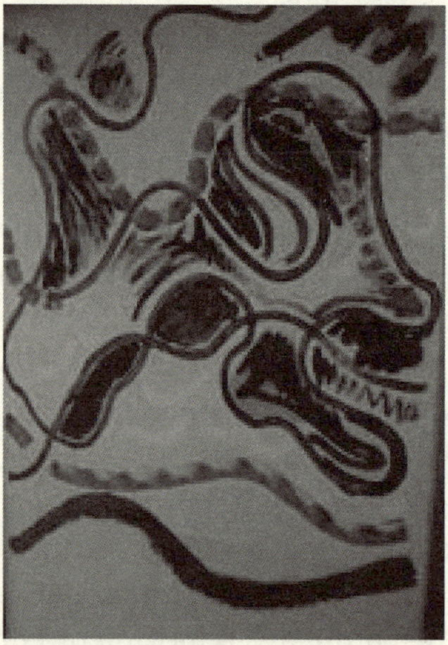

Imagem 5: ArteRISapucaia, 2012

Referências bibliográficas

BAUMAN, Z. (2001). *Modernidade líquida*. Rio de Janeiro: Jorge Zahar.

BOURDIEU, P. (2004). *Os usos sociais da ciência: por uma sociologia clínica do campo científico*. São Paulo: UNESP.

DERDYK, E. (2001). *Linha de horizonte: por uma poética do ato criador*. São Paulo: Escuta.

DIDI-HUBERMAN, G. (1998). *O que vemos, o que nos olha*. São Paulo: Editora 34.

DIDIER-WEILL, A. (1997). O artista e o psicanalista questionados um pelo outro. In: *Freud, Lacan e a Arte* (pp. 19-35). Rio de Janeiro: Contra Capa.

SOUSA, E. L. A. de. (2002). Por uma cultura da utopia. In: *Unicultura* (pp. 36-45). Porto Alegre: Ed. da UFRGS.

SOBRE OS AUTORES

Ana Costa

Psicanalista, membro da APPOA, Professora do PPG em Psicanálise da UERJ, Pesquisadora do CNPq, Procientista da UERJ, coordenadora, junto com Doris Rinaldi, da Rede de Pesquisa Escritas da Experiência. Autora, entre outros, dos livros *Tatuagem e marcas corporais* (Ed. Casa do Psicólogo) e *Clinicando* (APPOA).

Ana Laura Prates Pacheco

Mestrado e doutorado no Instituto de Psicologia da Universidade de São Paulo (USP) e Pós-doutorado na Universidade do Estado do Rio de Janeiro (UERJ). Pesquisadora convidada do LABEURB/UNICAMP. Membro da Escola de Psicanálise dos Fóruns do Campo Lacaniano e membro fundador do Fórum do Campo Lacaniano de São Paulo. Autora de *Feminilidade e experiência psicanalítica* (Hacker Editora, 2001, esgotado) e *Da fantasia de infância ao infantil na fantasia – A direção do tratamento na Psicanálise com crianças* (Editora Annablume e Letra Viva (Argentina)).

Ana Lúcia Mandelli de Marsillac

Psicanalista, Especialista em Saúde da Família e Comunidade GHC/RS, Mestre em Psicologia Social e Institucional UFRGS, Doutora em Artes Visuais – história, teoria e crítica UFRGS,

Professora do Departamento de Psicologia UFSC, Membro da Associação Psicanalítica de Porto Alegre (APPOA).

Ana Luiza Andrade

Professora Associada da Universidade Federal de Santa Catarina. Líder da Linha de pesquisa Arquivo tempo e Imagem e membro das linhas Psicanálise e Literatura e Teoria da Modernidade do Curso de Pós-Graduação em Literatura da UFSC. Líder do Grupo de Estudos Benjaminianos (UFSC – CNPq). Pertence ao Grupo de Pesquisa Redes de Pesquisa Escritas da Experiência (UERJ).

André Lopes

Professor Titular do *Curso de Especialização em Psicanálise com Crianças – Intervenção Precoce*, do Serviço de Psicanálise em Atenção à Infância (Hospital São Zacharias) e Professor Assistente do *UNI-Ibmr/Laureate*; Doutor em Pesquisa e Clínica Psicanalítica (UERJ); Mestre em Ciência da Arte (UFF).

Beatriz Guimarães

Psicanalista, Analista Membro da Associação Psicanalítica de Porto Alegre, Doutora em Psicologia pelo Programa de Pós-Graduação em Psicologia da Universidade Federal de Santa Catarina, Pesquisadora da Rede Interuniversitária de Pesquisa Escritas da Experiência (CNPq) e do Grupo de Pesquisa Psicanálise, Invenção e Arte (UFSC), coorganizadora de *Interfaces em psicanálise e escrita* (Casa do Psicólogo, 2008) e de *Escrita e psicanálise II* (CRV, 2010).

Bethania Mariani

Mestrado (1989) e doutorado (1996) em Linguística pela Universidade Estadual de Campinas, pós-doutorado (2001) pela Stanford University, USA. Docente da Universidade Federal Fluminense, Bolsista 1C do CNPq e Cientista do Nosso Estado pela

FAPERJ. Organizadora do livro *Análise do discurso e psicanálise* (Claraluz, 2006). Fundadora, com outros 9 professores de Universidades diferentes, do Grupo de Teoria do Discurso (GTDIS), cadastrado no GRPESQ do CNPq. Faz formação em Psicanálise na Escola Lacaniana do Rio de Janeiro desde 2000.

Cláudia Escórcio do Amaral Pitanga

Psicanalista. Doutoranda e Mestre em Pesquisa e Clínica em Psicanálise do Programa de Pós-Graduação em Psicanálise da UERJ. Psicóloga da Associação Fluminense de Reabilitação. E--mail: pitangaclaudia@terra.com.br

Denise Lopes Dal-Cól

Docente do Departamento de Psicologia e Psicanálise da Universidade Estadual de Londrina (UEL-PR). Mestre em Psicologia pela Universidade Estadual Paulista (UNESP-SP). Doutoranda no Programa de Pós-Graduação em Teoria Psicanalítica da Universidade Federal do Rio de Janeiro (UFRJ-RJ). Filiada a Escola da Coisa Freudiana (Curitiba – PR).

Doris Rinaldi

Professora Associada do Instituto de Psicologia da Universidade do Estado do Rio de Janeiro, Procientista da UERJ, Pesquisadora do CNPq, membro do Colegiado do Programa de Pós--graduação em Psicanálise da UERJ, Coordenadora, junto com Ana Costa, da Rede de Pesquisa Interuniversitária Escritas da Experiência (CNPq). Psicanalista, membro de Intersecção Psicanalítica do Brasil (IPB).

Edson Luiz André de Souza

Psicanalista, analista membro da Associação Psicanalítica de Porto Alegre. Professor Associado IV do Departamento de Psicanálise e Psicopatologia da UFRGS. Professor do Pós-Graduação em Psicanálise-Clínica e Cultura (UFRGS), Pós-Graduação em Psicologia Social e Institucional (UFRGS), Pós-Gradução em Artes Visuais (UFRGS). Coordena junto com Maria Cristina Poli o LAPPAP – Laboratório de Pesquisa em Psicanálise, Arte e Política. Pós-doutorado pela Université de Paris VII e Ecole des Hautes Etudes en Sciences Sociales (EHESS). Doutorado em Psicanálise e Psicopatologia pela Université de Paris VII. Pesquisador do CNPQ. Membro da Rede de Pesquisa Escritas da Experiência (UERJ), Membro do GT Psicanálise: Política e Cultura, Pesquisador do Grupo Outrarte – estudos entre arte e psicanálise – Instituto de Estudos da Linguagem – UNICAMP, Membro da Associação Universitária de Pesquisa em Psicopatologia Fundamental, Membro da Utopian Studies Society (Europe). Professor visitante na Deakin University – Melbourne (2006), no Instituto de Estudos Criticos – Cidade do México (2007), DePaul University – Chicago (2012). Autor, entre outros, dos livros *Freud: ciência, arte e política* (LPM, 2009) junto com Paulo Endo e *Uma invenção da utopia* (Lumme, 2007).

Eric Bidaud

Maître de conférences na Université de Paris 13, HDR, Psicanalista, membro do Laboratório de Psicologia de Paris 13 (UTR-PP), autor do livro *Anorexia mental, ascese, mística* (Ed. Cia. De Freud)

Heloisa Caldas

AME – Analista Membro da Escola Brasileira de Psicanálise – EBP e da Associação Mundial de Psicanálise – AMP. Professora adjunta do instituto de Psicologia e do Programa de Pós-Graduação em Psicanálise da UERJ. Autora de *Da voz à escrita. Clinica psicanalítica e Literatura* (2007, Contra Capa), organizadora, com A. Murta e C. Murta, da coletânea *O feminino que acontece no corpo. A prática psicanalítica nos confins do simbólico* (2012, Scriptum), Membro da Rede Interuniversitária de Pesquisa Escrita da Experiência. E-mail: helocaldas@terra.com.br

Julia Tosto Leite

Doutora e Mestre em Psicanálise pelo Programa de Pós-Graduação em Psicanálise do IP/UERJ. Psicanalista. Coordenadora do Hospital-dia e Centro de Atenção Diária Luiz Cerqueira do IPUB/UFRJ. Psicanalista, Membro do Corpo Freudiano Escola de Psicanálise, Seção Rio de Janeiro. E-mail: julia.leite@ig.com.br

Luciana Brandão Carreira Del Nero

Poeta, psicanalista e psiquiatra, doutora em Psicanálise pela UERJ e pesquisadora da rede internacional de pesquisa Escritas da Experiência. Professora adjunta da Universidade do Estado do Pará (UEPA) e autora dos livros *Entre* (Verve, 2014) e *Os tempos da escrita na obra de Clarice Lispector – no litoral entre a literatura e a psicanálise* (Cia de Freud, 2014). E-mail: lucianabrandaocarreira@gmail.com

Luciano Elia

Psicanalista, membro do Laço Analítico Escola de Psicanálise, Professor Titular da Área de Psicanálise do Instituto de Psicologia da UERJ, coordenador do Programa de Pós-graduação em Psicanálise do mesmo Instituto, Supervisor clínico-territorial de Centros de Atenção Psicossocial Infanto-juvenil e pesquisador e Procientista nos campos da psicanálise aplicada ao tratamento do autismo em unidades públicas e territoriais de saúde mental infanto-juvenil, psicanálise, metodologia e ciência, direção da clínica psicanalítica, psicanálise e criminologia, entre outros temas. Autor de *Corpo e sexualidade em Freud e Lacan* (Uapê, Rio de Janeiro, 1995) e *O conceito de sujeito* (Jorge Zahar, Rio de Janeiro, 2005).

Manuela Lanius

Doutoranda em Pesquisa e Clínica Psicanalítica pelo Programa de Pós-Graduação em Psicanálise da UERJ, Mestre em Psicologia Social e Institucional / UFRGS. Membro da Associação Psicanalítica de Porto Alegre – APPOA. Psicanalista. E-mail: manuelalanius@gmail.com

Marco Antonio Coutinho Jorge

Psicanalista e psiquiatra. Professor adjunto do Instituto de Psicologia da UERJ. Diretor do Corpo Freudiano Seção Rio de Janeiro. Membro da Associação Brasileira de Psiquiatria, da Association Insistance (Paris/Bruxelas) e da Sociedade Internacional de História da Psiquiatria e da Psicanálise. Autor de várias obras, entre as quais *Fundamentos da psicanálise v.1: as bases conceituais* (RJ, Zahar, 2000, 7ª ed.); *v.2: a clínica da fantasia* (RJ, Zahar, 2010, 2ª ed.). Organizou várias obras, entre as quais *Lacan e a formação do psicanalista* (RJ, Contra Capa, 2006, 2ª ed.). Traduziu para o português duas obras de Jacques Lacan: *Os complexos familiares* (RJ, Zahar, 1987) e *Da psicose paranóica em suas relações com a personalidade* (RJ, Forense Universitária, 1987).

Maria Cristina Poli

Psicanalista, membro da APPOA e EPFCL/RJ, Professora do PPG de Teoria Psicanalítica da UFRJ e do Doutorado e Mestrado em Psicanálise, Saúde e Sociedade da UVA. Pesquisadora do CNPq e Jovem Cientista do Estado/FAPERJ.

Maria Fátima Gonçalves Pinheiro

Doutoranda em Pesquisa e Clínica em Psicanálise – IP/UERJ; Psicanalista, Ensaísta da Editora Subversos/RJ e Participante do Núcleo de Pesquisa de Topologia do Instituto de Clínica Psicanalítica do Rio de Janeiro – EBP-Rio. E-mail: fatimapinheiro@globo.com

Maritza Magalhães Garcia

Psicanalista, Pós-doutora em Pesquisa e Clínica em Psicanálise - UERJ, Diretora do Instituto OCA, Gestora do Projeto Serrano em Teresópolis - Hollus Engenharia e Meio Ambiente/ SEOBRAS-RJ.

Marlise Eugenie D'Icarahy

Psicanalista e psicóloga do Tribunal de Justiça do Estado do Rio de Janeiro, doutoranda em Psicologia pela Universidade Nice Sophia Antipólis, France e em teoria e clínica psicanalítica pela UERJ. Também trabalhou como psicóloga na Secretaria de Educação do Município do Rio de Janeiro.

Miriam Debieux Rosa

Psicanalista, professora do Instituto de Psicologia da Universidade de São Paulo, onde coordena o Laboratório Psicanálise e Sociedade e o Projeto Migração e Cultura; professora Titular na PUC-SP onde coordena o Núcleo Psicanálise e Política.

Nina Virginia de Araujo Leite

Psicanalista. Professora do Instituto de Estudos da Linguagem/UNICAMP. Membro Associado da Association de Psychanalyse Encore, Membro Fundador do Outrarte - centro de pesquisas em psicanálise. Coordenadora da Coleção Litorais da Psicanálise - Editora da UNICAMP e da coleção TERRAMAR - Editora Mercado de Letras.

Renata Mattos-Avril

Psicanalista, pós-doutora pela Université de Nice (FR), doutora em pesquisa clínica em psicanálise pela UERJ. Trabalha a articulação entre música e psicanálise tendo como norteadores a voz e a constituição do sujeito, com diversos artigos publicados sobre o tema.

Rita Maria Manso de Barros

Psicanalista. Diretora do Instituto de Psicologia e Professora Associada do Departamento de Psicologia Clínica e do Programa de Pós-graduação em Psicanálise do Instituto de Psicologia da UERJ. Doutora em Teoria Psicanalítica pela UFRJ. Membro do GT/ ANPEPP "Da lei simbólica à normatividade da rotina: a ordem de ferro e o supersocial". E-mail: ritamanso@globo.com

Sérgio Scotti

Psicanalista, Professor colaborador do Programa de Pós-graduação em Psicanálise da UFSC e do Núcleo de Estudos em Psicanálise. Pesquisador da Rede de Pesquisa "Escritas da Experiência" (CNPq). Coordenador do Fórum do Campo Lacaniano de Florianópolis (em formação).

Sonia Alberti

Professora Associada da Universidade do Estado do Rio de Janeiro, Procientista da UERJ, Pesquisadora do CNPq, membro do Colegiado do Programa de Pós-graduação em Psicanálise da UERJ. Psicanalista Membro da Escola de Psicanálise dos Fóruns do Campo Lacaniano. E-mail: sonialberti@gmail.com

Sonia Leite

Psicanalista. Professora Visitante do Programa de Pós-Graduação em Psicanálise do IP/UERJ. Coordenadora Adjunta do Curso de Residência Multiprofissional em Saúde Mental CPRJ/ UERJ. Pesquisadora da AUPPF. Membro do Corpo Freudiano Escola de Psicanálise, seção RJ.

Tainá Pinto

Psicóloga e Mestra em Psicologia Clínica e Cultura pela Universidade de Brasília, realiza sua pesquisa na interface psicanálise, linguagem e literatura.

Thoya Mosena

Psicanalista. Mestre em Educação pela UFRGS.

Vanise Medeiros

Doutora em Letras pela Universidade Federal Fluminense, com doutorado-sanduíche na Universidade Paris 3, França (bolsista do CNPq). Atualmente em pós-doutorado pela Paris III (bolsa CAPES). Professora adjunta da UFF, Bolsista 2 do CNPq e Jovem Cientista do Nosso Estado (FAPERJ: 2009-2012 e 2012-2015). Publicou artigos, capítulos de livro e livros em parceria com Bethania Mariani (*Ideias linguísticas: formulação e circulação no período JK* [RG] e *Discurso e...* [7Letras]), com Bethania Mariani e Silmara Dela Silva (*Discurso, arquivo e...* [7Letras]) e com Bethania Mariani e Lucília Maria de Sousa Romão (*Dois campos em (des)enlaces: discursos em Pêcheux e Lacan* [7Letras]). Integra e coordena, com Bethania Mariani, o Laboratório Arquivos do Sujeito (LAS) da UFF, com parcerias com os laboratórios Corpus (UFSM) e EL@ DIS (USP-Ribeirão Preto); é membro do grupo de pesquisa interinstitucional Grupo de Teoria do Discurso (GTDIS). E-mail: vanisegm@yahoo.com.br

Viviane Espírito Santo dos Santos

Psicanalista, participante da Escola Letra Freudiana, Mestre em Pesquisa e Clínica em Psicanálise pela UERJ, Pós-Graduada em Psicanálise e Saúde Mental pela UERJ, formada em Psicologia pela Universidade Santa Úrsula.

Este livro foi impresso nas oficinas gráficas da Editora Vozes Ltda.,
Rua Frei Luís, 100 – Petrópolis, RJ.